Georg Peez

Einführung in die Kunstpädagogik

6., erweiterte und überarbeitete Auflage

Verlag W. Kohlhammer

Dieses Werk einschließlich aller seiner Teile ist urheberrechtlich geschützt. Jede Verwendung außerhalb der engen Grenzen des Urheberrechts ist ohne Zustimmung des Verlags unzulässig und strafbar. Das gilt insbesondere für Vervielfältigungen, Übersetzungen, Mikroverfilmungen und für die Einspeicherung und Verarbeitung in elektronischen Systemen.

Die Wiedergabe von Warenbezeichnungen, Handelsnamen und sonstigen Kennzeichen in diesem Buch berechtigt nicht zu der Annahme, dass diese von jedermann frei benutzt werden dürfen. Vielmehr kann es sich auch dann um eingetragene Warenzeichen oder sonstige geschützte Kennzeichen handeln, wenn sie nicht eigens als solche gekennzeichnet sind.

Es konnten nicht alle Rechtsinhaber von Abbildungen ermittelt werden. Sollte dem Verlag gegenüber der Nachweis der Rechtsinhaberschaft geführt werden, wird das branchenübliche Honorar nachträglich gezahlt.

Dieses Werk enthält Hinweise/Links zu externen Websites Dritter, auf deren Inhalt der Verlag keinen Einfluss hat und die der Haftung der jeweiligen Seitenanbieter oder -betreiber unterliegen. Zum Zeitpunkt der Verlinkung wurden die externen Websites auf mögliche Rechtsverstöße überprüft und dabei keine Rechtsverletzung festgestellt. Ohne konkrete Hinweise auf eine solche Rechtsverletzung ist eine permanente inhaltliche Kontrolle der verlinkten Seiten nicht zumutbar. Sollten jedoch Rechtsverletzungen bekannt werden, werden die betroffenen externen Links soweit möglich unverzüglich entfernt.

6., erweiterte und überarbeitete Auflage 2022

Alle Rechte vorbehalten
© W. Kohlhammer GmbH, Stuttgart
Gesamtherstellung: W. Kohlhammer GmbH, Stuttgart

Print:
ISBN 978-3-17-041222-4

E-Book-Formate:
pdf: ISBN 978-3-17-041223-1
epub: ISBN 978-3-17-041224-8

Vorwort der Herausgebenden

Die »Grundrisse der Erziehungswissenschaft« verfolgen angesichts der zunehmenden Ausdifferenzierung und Pluralisierung von pädagogischen Feldern und wissenschaftlicher Grundlagen den Anspruch einer begrifflich-systematischen Einführung in die Erziehungswissenschaft. Die Reihe führt in erziehungswissenschaftliche Teildisziplinen und Forschungskontexte ein, wobei ihr Bezug zu pädagogisch-professionellen Feldern eine besondere Berücksichtigung erfährt. Im Sinne gesellschafstheoretischer Reflexion greift die Reihe z. B. auch zeitgenössische Schlüsselprobleme der erziehungswissenschaftlichen und pädagogischen Reflexion auf.

Die »Grundrisse der Erziehungswissenschaft« zielen darauf ab, widerstreitende Auffassungen in Forschung, Theoriebildung und Praxis als Teil erziehungswissenschaftlicher Selbstverständigung zu vermitteln und auf gesellschaftliche Wandlungsprozesse, Problemstellungen und Konflikte zurückzubeziehen. Ein Nachdenken über Erziehung, Bildung und Lernen erfordert gleichermaßen eine breite Einbettung in die wissenschaftliche Diskurslandschaft wie in andere gesellschaftliche Kontexte (Politik, Wirtschaft, Religion, Medizin). Indem die »Grundrisse« auch die historische Genese, die epistemologischen Konturen und öffentlichen Geltungsbedingungen erziehungswissenschaftlichen Wissens und pädagogischer Semantiken aufgreifen, eröffnen sie überdies eine kritische Reflexion ihrer Methoden und Wissensformen.

Herausgebende

Jörg Dinkelaker (Martin-Luther-Universität Halle-Wittenberg)
Merle Hummrich (Goethe-Universität Frankfurt am Main)
Wolfgang Meseth (Goethe-Universität Frankfurt am Main)
Sascha Neumann (Eberhard Karls Universität Tübingen)
Christiane Thompson (Goethe-Universität Frankfurt am Main)

Inhaltsverzeichnis

Vorwort der Herausgebenden 5

Vorwort 11

1 **Zwischen Pädagogik und Kunst** 13
  1.1 Zeitgenössische Kunst und Pädagogik – drei unterschiedliche Facetten 13
  1.2 Kunstvermittlung – der ›blinde Fleck‹ der Kunstpädagogik 23
  1.3 Konsens im Fach – Ästhetische Erfahrung und Bildkompetenz 25

2 **Entwicklung der Kunstpädagogik – vom 16. Jahrhundert bis heute** 31
  2.1 Zeichenstunden und ihre Bedeutung für Erziehung und Ausbildung seit dem Mittelalter 31
  2.2 Künstlerisches Virtuosentum im 17. und zu Beginn des 18. Jahrhunderts – Lehren für Heranwachsende und ›Dilettanten‹ 33
  2.3 Zeichenlehren und Zeichenunterricht im 19. Jahrhundert 36
  2.4 Die Kunsterziehungsbewegung 39
  2.5 Zeichenunterricht in der Weimarer Republik und Bauhauslehren 42
  2.6 Nationalsozialistische Kunst- und Volkserziehung im ›Dritten Reich‹ 45
  2.7 Musische Erziehung 46

2.8	Wiederbelebung der Bauhauslehren und ›Formaler Kunstunterricht‹	48
2.9	Kunsterziehung in der DDR	51
2.10	Visuelle Kommunikation/Ästhetische Erziehung	57
2.11	Ästhetische Erziehung in den 1980er Jahren	62
2.12	Ästhetische Erziehung – Gunter Ottos didaktische Konzepte des Kunstunterrichts	65
2.13	Ästhetische Bildung – Gert Selles kunstnahe ästhetische Projekte	69
2.14	Bildorientierung	73
2.15	Künstlerische Bildung	76
2.16	Ästhetische Forschung und Biografie-Orientierung	78

3 Kunstpädagogik – im Kontext eines pluralen Fachverständnisses ... **82**

3.1	Kompensatorische und therapeutische Bedeutungen ästhetisch-bildnerischer Praxis	82
3.2	Kunstlehren und ihr Einfluss auf das kunstpädagogische Engagement von Kunstschaffenden	91
3.3	Aspekte und Verfahren der Performance in der Kunstpädagogik	96
3.4	Kunstpädagogik und die Genderthematik	99
3.5	Kunstpädagogik im Zeichen der digitalen Medien	104
3.6	Mapping/Kartierung	110
3.7	Interkulturalität und Transkulturalität	112

4 Bildnerisch-ästhetische Praxis und Rezeption ... **115**

4.1	Von der Bewegungsspur zum Zeichnen	116
4.2	Formen und Gestalten mit Ton	119
4.3	Kunstrezeption/Begegnung mit Kunstwerken	124

5 Kunstpädagogik als Beruf – Tätigkeitsbereiche, Praxisfelder, Zielgruppen und Perspektiven ... **129**

5.1	Schule	129
5.2	Museum	136
5.3	Erwachsenenbildung	140

5.4	Jugendkunstschule	144
5.5	Seniorenarbeit	147

6 Zwischen Anleitung und Offenheit – Orte, Sozialformen, Methodenaspekte ... 150

6.1	Vormachen und Nachmachen	150
6.2	Werkstätten, Ateliers und Stationenlernen	153
6.3	Projekte	155
6.4	Kreativität in Einzel- und Gruppenarbeit	157

7 Forschen in der Kunstpädagogik ... 162

7.1	Die Anwendung von forschenden Verfahren in Kunst, Pädagogik und Kunstpädagogik	162
7.2	Sinn und Zweck wissenschaftlicher Forschung	166
7.3	Historische Forschung	167
7.4	Kinderzeichnungsforschung und Erforschung bildnerisch-ästhetischen Verhaltens von Heranwachsenden	169
7.5	Bildungstheoretische hermeneutische Forschung	173
7.6	Fachdidaktische Forschung	175
7.7	Empirische Forschung	177

8 Kunstpädagogik studieren – Hochschulen, Studiengänge und Abschlüsse ... 183

8.1	Künstlerische Eignungsprüfung	183
8.2	Studienziele, Studienabschlüsse und Berufsfelder	185
8.3	Studiengänge	186

9 Support ... 190

9.1	Berufsverbände, Forschungs- und Serviceeinrichtungen	190
9.2	Zeitschriften, Handbücher, digitale Medien, Unterrichtsmaterialien	194

Literaturverzeichnis ... 199

Vorwort

Mit diesem Buch werden zwei Absichten verfolgt: Zum einen wird eine Einführung in das Studienfach Kunstpädagogik mit dessen wissenschaftlichen, didaktischen und künstlerischen Angeboten und Konzepten und hiermit zusammenhängenden studienpraktischen Aspekten gegeben. Zum anderen wird die generellere Thematik der Beziehung zwischen Pädagogik und Kunst exemplarisch anhand des im Eingangskapitel begonnenen »roten Fadens« der gesellschaftlichen Bedeutung von Gegenwartskunst aus pädagogischer Sicht veranschaulicht.

Beide Themenbereiche werden allenfalls einer vorläufigen Klärung zugeführt; sie werden facettenreich und plural entfaltet, damit sich bei den Leserinnen und Lesern unterschiedliche Anschlussmöglichkeiten sowohl an das Thema »Pädagogik und Kunst« als auch an ihre individuellen Interessen in Hinsicht auf das Fach Kunstpädagogik ergeben. Solche Bezugsfelder sind z. B. Fragen zur Entscheidung über das Studienfach (▶ Kap. 8), fachdidaktisches Basiswissen zu Studienbeginn (▶ Kap. 3), berufliche Arbeitsfelder (▶ Kap. 5), Erkenntnisse aus der Historie des Faches bis heute (▶ Kap. 2), Gegenwartskunst (▶ Kap. 1), ästhetische Phänomene und Praxis (▶ Kap. 4) oder Fachkonzeptionen in Theoriebildung und Forschung (▶ Kap. 7). Dementsprechend ist das vorliegende Buch so aufgebaut, dass ein selektiver Einstieg für Lesende mit jedem Kapitel möglich ist, um von hier aus eigene Wege und Anknüpfungen zu finden. Ein umfangreiches Verweissystem soll diese Art des Lesens ebenso unterstützen wie die in den Text eingefügten Abbildungen.

In der Nutzung der ersten Auflagen zeigte sich, dass diese »Einführung« nicht nur zu Studienbeginn Orientierung bietet, sondern insbesondere am Ende des Studiums und im Referendariat einen kompakten Einblick in die historischen und aktuellen Konzepte des Faches vermittelt. Diesem Bedürfnis wurde in späteren Auflagen verstärkt entsprochen. Die Themen »Bildung« und »Kulturelle Bildung« werden wie selten zuvor in der breiten Öffentlichkeit wahrgenommen und diskutiert. Diese Entwicklungen lassen sich u. a. mit folgenden Stichworten umreißen:

- internationale Vergleichsstudien zur Ermittlung von (Basis-)Kompetenzen der Schülerinnen und Schüler,
- der Bedeutungszuwachs einer wissenschaftlich fundierten Bildung in der frühen Kindheit,
- ein Lehrkräftemangel im Fach Kunst in vielen Bundesländern,
- die Etablierung von Ganztagsschulen mit der Frage, welche Rolle hier das Fach Kunst spielen sollte,
- die Herausforderungen, die mit dem Thema der Inklusion aufgrund der Umsetzung der Behindertenrechtskonvention der UNO auf nationaler Ebene verbunden sind,
- zunehmende kulturelle und soziale Heterogenität der Schülerinnen und Schüler, etwa durch Migration oder Flucht,
- verstärkte Digitalisierung von Alltag, bildbezogener Kommunikation und Kultur, nicht zuletzt durch die konstante Anbindung an das Internet mittels mobiler digitaler Medien und die pandemiebedingten Erfahrungen aus dem Distanz- und Hybridunterricht,
- die Reduzierung der Schulzeit im Gymnasium um ein Jahr (G8) und deren teilweise Rücknahme,
- die Etablierung des Zentralabiturs und die hiermit einhergehende Kanonisierung abfragbarer Fachinhalte sowie
- die Diskussionen um Bildungsstandards und Kompetenzen und die Frage, wie sich diese für das Schulfach Kunst und die außerschulische kulturelle Bildung formulieren lassen.

Nicht zuletzt unter diesen Vorzeichen entwickelte auch die Kunstpädagogik seit der letzten, fünften Auflage dieser »Einführung« ihre Ansätze und Konzepte weiter. Deshalb liegt nun eine überarbeitete, sechste Neuauflage vor, in welcher das Fach in seinen Grundlagen und aktuellen Entwicklungslinien dargestellt wird.

1 Zwischen Pädagogik und Kunst

1.1 Zeitgenössische Kunst und Pädagogik – drei unterschiedliche Facetten

Pädagogik und Kunst sind vielfältig miteinander verwoben. Sie gehen in sehr verschiedenen Zusammenhängen komplexe Beziehungen ein. Pädagogik und Kunst ergänzen sich, sie stoßen sich jedoch auch ab. Dies wird im Folgenden an drei Beispielen erläutert. Drei Kunstwerke eröffnen drei Facetten dieses komplexen Beziehungsgefüges. Hierbei wird jeweils von einem erweiterten Kunst-Verständnis sowie einem erweiterten Pädagogik-Verständnis ausgegangen. In der Kunst ist diese Erweiterung (▶ Kap. 2.13, ▶ Kap. 3.2 und ▶ Kap. 4) allgemein anerkannt. Kunst setzt heute im Grunde alle ihr zur Verfügung stehenden Materialien, Medien und Handlungsmöglichkeiten ein, sie versucht, immer neue Ausdrucksformen zu finden. Kunst verbleibt nicht nur in Atelier und Museum, sie wirkt in vielen sozialen, gesellschaftlichen und alltäglichen Bereichen, sie diffundiert häufig mit diesen.

Für die Pädagogik gilt, dass in unserem gesellschaftlichen Bewusstsein das Verständnis von Pädagogik zwar traditionell insgesamt durch das öffentliche Bildungssystem und dessen Institutionen repräsentiert wird, z. B. durch die allgemein bildenden Schulen oder die Volkshochschulen; jedoch wird diese Ordnungsvorstellung immer brüchiger. Denn die Vermittlung von Kulturaspekten und Wissen wird nicht nur von professionell pädagogisch Tätigen in Bildungsinstitutionen ausgeführt, sondern sie erfolgt durch zahlreiche ›Miterziehende‹, u. a. durch unterschiedliche gesellschaftliche Institutionen oder die elektronischen Medien. Die Vermittlung von Kulturaspekten ist demnach eine gesellschaftliche Herausforderung, bedingt durch das soziale Zusammenleben, auf der pädagogisches Handeln basiert und auf die es antwortet.

Mit pädagogischen Aspekten und Intentionen kann man auch in Berührung kommen beim Fernsehen, beim Ausstellungsbesuch, im Betrieb, bei der Nutzung einer Hilfe-Funktion im Computerprogramm oder eines Tutorials, beim Zeitunglesen oder in künstlerischen Projekten – um nur wenige Beispiele zu nennen.

Die zentrale Frage angesichts dieser erweiterten Verständnisweisen sowohl von Kunst als auch von Pädagogik lautet, wo und wie sich Kunstpädagogik heute verorten und womit sie ihre Notwendigkeit begründen kann, ohne das Rad dieser Entwicklungen zurückzudrehen. Drei Beispiele sollen dies verdeutlichen.

»Denkmal für die ermordeten Juden Europas« von Peter Eisenman

Mit der Aussage, es handele sich um ein »offenes Kunstwerk«, übergab der damalige Bundestagspräsident Wolfgang Thierse am 10. Mai 2005 das »Denkmal für die ermordeten Juden Europas« der Öffentlichkeit. In kürzester Zeit wurde dieses begehbare erste Nationaldenkmal der ›Berliner Republik‹ ein besonderer Anziehungspunkt für Schulklassen und unzählige Berlin-Reisende aus aller Welt (▶ Abb. 1). Wer unter dem Brandenburger Tor hindurch läuft, begibt sich auch zum südlich hiervon gelegenen Mahnmal, das ursprünglich vom US-amerikanischen Bildhauer Richard Serra gemeinsam mit seinem Landsmann Peter Eisenman geplant wurde. Nachdem sich Serra 1998 vom Wettbewerbsbeitrag zurückzog, überarbeitete der dekonstruktivistische Architekt Eisenman den Entwurf. Denn in der Öffentlichkeit war Kritik am Monumentalismus des Wettbewerbsmodells laut geworden (vgl. »Kunst +Unterricht« 227/1998, S. 24). Übrig blieben 2711 Beton-Pfeiler (Umriss einer Stele: 95 x 238 cm), zwischen denen 54 x 87 im rechten Winkel zueinander organisierte Pfade hindurchführen. Zudem wurden 41 Bäume auf das wellenförmig angelegte 19.000 m² große Areal gepflanzt (www.holocaust-mahnmal.de).

1.1 Zeitgenössische Kunst und Pädagogik – drei unterschiedliche Facetten

Abb. 1: Peter Eisenman (*1932): »Denkmal für die ermordeten Juden Europas«, Berlin, fertiggestellt 2005, im Hintergrund (Mitte) das Reichstagsgebäude sowie das Brandenburger Tor (Foto: Georg Peez)

Alle Besuchenden müssen zu diesem offenen, Tag und Nacht begehbaren Kunstwerk Position beziehen – im wörtlichen und übertragenen Sinne. Wer am Rande des Stelen-Feldes ankommt, wird unwillkürlich »hineingezogen«. Am Anfang sind die dunkelgrauen Betonpfeiler noch überschaubar niedrig. An manchen Stellen im äußeren Bereich des Mahnmals ähneln sie eher dunklen, auf dem Boden liegenden Grabplatten. Ab und zu sind einzelne Blumen und Steine auf ihnen abgelegt. An anderen Stellen kann man sich auf ihnen sitzend niederlassen. Das uneben verlegte Pflaster unter den Füßen verunsichert beim Laufen: Es führt zunächst zur Mitte des Feldes hin leicht abwärts. Die Stelen werden schnell höher, bis zu viereinhalb Meter. Sie scheinen – teilweise leicht schräg stehend – bedrohlich aus dem Boden zu wachsen, nehmen das Licht. Sie schlucken die Geräusche der Umgebung. Beim Durchschreiten wird man überrascht von anderen Menschen, die ebenfalls auf den schmalen Pfaden laufen, die die strenge Ansicht jewels für wenige Sekunden verändern. Ihre Wege kreuzen sich mal näher, mal weiter entfernt mit den eigenen. Aber schnell ist man wieder alleine, biegt um eine Ecke und sieht andere Fremde. Diese begehbare Skulptur spricht in den engen Gängen die Einzelbesuchenden an, isoliert sie, ermöglicht ihnen eine kontemplative Besinnung auf sich selbst. Distanz ist zugleich in der Enge nur schwer möglich.

Peter Eisenman sagt, das Holocaust-Mahnmal solle ein »dauerhaftes Gedächtnis« an die sechs Millionen von Deutschen ermordeten Juden schaffen. Doch die Besuchenden überprüfen diese Aussage: Kann das zwischen Landart, abstrakt-minimalistischer Skulptur und Denkmal changierende Kunstwerk das leisten, was Eisenman vorgibt? Das Werk ist offen, ungewiss und deshalb sehr unterschiedlich zu erfahren und auszulegen. Erinnert die Tatsache, dass man zwischen den Stelen schnell allein ist, an die Isolation der Opfer? Soll und kann das Mahnmal Mitgefühl wecken? Oder assoziiert man die perfekt geordnete ›kalte Grammatik‹ der unpersönlichen Betonpfeiler, die ein wenig an Nazi-Architektur erinnern, mit der Gewaltherrschaft des Dritten Reichs? Oder ist es doch eher eine Stadt der Toten, ein Gräberfeld, auf dem die Namen fehlen?

Persönliche Eindrücke, historisches Wissen, kunsthistorische Assoziationen, eigene Körperempfindung, Gefühle und ästhetische Erfahrungen (▶ Kap. 1.3) beim Durchschreiten bilden für viele Berlin-Besuchenden eine eigentümliche Gemengelage, die sich nicht auflösen lässt, sondern ihre Wirkung meist eindrücklich entfaltet. Eine ›Handlungsanweisung zum Erinnern‹ wird weder vom Kunstwerk noch vom Künstler mitgeliefert. Muss uns dieses Werk etwas Bestimmtes sagen? Es ist ja schließlich ein Denkmal. Sollte Kunst heute eine klare Aussage treffen, etwas vermitteln? Oder muss Kunst mittels der ästhetischen Erfahrung, die sie auslöst, »ein Bewusstsein der Offenheit von Gegenwart« (Seel 2007, S. 66) herstellen, weil ihre Bedeutung sowieso stets individuell konstruiert wird?

Eisenman lehnt jede Deutung seines Werks ab: Es solle nichts symbolisieren, keinen Friedhof, keine Totenstadt, kein Kornfeld, es solle auch kein Gegenbild zu den ineinander verkeilten Eisschollen in Caspar David Friedrichs Gemälde »Gescheiterte Hoffnung« von 1822 sein. Das Leiden derer, an die es erinnere, habe ihn zum Schweigen bewogen. Lediglich Einzigartigkeit war Eisenmans Ziel: einen Ort zu gestalten, der wie kein anderer auf der Welt ist. Denn nie zuvor habe es auch einen Holocaust gegeben. Durch die performativen Eigenschaften (▶ Kap. 3.3) dieses Mahnmals wird der Begriff des Denkmals dekonstruiert: Es regt zum Denken an, ohne einen Gedanken vorzuschreiben. In diesem Sinne ist das eigentliche Denkmal die Diskussion hierüber. Der bebaute Raum ist demnach Anlass dafür, das Denkmal im sich immer wieder erneuernden Diskurs zu schaffen und weiterzuentwickeln; ein Diskurs, der lange vor der Errichtung begann, 1988, als Deutschland noch geteilt war und als eine Bürgerinitiative um die Journalistin Lea Rosh begann, ein Holocaust-Denkmal für die ehemalige Hauptstadt des faschistischen Deutschlands zu fordern.

Ob Anstoß, Ablehnung oder Zustimmung: Eisenman hat das erreicht, was ein Kunstwerk erreichen kann: über die bildnerische Form und über die ästhetische Erfahrung (▶ Kap. 1.3) zum selber Denken und zum Disput anzuregen (vgl. »Kunst+Unterricht« 316/2007). Denn hier findet keine Vermittlung von festgelegten Ideen und Inhalten statt – zumindest oberirdisch. Aus der Furcht heraus, dass solche Offenheit zur Beliebigkeit führe, war ein Ergebnis der jahrelangen Diskussionen, dass unter diesem Areal ein »Ort der Information« geschaffen wurde. Hier wird in vier ausstellungsdidaktisch geplanten Räumen eindrücklich an die Opfer erinnert, etwa indem unablässig die Namen von 800 ermordeten Juden genannt und deren Schicksale geschildert werden.

»One Minute Sculptures« von Erwin Wurm

Selbst der legendäre deutsche Fußballspieler, -trainer und -funktionär Franz Beckenbauer tat es. Er posierte eine Minute nach der Anweisung von Erwin Wurm: Beckenbauer lehnte sich seitlich an eine Hauswand an. Doch berührte er nicht mit seinem Jackett das Haus, sondern er presste vorsichtig zwei Orangen-Früchte gegen die Hauswand: eine Orange zwischen Schläfe und Wand, eine zwischen Schulter und Wand (▶ Abb. 2). Der Gesichtsausdruck ist konzentriert, leicht verlegen und zugleich amüsiert. Wurm dokumentiert Beckenbauer in diesem Moment mit der Kamera. Das Foto, auf dem diese Kurzzeit-Skulptur festgehalten wurde, war Plakatmotiv der Kunst-Ausstellung zur Fußball-Weltmeisterschaft 2006 in Deutschland.

Im Werkverzeichnis des Bildhauers Erwin Wurm (Jg. 1954) gibt es eine ganze Serie mit Gemüse und Früchten. Beispielsweise steht ein Bankdirektor vor der Kamera: In jedem Nasenloch steckt ein weißer Spargel. Der Kopf des Mannes ist leicht nach oben gerichtet, so dass die Spargelstangen fast senkrecht aus den Nasenlöchern herabhängen, sie erinnern an Walrosszähne. Eine andere Zeitgenossin hat sich Schuhe und Strümpfe ausgezogen und kleine Essiggurken zwischen ihre Fußzehen geklemmt. Ein weiterer Freiwilliger in der Serie »Outdoor Sculptures« (1998), der als Lohn für seine Handlung »lediglich ein kleines Foto« bekam, so Wurm, posierte kopfüber in einer offenen Mülltonne am Straßenrand, nur die nach oben aus der Tonne ragenden Beine waren zu sehen.

In Erwin Wurms Schau mit dem Titel »Handlungsformen der Skulptur« (2003) sind alle aufgefordert, von Betrachtenden zu Akteurinnen und Akteuren zu werden: Auf weißen Podesten liegen diverse Alltags-Utensilien, wie Orangen, Stöcke, Bleistifte oder ein Pullover. Zu jedem Gegenstand gibt es eine Handlungsanweisung (Zeichnung mit kurzem Text) des Künstlers (Wurm 2006; Lehmann 2003). So lassen sich zwei Orangen auch unter die Bluse oder ins Hemd im Bereich der Brust stecken. In dem Moment, in dem diese anleitungsorientierte skulpturale Haltung auf Zeit steht, kann man sich von einer Aufsichtsperson der Ausstellung fotografieren lassen. Wer dann noch 100 Euro zahlt und Wurm das Foto zuschickt, erhält es von Künstlerhand signiert zurück, womit die Echtheit einer Wurm'schen Skulptur bescheinigt wird. Ob mit oder ohne Foto: Alle können auf diese Weise als Ausstellungsbesuchende die Verantwortung für das Gelingen eines Kunstwerks übernehmen bzw. eine Skulptur auf Zeit sein.

Was auf den ersten Blick für manche Betrachtende wie Klamauk oder Slapstick wirken mag, erweist sich jedoch als höchst originelle und subtile Kunst-Botschaft. Mit seinen inszenierten »Skulpturen für eine Minute« ist Wurm ein Grenzgänger zwischen den traditionellen Gattungsgrenzen. Skulptur, Happening, Performance (▶ Kap. 3.3), Readymade (Marcel Duchamp) verschmelzen zu etwas Neuem. Bekannte kategoriale Gegensätze für Kunst sind paradoxerweise gleichzeitig wirksam:

1.1 Zeitgenössische Kunst und Pädagogik – drei unterschiedliche Facetten

Abb. 2: Erwin Wurm (*1954): »One Minute Sculpture«. Für die Ausstellung »Rundlederwelten«, dem offiziellen Beitrag des Kunst- und Kulturprogramms der Bundesregierung zur FIFA WM 2006, stand Franz Beckenbauer für Plakat und Einladung zur Verfügung. In der Ausstellung konnten sich alle Besuchende auch selbst für wenige Minuten in eine lebendige Skulptur verwandeln.

Prozess und Produkt, Bewegungslosigkeit und Aktion, Ruhe und Dynamik, Stabilität und Instabilität, Künstlichkeit und Wirklichkeit, Regel und Zufall, Original und Nachahmung; festgehalten mit Video- oder Fotokamera. Dass in Wurms Werken zweifellos immer auch Humor und Ironie sowie Selbst-Ironie mitschwingen, dass die verblüffenden Fotodokumentationen zum Schmunzeln veranlassen, lässt sie umso subtiler und tiefgründiger wirken. Denn mit einem Lächeln sind wir gegenüber den radikalen Intentionen des Künstlers wesentlich aufgeschlossener.

19

1 Zwischen Pädagogik und Kunst

Zweitens erweitern diese kurzzeitigen Skulpturen den Kunstbegriff (▶ Kap. 3.2), indem sie den Übergang vom Alltag zur Kunst ebnen. In diesem Kontext fördern sie auch die ästhetische Bildung. Wer einmal einen Pullover nach den Anweisungen von Wurm gefaltet und aufgehängt hat oder wer einmal eine »One Minute Sculpture« selbst ausgeführt hat, wird ab dann im alltäglichen Umgang jenes Kleidungsstück anders betrachten, falten oder anziehen. Er oder sie wird – wenn auch nicht immer, aber immer öfter – Gegenstände auf ihre Möglichkeit, Skulptur zu werden, überprüfen. Er oder sie wird eine Verbindung zwischen Kunst und Alltag herstellen und sich an die einmal selbst ausgeführte Aktion erinnern. Denn man hat einen innovativen skulpturalen Prozess selber mimetisch (d. h. kreativ nachahmend) erfahren (Lehmann 2003, S. 70f.).

Die Vermittlung seiner Kunst geschieht durch den Künstler und seine Handlungsanweisungen unmittelbar: In der tatsächlichen Aktion kann jeder versuchen, wie Franz Beckenbauer mit zwei Orangen eine Skulptur auf Zeit zu werden. Zweifellos liegt es in der Absicht des Künstlers, ästhetische Erfahrungen auszulösen. Die in Kapitel 1.3 aufgelisteten Strukturmomente ästhetischer Erfahrung kommen hier zum Tragen (▶ Kap. 1.3). Zum anderen lassen sich viele Werke mittelbar erfahren, indem man sich in den agierenden Menschen in Gedanken hineinversetzt: Welches Körpergefühl muss ich entwickeln? Welche Körperspannung, Konzentration und Balance muss ich halten? Welche Vorsicht muss ich walten lassen, damit die zwei Orangen nicht wegrutschen und ich selber nicht ins Wanken gerate?

»Ein Kommunikationsraum« von Christine und Irene Hohenbüchler in Zusammenarbeit mit der Kunstwerkstatt Lienz

Auf den Böden eines weißen, etwa 1,70 m hohen Regals lagen viele Objekte, denen man bereits von Weitem ansah, dass sie mit etwas handwerklichem Ungeschick hergestellt worden waren: kleine figürliche Darstellungen von Phantasietieren aus Keramik; eine selbstgehäkelte Mütze; mehrere etwa handgroße, meist bunt glasierte Keramikschalen

1.1 Zeitgenössische Kunst und Pädagogik – drei unterschiedliche Facetten

und -gefäße; einige mit Ornamenten grell bemalte Frottee-Handtücher; das Porträtfoto einer lachenden Frau, welches nachträglich durch Wachsmalkreide mit Mustern bunt verziert und auf ein Stück Pappe aufgeklebt war.

Dies alles war im Sommer 1997 in einem großen, hellen Raum der documenta X zu sehen, dem »Museum der hundert Tage« für zeitgenössische Kunst in Kassel. Am Eingang dieses Raumes hing an der Wand ein kleines Schild: »multiple autorenschaft. Christine & Irene Hohenbüchler in Zusammenarbeit mit Kunstwerkstatt Lienz. Ein Kommunikationsraum. 1996–1997«. Weitere schriftliche Angaben zu den Ausstellungsobjekten wurden nicht gemacht.

Diese Objekte waren auf ungewöhnlichen Möbeln präsentiert (▶ Abb. 3): An der Rückwand eines halbrunden, mitten im Raum stehenden, mit Ausstellungsobjekten bestückten Regals befand sich eine Sitzbank. Eine andere Konstruktion sah aus wie ein hoher Stuhl mit einer viel zu kurzen Lehne bzw. wie ein niedriger Schreibsekretär. Diese Stellage wurde als Präsentationstisch für einen Ringbuchordner mit in Prospekthüllen eingelegten Zeichnungen genutzt. Zwei Besuchende standen an diesem »Tischchen« und blätterten im Ordner. Sie unterhielten sich hierbei. Auf einem anderen Tisch stand ein Computer, auf dessen Bildschirm Grafiken aufgerufen werden konnten: Darstellungen eines Feuerwehrautos, eines Lastwagens, eines Hauses, einer Landschaft. An einer Wand stand eine ca. 1,50 m hohe Konstruktion aus Drähten, an denen mit greller Farbe bemalte Badeanzüge, Badehosen, mehrere Schwimmreifen und eine große aufgeblasene Plastikente präsentiert wurden.

Die Zwillingsschwestern Christine und Irene Hohenbüchler, 1964 in Wien geboren, arbeiten seit Jahren mit Menschen zusammen, die u. a. in Nervenheilanstalten oder in Gefängnissen untergebracht sind. Die auf der documenta X ausgestellten Werke wurden von ihnen gemeinsam mit 20 geistig Behinderten in einem Zeitraum von zwei Jahren in der »Kunstwerkstatt« der »Nervenheilanstalt Lienz«, Osttirol in Österreich, geschaffen. Durch diese projekt- und werkstattorientierte künstlerische Kooperation entstanden verschiedene Werke mittels unterschiedlichster Herstellungsverfahren und Materialien, die die Geschwister Hohenbüchler zum Gesamtwerk, dem »Kommunikationsraum«, zusammenfügten.

1 Zwischen Pädagogik und Kunst

Abb. 3: Christine und Irene Hohenbüchler (*1964), multiple Autorenschaft: Ein Kommunikationsraum, verschiedene Materialien und Medien, 1996/97. Resultate kollektiver Arbeiten in der »Kunstwerkstatt Lienz« mit Bewohnerinnen und Bewohnern der Nervenheilanstalt Lienz, Osttirol, Österreich

Christine und Irene Hohenbüchler sind weder Kunstpädagoginnen noch Kunsttherapeutinnen, sie sind sowohl in ihrem Selbstverständnis als auch im kunsttheoretischen Kontext durch ihre Teilnahme an der documenta X anerkannte Künstlerinnen. Auf vergleichbare Weise wie die Geschwister Hohenbüchler arbeiten gegenwärtig eine Anzahl zeitgenössischer Künstlerinnen und Künstler prozesshaft direkt in pädagogischen Zusammenhängen. In der Kunsttheorie wird gar gemutmaßt, dass sich langfristig künstlerisches Tun von der Bereitstellung ästhetischer Produkte zum Angebot ästhetischer Tätigkeiten für Menschen, die im weitesten Sinne etwas gestalten wollen, verschieben könnte. Diesen Kunstschaffenden ist ein zentraler Aspekt künstlerischen Arbeitens gemeinsam: Sie integrieren kunstpädagogische Handlungsweisen in ihre Kunstäußerungen und erweitern den Kunstbegriff hierdurch.

Sie bearbeiten die Grenze zwischen Pädagogik und Kunst. Gerade durch die von ihnen ausgelöste Irritation an der Grenze zum pädagogischen System erfahren die Geschwister Hohenbüchler Aufmerksamkeit und Akzeptanz im Kunstsystem.

1.2 Kunstvermittlung – der ›blinde Fleck‹ der Kunstpädagogik

Hinsichtlich des komplexen und facettenreichen Beziehungsgefüges zwischen Pädagogik und Kunst wird ein Charakteristikum häufig genannt, welches eher die Unvereinbarkeit zwischen Kunst und Pädagogik betont: Die Möglichkeit einer Vermittlung von Kunst, einer Vermittlung dessen, was die Kunst zur Kunst macht, wird in der kunstpädagogischen Diskussion oft grundsätzlich angezweifelt (▶ Kap. 2.13 und ▶ Kap. 4.3). Dieser Zweifel betrifft den kunstpädagogischen Berufsstand fundamental, der zwischen Pädagogik und Kunst steht, dessen Aufgabe es ist, Kunst zu vermitteln. Freilich lassen sich bildnerische Techniken lehren und vermitteln, wie etwa das Schraffieren mit dem Bleistift oder der Umgang mit einem Bildbearbeitungsprogramm, aber wer das Spezifische von Kunst vermitteln will, macht sie sich gefügig. Er unterrichtet hierdurch an der Kunst vorbei. Die Entwicklung der modernen und zeitgenössischen heterogenen Kunstrichtungen macht nämlich deutlich, dass sich Kunst und Kunsterfahrung durch die Verweigerung gegenüber Verstehensabsichten und durch die Irritation der Rezipientinnen und Rezipienten stetig dem rational auslegenden Verstehen zu entwinden versuchen (Sontag 1968). Eine solche Verweigerungshaltung mit lehrenden Methoden pädagogisch ›zähmen‹ zu wollen wäre kontraproduktiv. Kunst ist demnach nicht didaktisierbar (Buschkühle 2003, S. 32ff.).

Die Basis dessen, was kunstpädagogische Konzepte lange Zeit prägte und was alle kunstpädagogischen Methodenentscheidungen überhaupt erst legitimierte, wird durch diesen Ansatz radikal in Frage gestellt. »Erfahrung gelingt nicht durch Vermittlung«, sagte unmissverständlich der Kunstpädagoge Hermann K. Ehmer (Ehmer 1993, S. 32). Vermittlung gilt demnach nicht mehr als eine der Kunst angemessene Kategorie, weil der Inhalt möglicher Kunstvermittlung nicht reflexiv verfügbar ist. Kunstlehrende geraten unversehens unter einen Rechtfertigungsdruck. Das Paradoxon, mit dem sie selbst unter Anerkennung der oben konturierten Prämisse umgehen müssen, lautet: Trotz allem versuchen sie weiterhin die Gelenkfunktion zwischen der Kunst und den Schülerinnen und Schülern bzw. den Adressatinnen und Adressaten einzunehmen – sie vermitteln ›etwas‹. Das Gewahrwerden dieses ›blinden Flecks‹ der Kunstpädagogik wird im Fach theoretisch kultiviert und gewissermaßen zu einem ›Kunstgriff‹ stilisiert (▶ Kap. 2.15) (Pazzini 2005). Aus Sicht der Praxis lässt sich die Wahl der Vermittlungsmethoden wohl vorwiegend als eklektisch oder noch treffender als pragmatisch bezeichnen. Das heißt, man wählt jeweils die situativ adäquat erscheinende Methode aus, die angesichts der eigenen Berufserfahrung momentan einen größtmöglichen Erfolg für kreative und produktive Anschlüsse verspricht. Die Wahl der Vermittlungsmethoden ist somit keinesfalls beliebig, d. h., zumindest im Nachhinein ist es mittels Reflexion möglich, die Wahl professionell zu begründen – unabhängig davon, ob sich die Wahl im Nachhinein auch als angemessen erwies. Es lässt sich offensichtlich der ›Kunstgriff‹ anwenden, dass Vermitteln auch angesichts der Anerkennung der Unvermittelbarkeit dessen, was Kunst ihrem Wesen nach ist, keineswegs überflüssig wird. Denn im Zentrum steht deswegen nun die Frage: Wie lässt sich die Nicht-Vermittelbarkeit der Kunst überzeugend und gegenstandsgerecht, d. h. kunstgerecht, vermitteln? Dass diese Frage so verhandelt wird, zeigt beispielsweise Hermann K. Ehmer mit seiner offenbar paradoxen Formulierung, wir müssten lernen, dass es an der Kunst nichts zu lernen gebe (Ehmer 1994, S. 14).

1.3 Konsens im Fach – Ästhetische Erfahrung und Bildkompetenz

»Im Kunstunterricht geht es um mehr als Kunst, es geht um die ästhetischen Erfahrungsprozesse der Kinder und Jugendlichen – in ihrem Wahrnehmen, Handeln und Denken. Ihnen diese Prozesse zu eröffnen, sie darin zu begleiten und selbstständig werden zu lassen, ist Praxis und Konzept des Kunstunterrichts« (Kirchner/Otto 1998, S. 1). Mit diesen Worten charakterisierten Constanze Kirchner und Gunter Otto eine noch gültige Hauptaufgabe heutiger Kunstpädagogik. Diese Aufgabe besteht nicht in der Vermittlung von Kunst, sondern kunstpädagogische Grundintentionen zielen ab auf die Ermöglichung ästhetischer Erfahrungen im Bildnerischen. Ästhetische Erfahrungen lassen sich sowohl produktiv im eigenen bildnerischen Gestalten (▶ Kap. 4.1 und ▶ Kap. 4.2) als auch rezeptiv, etwa in der Kunstbetrachtung (▶ Kap. 4.3), aber auch im Alltag »in Ereignissen und Szenen« machen, »die das aufmerksame Auge und Ohr des Menschen auf sich lenken, sein Interesse wecken und, während er schaut und hört, sein Gefallen hervorrufen« (Dewey 1934/1980, S. 11), so der US-amerikanische Philosoph und Pädagoge John Dewey in seiner Sammlung von Vorlesungstexten »Art as Experience« aus dem Jahre 1934. Auf diese Grundaussagen Deweys bezieht sich die deutsche Kunstpädagogik häufig. Ästhetische Erfahrungen können als Erfahrungen der Diskontinuität, der Differenz zum bisher Erlebten gelten (Mattenklott/Rora 2004). Sie überschreiten das mittels unserer Wahrnehmung Erwartbare und »erzeugen Risse in der gedeuteten Welt« (Seel 2007, S. 59). In dieser »Schwellenphase« werden »kulturelle Spielräume für Experimente und Innovationen eröffnet« (Küpper/Menke 2003, S. 140).

Strukturmomente von ästhetischer Erfahrung sind zusammengefasst, chronologisch geordnet von der ersten Aufmerksamkeit bis zur Mitteilung und abgeleitet aus den oben genannten Literaturquellen:

- Aufmerksamkeit für Ereignisse und Szenen, die Gefallen und Interesse wecken und hierdurch unmittelbares Spüren der Wahrnehmung bedingen;

1 Zwischen Pädagogik und Kunst

- Offenheit und Neugier;
- Versunkensein und emotionales Involviertsein im Augenblick;
- Genuss der Wahrnehmung selbst und hiermit verbundenes Lustempfinden (nicht nur angenehm, sondern auch verstörend oder erschaudernd);
- Spannung und Überraschung, die Staunen vor dem wahrgenommenen Phänomen auslösen können;
- Erleben von Subjektivität und Individualität im Wahrnehmungsprozess;
- Anregung der Fantasie durch Entdeckung von neuen Assoziationen zu scheinbar Bekanntem und Gewohntem;
- Reflexion über die eigene Wahrnehmung und deren Prozesshaftigkeit mit hierdurch bedingter nötiger Distanz zum eigenen Wahrnehmungserleben, zum Abschluss der ästhetischen Erfahrung;
- Voraussetzung für die Reflexion sind Wissen und Einsicht, die sich aus früherer Wahrnehmung und Erfahrung ergeben;
- In-Beziehung-Setzen der eigenen ästhetischen Erfahrung mit kulturellen und künstlerischen Produkten;
- Festhalten der ästhetischen Erfahrung in ästhetischer Produktion;
- Mitteilen dessen, was die ästhetische Aufmerksamkeit erregte (kommunikativer Aspekt).

Deweys Auffassung steht in Opposition zu ästhetik-philosophischen und bildungstheoretischen Standpunkten, beispielsweise des Kunsthistorikers Gottfried Boehm, der es für die ästhetische Erfahrung als kennzeichnend ansieht, dass ihre Eingliederung ins Pädagogische nicht nur in Frage zu stellen sei, sondern dass die Idee einer natürlichen Annäherung von Kunst und Pädagogik ein fragwürdiges Unternehmen bleibe (Boehm 1990, S. 471). Für Boehm ist ästhetische Erfahrung nur an Kunstwerken bzw. in Verbindung mit Kunstwerken zu gewinnen. Die sich gegen einfache Erklärungen wehrende zeitgenössische Kunst – wie etwa die Erwin Wurms (▶ Kap. 1.1) – errichte eine schwer überwindbare Barriere gegenüber jenen Versuchen, sie zum Instrument ästhetischer Erziehung zu machen.

Doch ihre Beziehung zur bildenden Kunst ist für die Kunstpädagogik zwar zentral, aber nicht allgegenwärtig. Ästhetische Erfahrungen sind

1.3 Konsens im Fach – Ästhetische Erfahrung und Bildkompetenz

für die Kunstpädagogik nicht das Mittel zum Zweck der Kunsterfahrung. Ästhetischen Erfahrungen kommt ein hiervon unabhängiger Wert an sich zu. Aber Kunsterfahrung ist ohne zuvor erfolgte ästhetische Erfahrungen im Alltag nicht möglich. »Die Erfahrung der Kunst zehrt von der Erfahrung außerhalb der Kunst – und hier gerade von ästhetischen Erfahrungen in den Räumen der Stadt und der Natur, in denen die Koordinaten der Weltgewandtheit und des Weltvertrauens durcheinander geraten« (Seel 2007, S. 66) (Zu den philosophischen Wurzeln der ästhetischen Erfahrungen und ihrem Verständnis heute vgl. Tatarkiewicz 2003, S. 448ff.; Küpper/Menke 2003). Unser Wahrnehmungsverhalten bildet sich mitgängig und muss deshalb im Kunstunterricht thematisiert und geschult werden. Ästhetische Erfahrungen und Empfindungen erleben zu können, ist ein Teil unserer »Grundausstattung«, so der Kunstpädagoge Gert Selle, sie werde von Künstlerinnen und Künstlern lediglich intensiver genutzt und sensibler entwickelt (Selle 1988, S. 30).

Jede ästhetische Erfahrung enthält eine zweifache Orientierung: Zum einen sollte sie auf die sinnlichen Anteile der Wahrnehmungen und Empfindungen gerichtet sein. Zum anderen sollte dem Spüren und Wahrnehmen ein Sinn gegeben werden: Es geht um Erkunden, Ins-Bewusstsein-Rufen, Auslegen und Deuten; wie etwa bei Peter Eisenman (▶ Kap. 1.1). Erst wenn wir uns einer sinnlichen Wahrnehmung bewusst werden, wenn wir ihr gewahr werden, wenn wir die Wahrnehmung mit anderen Wahrnehmungen und Empfindungen in Beziehung setzen und auslegen, dann verhalten wir uns nicht nur sinnlich, sondern ästhetisch. Ein solches ›Sinn-Bewusstsein‹ muss nicht in Worte gefasst werden, es sollte aber reflexiv verfügbar sein.

Kunstpädagogik geht davon aus, dass im Alltag und in der Sozialisation durch Umwelterfahrungen nicht genügend Situationen geboten werden, in denen ästhetische Erfahrungen in den angesprochenen Dimensionen in ausreichendem Maße und tiefgreifend zu machen sind; ästhetische Erfahrungen, die auch grundlegend für Bildungsprozesse sind (Kämpf-Jansen 2001, S. 153ff.). Für die Entwicklung (selbst-)kritischer und selbstbestimmter ästhetischer Entscheidungen sind Impulse, Gegenerfahrungen und Irritationen erforderlich.

Zugleich hat sich in den letzten Jahren Schul- und Bildungspolitik immer stärker einer Kompetenzorientierung verschrieben. Die Ständige

1 Zwischen Pädagogik und Kunst

Konferenz der Kultusminister der Länder (KMK) erließ Empfehlungen mit Kompetenz-Auflistungen für alle Schulfächer, zusammengefasst in so genannten Bildungsstandards. Bildungsstandards greifen laut KMK »allgemeine Bildungsziele auf und legen fest, welche Kompetenzen Schülerinnen und Schüler bis zu einer bestimmten Jahrgangsstufe an wesentlichen Inhalten erworben haben sollen. Die Bildungsstandards konzentrieren sich auf Kernbereiche eines Faches und beschreiben erwartete Lernergebnisse« (KMK 2004, www.kmk.org) (▶ Kap. 5.1). In eine solche Vorstellung von Bildung als »erwartete Lernergebnisse« passt ästhetische Erfahrung freilich nicht hinein.

Um der Gefahr entgegen zu wirken, dass das Schulfach Kunst ohne Bildungsstandards und Kompetenzauflistung dastehen könnte und dann plötzlich kein aktuell legitimierbares Schulfach mehr sei, verabschiedete die Hauptversammlung des BDK, Fachverband für Kunstpädagogik (▶ Kap. 9.1.1), die Formulierung facheigener Bildungsstandards für den mittleren Schulabschluss (also bis zur Klasse 10) – veröffentlicht in den »BDK-Mitteilungen« (3/2008, S. 2–4). Hier fällt nicht nur die bürokratische Sprache auf, sondern auch die Vorgehensweise wirkt sehr geregelt. So heißt es etwa im zentralen Bereich des Faches, der bildnerischen »Produktion«: »Herstellen

- Arbeitsprozesse in einzelnen Arbeitsschritten planen, strukturieren und organisieren
- das Arbeitsumfeld sachgerecht organisieren
- bildnerische Verfahren, Techniken und Medien erproben und strategisch sinnvoll verwenden« (ebd., S. 4).

Oder: »Gestalten (...)

- eigene bildnerische Lösungen dokumentieren und reflektieren
- kreativ und strukturiert bei der Gestaltung von Bildern vorgehen« (ebd.). Was aber bedeutet eigentlich »kreativ und strukturiert« konkret? Kontroverse Diskussionen werden hierzu geführt.

Zwar betont der BDK, dass die »Standards – auch im Fach Kunst – nicht die gesamten, komplexen Bildungsmöglichkeiten des Fachs umfassen«

1.3 Konsens im Fach – Ästhetische Erfahrung und Bildkompetenz

(ebd., S. 2), gemeint sind etwa die Potenziale der ästhetischen Erfahrung. Doch lässt sich langfristig am starken Echo in der Fachdiskussion absehen, dass die ästhetische Erfahrung als Ziel und bisheriger weitgehender Konsens des Faches inzwischen häufig von der Kompetenzdiskussion überlagert wird. Somit stehen »ästhetische Erfahrung« und »Bildkompetenz« nebeneinander (Grünewald 2009, S. 17; Kirchner 2009, S. 53). Neue, zumindest bildungspolitisch ausgerichtete Fachlegitimation wird langfristig offenbar die »Bildkompetenz« werden (▶ Kap. 5.1). Denn die »Bildkompetenz« ist in den ministerialen Bildungsstandards fest verankert, und sie hat Potenziale eines Alleinstellungsmerkmals gegenüber anderen, ebenfalls kompetenzorientierten Schulfächern.

»Bildkompetenz« mit ihren rezeptiven und gestalterisch-praktischen Anteilen differenziert Rolf Niehoff in sechs sich durchdringende Teilkompetenzen, die im Kunstunterricht zu fördern sind:

- »Bildstrukturale Dimension«: »Schüler können Bilder als komplexe gestaltete Phänomene wahrnehmen, untersuchen und gestalten.«
- »Bildinhaltliche Dimension«: »Schüler können Bilder als komplexe Form-Inhalt-Gefüge wahrnehmen, untersuchen, deuten und gestalten.«
- »Biografische Dimension«: »Schüler können Bilder – durch ihre Hersteller sowie durch ihre jeweiligen Betrachter subjektiv-biografisch bedingt – wahrnehmen, untersuchen und deuten.«
- »Komparative Dimension«: »Schüler können Bilder als spezifische Zeichensysteme von anderen spezifischen Zeichensystemen der menschlichen Kommunikation unterscheiden.«
- »Crossmediale Dimension«: »Schüler können Bilder unterschiedlicher Sorte und medialer Provenienz sowohl rezeptiv als auch gestalterisch in Wechselbeziehungen bringen.«
- »Bildgeschichtliche Dimension«: »Schüler können Bilder als historisch-kulturelle Kontexte determiniert wahrnehmen, untersuchen und deuten.« (Niehoff 2009, S. 38; u. a. aufgegriffen von Loffredo 2014, S 16f. und Bering u. a. [3]2013, S. 65)

Diese operationalisierbar klingende Aufzählung macht nochmals deutlich, dass es sich in Bezug auf die Bildkompetenz lediglich um einen

1 Zwischen Pädagogik und Kunst

Teilbereich der Kunstpädagogik handeln kann, Kunstbezüge und Bezüge zur ästhetischen Erfahrung und ästhetischen Bildung (▶ Kap. 2.13) müssen explizit geknüpft werden, um die fachlichen Möglichkeiten umfassend erfassen und ausschöpfen zu können.

2 Entwicklung der Kunstpädagogik – vom 16. Jahrhundert bis heute

2.1 Zeichenstunden und ihre Bedeutung für Erziehung und Ausbildung seit dem Mittelalter

Im Mittelalter gab es nur eine sehr kleine Anzahl von Gelehrten und Geistlichen, die als Illustratoren und Miniatoren für Bücher tätig waren. Diese Bücher hatten religiöse und nach dem 14. Jahrhundert verstärkt humanistisch-profane Inhalte. Heute besitzen wir keine verlässlichen Quellen darüber, mit welchen erzieherischen Mitteln in dieser Zeit speziell Fähigkeiten und Wissen zur Buchillustration von den Älteren an die Jüngeren weitergegeben wurden. Es ist davon auszugehen, dass die Prinzipien der Nachahmung (▶ Kap. 6.1) in der personalen Lehre – für einzelne Lernende oder für kleine Gruppen – vorherrschend waren.

In Lateinbüchern aus dem 16. Jahrhundert sind darüber hinaus ab und zu Randzeichnungen zu finden, die inhaltlich nicht an den Text gebunden waren, nicht die Funktion einer regulären Illustration erfüllten und so als autonome Zeichnungen gelten können. Hier handelt es sich um früheste authentische noch erhaltene Zeugnisse der Zeichentätigkeit von Heranwachsenden (▶ Kap. 7.4). Von entsprechender Bedeutung sind auch Strichmännchen und karikaturähnliche Kritzeleien, mit denen lesende und schreibende Mönche ab und zu die Ränder ihrer Bücher schon Jahrhunderte vorher versahen. Diese Form der ›Buchzeichnung‹ nahm mit der Verbreitung des gedruckten Buches ab, wohl deswegen, weil die Einheit von Schreiben und Zeichnen in Bezug auf das Buch langsam verloren ging (Kemp 1979, S. 18ff.). Die früheste Darstellung einer Kinderzeichnung in der abendländischen Kunst findet sich auf einem Gemälde von Giovanni Francesco Caroto, das um das Jahr 1520 entstand (▶ Abb. 4). Auf diesem Bild sind bereits Indizien für Zeichenunterricht abzulesen (Kemp 1979, S. 25ff.; Wittmann 1997).

Abb. 4: Giovanni Francesco Caroto (ca. 1480–1546): Knabe mit einer Zeichnung, ca. 1520, Öl auf Holz, 37 x 29 cm, Verona Museo di Castelveccio

Zwischen der Hochkultur des weltlichen und kirchlichen Adels einerseits und der bäuerlichen Volkskultur andererseits erstarkte ab Ende des

15. Jahrhunderts eine dritte, mittlere, bürgerlich geprägte Kultur. Auftraggeber von Kunstwerken wurden zu Kunstliebhabern und interessierten sich verstärkt für künstlerische Werte, wie Individualität, Originalität und auch für die Genialität der beauftragten Künstler. Diese sich entwickelnde kunstsensible und kunstkritische Haltung, die sich von den obersten gesellschaftlichen Gruppen ausgehend langsam ›nach unten‹ durchsetzte, ist eine direkte Voraussetzung für bildnerisch-ästhetische Praxis von Laien, vor allem für Zeichenunterricht. Am Ende dieser kulturellen Neuorientierung und ›Zivilisation‹ des Adels und des reichen Bürgertums wurde das Zeichnen als autonome künstlerische Technik vollgültiges Ausdrucksmittel der Laien. Dies bedeutete, dass Zeichnen eine Tätigkeit war, die in pädagogischen Situationen vermittelt wurde.

Der Wert des Zeichnens und Malens als Teil einer humanistischen Gesamterziehung für die oberen Stände wurde für die Prinzenerziehung der Renaissance in Berufung auf die Antike wiederentdeckt. Einhergehend mit Architekturtheorie wurden Architektur und geometrische Körper skizziert, nach antiken Porträtbüsten und Skulpturen wurde gezeichnet. Durch das Zeichnen konnten die Fürsten kriegerische Strategien planen (›Kriegskunst‹), Bauwerke entwerfen, beim In-Auftrag-Geben von Kunstwerken selbst planerisch Hand anlegen und sich die Aneignung von Wissenschaften und Wissen über die Natur erleichtern. Adel und Bürgertum genossen die Exklusivität dieser Tätigkeit; nur sie verfügten über entsprechende Zeichenmaterialien. In den zeitgenössischen Abhandlungen wird zudem der erholende Wert, der dem Zeichnen zugeschrieben wurde, oft betont (z. B. Castiglione 1528, S. 94), was jedoch nicht dessen erzieherischen Stellenwert verringerte.

2.2 Künstlerisches Virtuosentum im 17. und zu Beginn des 18. Jahrhunderts – Lehren für Heranwachsende und ›Dilettanten‹

Insbesondere im Adel bestand jedoch auch zugleich noch häufig die Meinung, Zeichnen sei manuelle Erwerbsarbeit und deshalb dem Adelsstand unwürdig. Diesem Argument wurde mit dem Hinweis begegnet, dass Zeichnen eine allgemeine geistige Tätigkeit sei. Durch ihre schöpferischen Anteile sei sie ein ›Wetteifern mit Gott‹, so mache schöpferisches Zeichnen die Menschen gottähnlich. Gegenüber dem höhere technische Anforderungen stellenden Zeichenmaterial wie Silberstift und Zeichenpinsel hatten sich die adligen Laien beiderlei Geschlechts – Heranwachsende wie auch Erwachsene – zunächst auf die Feder, die sie schon vom Schreiben her kannten, und etwas später – vor allem in England – auf das Aquarellieren spezialisiert. Frühe Formen des Graphitstifts (›Bleistift‹) setzten sich nur langsam durch. Aquarell- und Wasserfarben erfreuten sich deswegen so großer Beliebtheit (und sie tun dies auch heute noch), weil sie erstens farbige Malmaterialien waren, die keine lange Zeit zum Anmischen, zur Vor- und Zubereitung erforderten. Zweitens konnte man sie leichter verarbeiten als Tempera- oder Ölfarben. Drittens waren sie geruchsneutral. Und viertens wurde ihr Gebrauch nicht durch Zünfte und Berufsstände reglementiert. Aquarellfarbe galt von Beginn an als ein Malmaterial für Laien, das neben den Papieren, dem Zeichenmaterial und den Zeichengründen in ausreichenden Maßen auf dem Markt zur Verfügung stand. Als Folge der wachsenden Nachfrage erschien 1606 die erste gedruckte Zeichenlehre für Dilettanten (Kemp 1979, S. 132f.). ›Dilettant‹ stand im damaligen Sprachgebrauch für einen Liebhaber in den Künsten und war nicht abwertend gemeint.

Der Zeichenunterricht, den manche in Privatstunden bei meist verarmten Künstlern nahmen, basierte vor allem auf dem Kopieren nach Stichen antiker Vorlagen aus Musterbüchern. Der Unterricht begann, wie z. B. bei Preißler in seinen 1734 verfassten »Regula und Anleitungen zum Zeichnen nach Vorlagen berühmter Künstler«, mit dem linearen Zeichnen geometrischer Figuren und dem Zeichnen nach Stichen antiker Modelle. Als besonderer Schwierigkeitsgrad führte die Darstellung von Perspektive und Schattierungen auf dem Papier hin zum Zeichnen und Malen von Landschaften und Historien.

Innerhalb der damals üblichen Hauslehrererziehung schilderte Jean Jacques Rousseau 1762 seinen Umgang mit der freien Kinderzeichnung des ihm anvertrauten Zöglings namens Émile: »Ich werde anfänglich einen Menschen so zeichnen, wie ihn die Dienerschaft an die

2.2 Künstlerisches Virtuosentum im 17. und zu Beginn des 18. Jahrhunderts

Mauern schmiert: einen Strich statt jedes Armes, einen Strich statt jedes Beines, die Finger größer als der Arm. Lange danach werden wir einer den anderen auf dieses Missverhältnis aufmerksam machen. Wir bemerken, dass ein Bein eine gewisse Stärke hat, dass diese Stärke nicht überall gleich ist, dass der Arm im Verhältnisse zum Körper eine bestimmte Länge hat usw.« (Rousseau nach Kemp 1979, S. 229). Die soziale Zuordnung der originären Kinderzeichnung zur »Dienerschaft« macht – trotz des Einfühlungsvermögens Rousseaus – deutlich, dass für ihn nur die naturalistische Wiedergabe einen erzieherischen Wert besaß.

Im Jahre 1795 veröffentlichte Friedrich Schiller seine Briefe »Über die ästhetische Erziehung des Menschen«. In ihnen formulierte er – vom Gedankengut der Französischen Revolution beeinflusst – eine komplexe philosophische, politische und ästhetiktheoretische Bildungsidee, die alle Menschen als Individuen ernst nahm und die auf eine Verwirklichung ihrer individuellen und kollektiven Möglichkeiten baute. Zentrale Bezugsaspekte waren Freiheit, Spiel und Schönheit. Schiller sah die fortschreitende Entfremdung des Menschen von seinen Bedürfnissen, er sah die Ambivalenz der Moderne zwischen unzweifelhaften Fortschritten und gravierenden Verlusterfahrungen (Legler 2011, S. 77ff.). Ein Ausgleich zwischen Sinnlichkeit und Vernunft sollte innerhalb einer humanen ästhetischen Erziehung durch den menschlichen Spieltrieb erreichbar sein: »Denn um es endlich auf einmal herauszusagen, der Mensch spielt nur, wo er in voller Bedeutung des Wortes Mensch ist, und er ist nur da ganz Mensch, wo er spielt« (Schiller 1793/95, 15. Brief). Schillers philosophische »Briefe«, die keine praxisorientierten Anweisungen enthielten, erfuhren bis in unsere Tage besonders in der Kunstpädagogik eine umfangreiche Auslegungs- und Rezeptionsgeschichte (▶ Kap. 7.5).

2.3 Zeichenlehren und Zeichenunterricht im 19. Jahrhundert

Das 19. Jahrhundert war gekennzeichnet von der fortscheitenden Industrialisierung. Aus kunstpädagogischem Blickwinkel sind zwei unterschiedliche Entwicklungen interessant: der wirtschaftliche und soziale Aufstieg des Bürgertums, des (früh-)kapitalistischen Unternehmertums sowie die Proletarisierung großer Bevölkerungskreise. Beide Entwicklungstendenzen führten zu völlig unterschiedlichen Zeichenunterrichtskonzepten. Am Ende des 19. Jahrhunderts bildete sich dann gegen beide Konzeptionen die Kunsterziehungsbewegung (▶ Kap. 2.4), die ›auf einem dritten Wege‹ reformpädagogische Ansprüche für das 20. Jahrhundert nicht nur postulierte, sondern auch umsetzte.

Im Verlauf des 19. Jahrhunderts wurden Bildung und »künstlerisch sensibilisierte Emotionalität (...) zu Leitbildern bürgerlicher Erziehung« (Selle 1981, S. 24). Die Wendung zum Gefühl, zur ›ästhetischen Innenkonzentration‹ und in die Intimität des bürgerlichen Familienlebens war der Katalysator für politische Machtlosigkeit der Bürger in Deutschland. Das Bürgertum versuchte, von der unschönen Realität entrückt, in der Idealität des Wahren, Schönen und Guten Konflikte zu vergessen. Der Name dieses Zeitalters in Deutschland, des Biedermeiers, wurde als Parodie auf die ›Verspießung‹ erst am Ende dieser Epoche geprägt. Im Gegensatz zum Bauernstand und zum entstehenden Proletariat besaß das Bürgertum die räumliche Nähe zur Kunst, hatte Kunst oft in eigenen Sammlungen. Die Bürger konnten sich im Gegensatz zu den Bauern und Arbeitern dasselbe Zeichen- und Malmaterial leisten wie professionelle Künstler. Der bürgerliche Nachwuchs nahm bei Künstlern, so genannten Zeichenmeistern, Unterricht (▶ Abb. 5). Diese Zeichenstunden sicherten den weniger etablierten Künstlern neben ihrer Kunstausübung eine zusätzliche Einkommensquelle – ein Phänomen, das sich bis heute erhalten hat (▶ Kap. 3.2). Der Unterricht enthielt, wie schon in der Prinzenerziehung der Renaissance (▶ Kap. 2.1), das Zeichnen geometrischer Körper, das Kopieren von Köpfen sowie Porträts von gedruckten Vorlagenblättern und – das war in diesem Umfang neu – von Landschaften nach Stichen aus Mustermappen. Diese Zeichenstunden wur-

2.3 Zeichenlehren und Zeichenunterricht im 19. Jahrhundert

den in den bürgerlichen Privatbereich integriert. Johann Wolfgang von Goethe ist wohl der bekannteste deutsche Vertreter eines solchen bildnerischen Laienschaffens. Goethe setzte sich gemeinsam mit Friedrich Schiller (▶ Kap. 2.2) kritisch mit dem ›Dilettantismus‹ auseinander. Sie arbeiteten Merkmale wie Oberflächlichkeit oder die Bedeutung außerkünstlerischer Nützlichkeiten heraus (Goethe 1799). Bürgerlicher Zeichenunterricht war zu dieser Zeit weniger ein Phänomen der Kindererziehung, sondern mehr Teil der Bildung junger Erwachsener.

Abb. 5: Schülerinnen zeichnen von Vorlageblättern ab: Die Krauskopfsche Zeichenschule in Kassel, ca. 1840, Aquarell, Kassel Staatliche Kunstsammlungen.

Durch die fortscheitende Industrialisierung bildete sich neben Adel, Bürgern und Bauern – noch im Wortgebrauch einer ständischen Gesellschaft – der vierte Stand, das Proletariat. Im handwerklichen und industriellen Verwertungsprozess wurde versucht, körperliche und geistige Arbeit systematisch voneinander zu trennen. Durch den fast ausschließlichen Einsatz körperlicher monotoner Arbeit der Proletarier wurde ihr Intellekt wenig gefordert. Auch Sinnenentfaltung fand bei solch monotoner Arbeit kaum statt. Der Einbezug von arbeitskraftsparenden Maschinen in den Produktionsprozess erleichterte im Stadium der industriellen Revolution nicht die Industriearbeit, sondern raubte ihr durch immer weitere Untergliederung ihren Inhalt. Der lange und harte Arbeitstag und das von Zwängen der Existenzsicherung bestimmte Wahrnehmungsinteresse des Proletariats machten es den Arbeiterinnen und Arbeitern unmöglich, an der bürgerlich künstlerisch empfindsamen Lebensgestaltung und Wahrnehmung teilzuhaben. Die soziale Not entwickelte sich zu einem immer größeren gesellschaftlichen Problem, dem u. a. mit mehr Volksbildung begegnet wurde.

Abb. 6: Elementare Zeichenübungen im quadratischen Liniennetz (Stuhlmann 1897)

Mit der Industrialisierung waren neben den höheren Bürgerschulen für die ›Gebildeten‹ Elementar- bzw. Volksschulen für das ›einfache Volk‹ entstanden. Diese Volksschulen mussten eine gewisse Mindestqualifikation der Arbeiterinnen und Arbeiter sichern, weshalb die Schulpflicht in den deutschen Ländern etwa zur Mitte des 19. Jahrhunderts flächendeckend durchgesetzt wurde. In Preußen durften ab 1839 beispielsweise Kinder nicht ohne vorherigen dreijährigen Schulbesuch in Fabriken oder Bergwerken beschäftigt werden (Selle 1981, S. 106; Richter 2003, S. 147ff.). Innerhalb des sehr reduzierten Fächerkanons dieser Volksschulen hatte der Zeichenunterricht einen festen Platz, denn er wurde unter Nützlichkeitsgesichtspunkten konzipiert. Zugleich hatte er mit der bürgerlichen Zeichenlektion nichts zu tun. Ein Beispiel hierfür ist das vom Gewerbeschuldirektor Adolf Stuhlmann entwickelte so genannte Netzzeichnen, bei dem auf ein quadratisches Liniennetz lineare Muster und ›Flachornamente‹ gezeichnet werden mussten. Es sollte der ›Gewinnung klarer Vorstellungen‹ dienen, um Natur, Wissenschaft und Kunst besser verstehen zu können und um eine gemeinsame überspannende Sprache zu finden (Selle 1981, S. 106ff.; Richter 2003, S. 157) (▶ Abb. 6). Solche Qualifikations- und Bildungsversprechen wurden jedoch nicht eingelöst. Denn die Elementarisierung des Zeichnens im Industriezeitalter entsprach mehr der entfremdeten Teilarbeit in der Fabrik, sie sollte produktionsorientierte Bedeutung für die Berufsausbildung und -ausübung in der Industrie haben. Dieser Zeichenunterricht diente dazu, mittels monotonen Drills die vom Produktionswesen verlangten Tugenden wie Fleiß, Disziplin und Ordnung für die industrielle Arbeit einzuüben. Und hiermit passte er sich in den Charakter des gesamten Schulsystems ein, das häufig auf schlecht ausgebildeten Lehrern basierte, welche nicht selten Klassenstärken von 60 bis 70 Kindern unterrichteten.

2.4 Die Kunsterziehungsbewegung

In der Geschichte der Kunstpädagogik gibt es eine wichtige Wegmarke: die Kunsterziehungsbewegung um die Wende vom 19. zum 20. Jahrhundert, deren Auftakt der Kunsterziehungstag 1901 in Dresden war. Die Kunsterziehungsbewegung war der bedeutende Teil einer kunstsozialen Erneuerung, die sich bildete, weil sich u. a. die kulturellen und sozialen Spannungen gesellschaftlich verschärft hatten. Von Teilen des Bürgertums wurden kulturelle Veränderungen angestrebt, mit denen ein ›besseres‹ Leben für alle erreicht werden sollte. Als einen Weg hierzu sah man die Veränderung der ästhetischen Kultur an, z. B. durch den Jugendstil, der mit vielen historisierenden, rückwärts gewandten Geschmacksvorstellungen des 19. Jahrhunderts brach. Ein anderer Weg war die angestrebte Reform des Schul- und Bildungswesens. Wichtige Ziele dieser Reformbewegung waren die Entwicklung der künstlerischen Individualität, die Förderung der persönlichen Begabung jedes Kindes und eine »sittliche Erneuerung unseres Lebens (...) durch künstlerische Erziehung« (Lichtwark 1905 in Lorenzen 1966, S. 34). Man sah vor allem die freie Handzeichnung – was heute Kinderzeichnung genannt wird (▶ Kap. 4.1 und ▶ Kap. 7.4) – als zu förderndes Ausdrucksmittel von Heranwachsenden an. Vorher wurde diese im Zeichenunterricht nicht beachtet (vgl. das Zitat von Rousseau in ▶ Kap. 2.2). »Deshalb wollen wir z. B. im Zeichenunterricht nichts von glatten, lithographierten Vorlagen wissen (...). Ebenso bekämpfen wir das jahrelange Zeichnen von geraden und krummen Strichen, von Dreiecken, Vierecken, Kreisen und Sternen (welches) die Lust und Liebe zur Kunst gewaltsam austreibt« (Götze 1901 in Lorenzen 1966, S. 25). Der Zeichenlehrer Konrad Lange forderte bereits 1893, die Schülerinnen und Schüler seien »keine Kompanie von Rekruten«, ein Zeichensaal sei »kein Exerzierplatz« (Selle 1981, S. 122f.). Die Zeichenlehrenden gingen nun beispielsweise öfters mit ihren Schülerinnen und Schülern in die Natur und übten durch das Zeichnen Wahrnehmen am Gegenstand selbst. Der frühere Volksschullehrer und damalige Direktor der Hamburger Kunsthalle Alfred Lichtwark bot Kunstbetrachtung für Kinder im Museum vor zeitgenössischer Kunst an, bei der die kindgemäße Rezeption der Werke im dialogischen Miteinander großen Raum einnahm (▶ Kap. 4.3 und ▶ Kap. 5.2).

Diese Einstellungsänderungen gingen durchaus konform mit den Anforderungen aus dem Arbeitsbereich: Die zukünftige Arbeiterin, der zukünftige Arbeiter musste differenzierter sozialisiert werden, denn das deutsche Kaiserreich hatte sich als wirtschaftliche, politische und gesellschaftliche Macht auch kulturell weiterzuentwickeln und zu legitimieren. Doch kam diese ›Gebildetenreformbewegung‹ zugleich schnell ins Fahrwasser deutsch-nationaler Einflüsse. Bezeichnend hierfür ist die enthusiastische Aufnahme, die die kulturkritische Schrift »Rembrandt als Erzieher« von August Julius Langbehn erfuhr, welche in vielen Aufla-

2.4 Die Kunsterziehungsbewegung

gen immer wieder neu gedruckt wurde (Langbehn 1890/o. A.). Ein zentrales Stilmerkmal des ›Rembrandtdeutschen-Buchs‹ ist die durchgehend nahezu konzeptionslose Ansammlung von Zitaten, Metaphern, Beispielen, Spekulationen und subjektiven Auslegungen aus verschiedensten Disziplinen. Dies sind Stilmittel, die Langbehn aber gerade von seinen Zeitgenossen sowie Anhängern im 20. Jahrhundert hoch angerechnet wurden. Langbehn repräsentiert den Hang zur holistischen, antimodernen, kulturkritischen Vereinheitlichung, die fast alles aufnimmt und verbindet.

Rückblickend lässt sich sagen, dass sich die Forderungen der Kunsterziehungsbewegung nach künstlerischer Individualität, Entfaltung der schöpferischen Kräfte sowie Näherbringen der Kunst zum Volk innovativ ausgewirkt haben. Diese Ideen wurden vor allem nach dem Ersten Weltkrieg in der Weimarer Republik von der sich entwickelnden Reformpädagogik und Jugendbewegung in konkrete Unterrichtspläne umgesetzt und damit langfristig flächendeckend eingeführt.

Dass diese Einführung von der Jugend getragen wurde, aber teilweise sehr zeitversetzt erfolgte, macht eine überlieferte Eingabe von Schülern aus dem Jahre 1919 an den Rektor der Oberen Realschule im schweizerischen Basel deutlich. »Der ganze Zeichenunterricht« ihres Lehrers sei »sowohl in Kunstauffassung als auch Unterrichtsmethode, von einem Geiste erfüllt, der unbedingt überholt ist und unmöglich den Charakter der jetzigen Jugend, wie der Zeit überhaupt, entsprechen kann. (...) Seit der ersten Klasse müssen wir immer wieder Gipsabgüsse von architektonischen Ornamenten, von Tieren, Gliedmaßen, Büsten und Figuren abzeichnen. Was bei diesem Unterricht völlig unbeachtet bleibt, ist die Phantasie des einzelnen. Der Schüler sollte sich selber im Entwerfen von Ornamenten, von Illustrationen, von Kompositionen usw. versuchen dürfen. Er sollte überhaupt mehr Freiheit in der Wahl der Motive haben, denn er geht nicht in die Schule, um zensiert zu werden, sondern um seine zeichnerischen Fertigkeiten zu entwickeln« (Müller 1982, S. 54f.).

2.5 Zeichenunterricht in der Weimarer Republik und Bauhauslehren

Nach dem Zusammenbruch des wilhelminischen Kaiserreichs im Ersten Weltkrieg und der folgenden wirtschaftlichen Rezession orientierte sich die Mehrheit der Bevölkerung an traditionellen ästhetischen Verhaltensmustern. Neue Kunstströmungen wie Expressionismus, Kubismus, Dadaismus, Futurismus oder Surrealismus blieben vom Großteil der Bevölkerung unverstanden, sie wurden abgelehnt, sie hatten auch praktisch keine Bedeutung für die Kunsterziehung an den allgemein bildenden Schulen. Etwas anders verhielt es sich mit Auffassungen über Kunst und Kunstlehre, die am 1919 in Weimar gegründeten ›Bauhaus‹ unterrichtet wurden, einer fortschrittlichen staatlichen Alternative zu bisherigen Kunstakademien und Kunstgewerbeschulen (▶ Kap. 3.2). Moderne allgemeine bildnerische Gestaltungsgrundlagen wurden hier vermittelt, die zunächst in ›Vorkursen‹ den Umgang mit den formalen Mitteln in den Vordergrund stellten. Spätere Kunstlehrende wurden u. a. am Bauhaus ausgebildet und übertrugen so Konzeptionen aus dem Bauhaus in die Kunsterziehung. In den späten 1920er- und frühen 1930er Jahren setzte beispielsweise der Volksschullehrer Hans Friedrich Geist Elemente der Bauhauslehren im Schulunterricht um. Geist studierte selbst zeitweise am Bauhaus. Teils modern, ungegenständlich, experimentell und expressiv muten viele dieser Schülerarbeiten an, in denen etwa mit Alltags- oder auch Abfallmaterialien gestaltet wurde (Wick 2003) (▶ Abb. 7).

Konzepte zur Förderung subjektiv gesteigerter sinnlicher Erfahrungsfähigkeit, wie beispielsweise Johannes Itten (1888–1967) sie entwickelte, fanden sich im reformierten Kunstunterricht an allgemein bildenden Schulen der Zwanziger- und Dreißigerjahre und sogar in selbst organisiertem, illegalem Kunstunterricht in Konzentrationslagern der Nazis in den Vierzigerjahren (Heuberger 1991; Richter 2004). Aber auch anhand der Bauhauslehren zeigt sich das Phänomen, dass diese Lehren erst später – in diesem Falle nach dem Zweiten Weltkrieg – eine umfassende Umsetzung erfuhren und über den deutschsprachigen Raum hinaus flächendeckend wirksam wurden (▶ Kap. 2.8).

2.5 Zeichenunterricht in der Weimarer Republik und Bauhauslehren

Abb. 7: Umschlagvorderseite der Zeitschrift »Bauhaus« Heft 3 aus dem Jahre 1929 mit der Schülerinnenarbeit »Ein böser Kerl« (Materialmontage) aus dem Unterricht von Hans Friedrich Geist. »Die Bildthemen wurden von den Kindern bestimmt. Anregungen zu einzelnen Arbeiten gaben Märchen« (Geist 1929 nach Wick 2003, S. 140).

Johannes Itten, der ursprünglich selbst Volkschullehrer war, ging davon aus, dass bei Heranwachsenden und jungen Erwachsenen ein ›schöpferischer, originaler Wesenskern‹ bereits vorhanden sei, der zu pflegen und zu fördern ist; ein Grundgedanke, der die Kunsterziehungsbewegung prägte (▶ Kap. 2.4). Eine weitere Aufgabe bestand für Itten darin, junge Menschen bekanntzumachen mit all den Arbeitsmitteln und -methoden sowie den Gesetzmäßigkeiten, deren Betrachtung und Beherrschung für den Erfolg im Bildnerisch-Praktischen unerlässliche Voraussetzung seien. Hier tritt sein pädagogischer Anspruch hervor. Diese ›Gesetzmäßigkeiten‹ der künstlerischen Darstellungsmittel wurden nicht nur von Itten, sondern beispielsweise auch von Paul Klee (1879–1940) oder Wassily Kandinsky (1866–1944) in bildnerischen Lehren hinsichtlich Farbe, Form und Material vermittelt. Man ging davon aus, dass die bildnerischen Mittel von jedem erlernbar sind, und viele Bauhaus-Meister schrieben entsprechende Lehrbücher (▶ Kap. 3.2). Kaum einem anderen

2 Entwicklung der Kunstpädagogik – vom 16. Jahrhundert bis heute

kunstgeschichtlichen Phänomen wie dem Bauhaus wurde nachträglich so häufig zugeschrieben, dass es Pädagogik und Kunst vorbildlich miteinander verbinde. Rainer K. Wick spricht von »Bauhaus-Pädagogik«, ein allerdings irreführender Begriff, den er selbst wider besseren Wissens prägte, denn es wäre redlicher, von äußerst disparaten »pädagogischen Konzeptionen am Bauhaus« (Wick ⁴1994, S. 10) zu sprechen.

An den Bauhauslehren wird eine Überfrachtung, eine »weltanschauliche Überdeterminierung« (Werckmeister 1990, S. 40) von Formenlehren mit ethisch-moralischen Inhalten erkennbar, die die Kunstpädagogik der Weimarer Republik insgesamt charakterisiert. Der Frage, ob Kunst mittels pädagogischer Maßnahmen lehrbar sei (▶ Kap. 1.2), näherten sich viele Lehrende am Bauhaus dadurch, dass sie die sorgfältig systematisierten Prinzipien ihrer eigenen Kunst zu vermitteln bemüht waren. Hierdurch entstanden kategorisch subjektive Konzeptionen, die nur schwer nachvollziehbar sind. Paul Klee wollte seine Schülerinnen und Schüler veranlassen, die anschaulichen wie die physisch-geistigen Wirkungen der Formen und Farben sowie deren Inhaltsfunktionen im Kunstprozess und -werk zu erkunden. Die hierbei gewonnenen Erfahrungen und Einsichten sollten die Entwicklung einer eigenen Bildsprache befruchten.

Die Lehrmethoden waren etwa bei Kandinsky und Klee traditionell, nach heutigem Sprachgebrauch lehrzentriert: Vorlesung und praktische Übungen wechselten sich ab. Wohingegen Itten als Alternative zur Entfremdung in der Industriegesellschaft aus dem Studium östlicher Philosophien und Religionen Atem-, Konzentrations- und Körperübungen entwickelte, die erstmals in der Geschichte der Kunstpädagogik – systematisch ›ganzheitlich‹ verstanden – ein Trainieren des Geistes sowie des gesamten Körpers in die Kunsterziehung mit einbezogen (Itten 1963, S. 11ff.). Paul Klee schilderte eine Lehrstunde Johannes Ittens: »Er ergreift eine Kohle, sein Körper sammelt sich, als ob er sich mit Energien ladete, und geht dann plötzlich zweimal nacheinander los. Man sieht die Form zweier energischer Striche senkrecht und parallel auf dem obersten Schmierblattbogen, die Schüler werden aufgefordert, das nachzumachen. Der Meister kontrolliert die Arbeiten, lässt es sich von einzelnen Schülern extra vormachen, kontrolliert die Haltung. Dann kommandiert er's im Takt, dann lässt er alle dasselbe Exerzitium stehend ausüben« (Klee nach Regel 2008, S. 234). Wenn diese Beschreibung auch recht ironisch ist, so wird doch Ittens experimentelle Einstellung zum körperlich-gestischen Einsatz in solchen pädagogisch inszenierten Zeichenübungen exemplarisch deutlich.

2.6 Nationalsozialistische Kunst- und Volkserziehung im ›Dritten Reich‹

Ab der Machtübernahme Adolf Hitlers 1933 wurden alle Kultur- und Kunstformen, die nicht der nationalsozialistischen Gesinnung entsprachen, zuerst attackiert, dann verboten, und deren Vertreterinnen bzw. Vertreter wurden entweder in die innere oder äußere Verbannung oder in Konzentrationslager geschickt. Die avantgardistische, moderne, teilweise zeitkritische Kunst der Zehner- und Zwanzigerjahre wurde 1937 in der Ausstellung »Entartete Kunst« dem breiten Publikum als krankhaftes abschreckendes Beispiel, als »Flut von Schlamm und Unrat« (Hitler 1937, S. 242) vorgeführt. Der Studiendirektor Reinhold Krause stellte im gleichen Jahr fest: »Proben dieser Machwerke werden wuchtige Beweismittel für die Notwendigkeit einer radikalen Lösung der Judenfrage sein« (Krause 1937, S. 315), womit er die geistige Verbindung zwischen der Pädagogik im Nationalsozialismus und dem Holocaust belegte. Zudem mögen Enttäuschung, ja Verbitterung über die staatlich verordnete Einschränkung der Kunsterziehung in Form von Stundenkürzungen und Stellenabbau während der Weltwirtschaftskrise in der Weimarer Republik Hoffnungen auf eine grundlegende Änderung der politischen Machtverhältnisse durch die Nazis genährt haben.

Die Kunstpädagogik wurde von Themen und allgemeinen Leitmotiven geprägt, wie ›Mutterboden der Volkskultur‹, Rasse, Blut, Reinheit, Gott und Nation. Dementsprechend hatten im Kunstunterricht auch solche Themen und Arbeitsweisen Vorrang, die einer von der Sehnsucht nach einfachen Ordnungen gespeisten vermeintlichen Wiedererweckung der Volkskunst dienen sollten. Der die Kunstpädagogik beherrschende Volkskunst-Gedanke stellte direkte Verknüpfungen her zu einer angeblichen Bindung der Kunst an Rassen. In den bildnerischen Arbeiten der Heranwachsenden tauchten immer häufiger Symbole des Nationalsozialismus', wie das Hakenkreuz, in volkskunstähnlichen Zusammenhängen auf (Diel 1969; Wick 2003, S. 101ff.; Zuber 2009). Eingebettet war diese Form der Kunsterziehung in eine Sozialisation, die viele Bereiche der NS-Jugend- und Freizeitkultur gerade von Heranwachsenden systematisch umfasste, wie die ›Hitlerjugend‹ oder den ›Bund Deutscher Mädel‹, und die auf die Vorbereitung des Zweiten Weltkriegs hinführten.

2.7 Musische Erziehung

Man könnte vermuten, dass sich kunstpädagogische Konzepte nach 1945 in Westdeutschland von dem traditionellen, die Kunstpädagogik im Nationalsozialismus stützenden Gedankengut abwandten, um nach Alternativen in der Kunsterziehung zu suchen. Doch »wenn 1945 etwas nicht zerstört war, dann die Kultur der Sinne mit all ihren Einschlüssen an sozialer Wahrnehmungsfähigkeit und -unfähigkeit, an verinnerlichten Ideologien. Aber auch die Grundverhältnisse, unter denen diese Kultur langfristig entstanden war, blieben nahezu unverändert« (Selle 1981, S. 210). Selbst wenn manche Vertreter der Musischen Erziehung in der NS-Zeit in ihrer kunstpädagogischen Arbeit stark behindert wurden, so wird die geistige Verwandtschaft der Musischen Erziehung mit der Pädagogik in der Zeit des ›Dritten Reichs‹ durch folgendes Zitat eines musischen Erziehers fünf Jahre nach Kriegsende besonders deutlich: »Die nationalsozialistische Zeit war ja wohl, obwohl im Tiefsten barbarisch und amusisch, keineswegs ohne sogar ausgedehnte musische Bestrebungen – manchmal kommt einem, denkt man nur punktuell, fast Neid an« (Messerschmidt 1950, S. 168). Während in Ostdeutschland dem Faschismus entgegengesetzt eine sozialistische Politisierung des Bildungssystems erfolgte (▶ Kap. 2.9), wurde im Westen vor allem die mu-

2.7 Musische Erziehung

sische Geschmacks- und Gefühlserziehung propagiert und angewendet, die sich nach Erfahrungen im ›Dritten Reich‹ bewusst unpolitisch zu geben beabsichtigte. Das täglich erfahrene physische und psychische Elend und die Not fanden in den westdeutschen Zonen und in der späteren Bundesrepublik Deutschland einen ersehnten Ausgleich in der weiterhin heil scheinenden Welt der rückwärts auf die Volkskunst gerichteten Kunstpädagogik, die noch in Berufung auf Langbehn (▶ Kap. 2.4) versprach, dass durch Innerlichkeit, Versenkung und Vergessen im glückhaften bildnerischen Schaffen ›zivilisatorische Schäden‹ geheilt werden könnten. Das Musische wurde in kulturkritischer Absicht häufig der Technik als konträr gegenübergestellt.

Neben der Orientierung an der Volkskunst war ein weiteres wichtiges Element der Musischen Bildung die Erziehung zum »gepflegten Geschmack« (Meyers 1966, S. 70), »weil fraglos geringere von höheren Werten unterschieden werden« müssten (ebd., S. 7f.). Das Bürgertum gab also weiterhin seinen Geschmack als den »wahren« und den »in den hohen Sphären des allgemein Gültigen« (ebd., S. 8, 10) angesiedelten aus. Dies führte bis zu Anweisungen wie, »seine Kleidung sauber, einfach und kleidsam zu halten« (ebd., S. 14) oder »Minderwertiges zu vernichten, sobald es die Umstände erlauben« (ebd., S. 115f.).

Kennzeichnend für die Musische Erziehung war aber auch, dass sie insbesondere den Kindern Freiräume für subjektiven, spontanen und emotionalen Ausdruck gab, weil das ursprünglich ›Schöpferische‹ im Kinde weitgehend keiner lenkenden Einwirkung, sondern lediglich eines Schutzraumes bedurfte. Der Unterricht beschränkte sich häufig auf die Einführung in bildnerische Verfahren. Innerhalb des recht rigiden Lern- und Leistungssystems Schule war somit der Kunstunterricht besonders in den unteren Klassenstufen oft ein kompensatorisches Refugium (▶ Kap. 3.1) für selbstvergewissernde bildnerische Produktivität der Schülerinnen und Schüler.

2.8 Wiederbelebung der Bauhauslehren und ›Formaler Kunstunterricht‹

Durch die Technisierung der Landwirtschaft sowie durch den Anschluss der Landbevölkerung mittels Massenmedien, vor allem des Fernsehens, an die städtische Kultur und durch die verstärkte Mobilität war der sinnliche Lebensbereich, für den einst die Volkskunst geschaffen wurde, kaum noch vorhanden. Ebenso waren u. a. durch den Faschismus und die Produkte der Kulturindustrie auch die Arbeiterkultur der Zwanzigerjahre und deren sinnliche Erfahrungs- und Handlungszusammenhänge weitgehend ausgelöscht worden. An die Stelle des Proletariats trat in den Sechzigerjahren des 20. Jahrhunderts eine neue Ausprägung der »wandlungsfähigen, durchaus modernen Klasse des Kleinbürgertums« (Selle 1981, S. 215). Die Technisierung der Arbeits- und Freizeitbereiche ließen zur Zeit des ›Wirtschaftswunders‹ eine traditionelle Rückwärtsgewandtheit zur deutschen Volkskunst vielfach als nicht mehr zeitgemäß erscheinen. Modernisierungsrückstände sollten nun auch in der Kunstpädagogik aufgeholt werden. Ferner wurde vermehrt als Nachteil angesehen, dass die Musische Erziehung es nicht vermochte, moderne, abstrakte und avantgardistische Kunstströmungen wie Informel, Action Painting, minimal Art und Stilrichtungen aus dem Bauhaus für die Kunsterziehung nutzbar zu machen – im Gegenteil, sie wurden von ihren Vertretern meist abgelehnt. Dies offenbarte die Musische Erziehung als immer weniger aktuell. Reinhard Pfennig stellte auf Paul Klees »Erziehung zum bildnerischen Denken« verweisend 1959 fest, Kunstunterricht stehe »vor der Aufgabe, die Ausdruckskräfte und das Ordnungsvermögen im Menschen in der Art und Weise zu entfalten, die dem künstlerischen Denken und Bewusstsein der Zeit entsprechen, in der er lebt« (Pfennig ⁵1974, S. 9). So besannen sich viele auf Lehren am Bauhaus (▶ Kap. 2.6), mit deren Hilfe man sich bemühte, Heranwachsenden abstrakte Kunst praktisch und theoretisch als erfahrbar und erlernbar zu vermitteln. Zwar hatten Einzelne bereits kurz nach Ende des Zweiten Weltkriegs am Bauhaus orientierte Gestaltungslehren veröffentlicht, wie Willi Baumeister oder Max Burchartz (▶ Kap. 3.2), aber erst zu Anfang der Sechzigerjahre wurden Johannes Ittens Bücher »Kunst

2.8 Wiederbelebung der Bauhauslehren und ›Formaler Kunstunterricht‹

der Farbe« (Itten 1961) und »Mein Vorkurs am Bauhaus« (Itten 1963) publiziert und fanden ein großes Echo nicht nur unter Kunsterziehenden, sondern auch bei kulturell interessierten Bevölkerungskreisen.

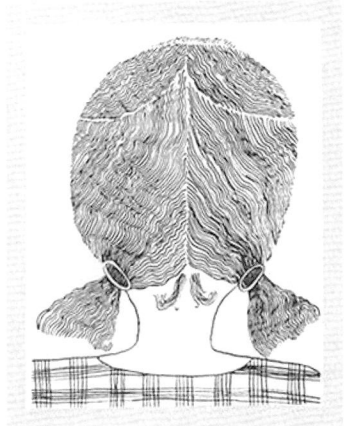
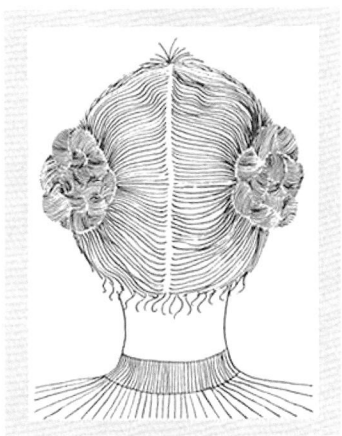
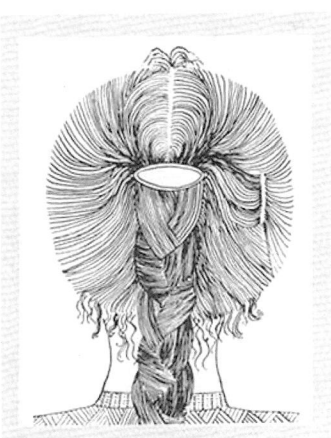

Abb. 8: Nach dem Zeichnen abstrakter Strukturen mit Tusche und Zeichenfeder folgt eine gegenständliche Aufgabe: »Den Schülern war nur gestattet, mit dem Bleistift das Oval des Kopfes größenmäßig festzulegen. Dann wurde sofort mit der Feder gezeichnet. Das erzieht zur Disziplin.« (Röttger [7]1964, S. 54)

2 Entwicklung der Kunstpädagogik – vom 16. Jahrhundert bis heute

Reinhard Pfennig nahm mit seinem 1959 erschienenen Buch »Gegenwart der bildenden Kunst« in der Kunstdidaktik der Sechzigerjahre eine zentrale Rolle ein, zusammen mit Gunter Ottos 1964 publizierter Schrift »Kunst als Prozess im Unterricht«. Diese Phase wird rückblickend als ›Formaler Kunstunterricht‹ bezeichnet, der sich auch an vielfältigen Beispielen von Ernst Röttgers »Spiel mit den bildnerischen Mitteln« (Röttger ab 1960) orientierte (▶ Abb. 8). Die bildnerische Praxis im Kunstunterricht wurde immer stärker zu messbaren und zugleich sinnlich verarmten Schulaufgaben didaktisiert, zu formal-bildnerischen Ordnungstätigkeiten, die oft aus abstrakten Übungsreihen bestanden. Exemplarisch hierfür ist Gunter Ottos Abzählen von variierenden gemischten Grüntönen in allen Schülerarbeiten einer 7. Klasse zum Thema »Pflanzen auf dem Meeresgrund« (Otto 1964, S. 154ff.). Den Kindern wurden die bildnerischen Probleme gestellt: »Differenzierung von Grünwerten«, »Variabler Farbauftrag«, »Überdeckung« und »Formvariation« (ebd., S. 154). Unter anderem nach der Anzahl der Grüntöne wurden leistungsorientiert die Noten vergeben – unabhängig vom individuellen Ausdruck des Bildes. Man war davon überzeugt, das Schulfach Kunst könne objektivierbar in systematisierten messbaren Lernschritten unterrichtet werden.

Durch den Ansatz, im Kunstunterricht »müssen primär räumliche Probleme erkannt und die Fähigkeit zu ihrer Lösung erworben werden« (Pfennig[5]1974, S. 28), wurde der Zugang zur visuellen Wirklichkeit nur auf formalem, jedoch nicht auf inhaltlichem Gebiet vollzogen. Im Ausklammern zeitgeschichtlich inhaltlicher Aspekte sowie im Statuieren eigener, diffus und rigide klingender Kunstkriterien ähnelten sich Musische Bildung (▶ Kap. 2.7) und vom Bauhaus (▶ Kap. 2.5) inspirierte Lehren der Nachkriegszeit. Die wirkliche Alltagskultur der Heranwachsenden sowie deren Bedürfnisse wurden kaum beachtet. Im ›Zeitalter der bildnerischen Grammatiken‹ stellte die Kunstdidaktik rationalisierte, meist sinnlich verarmte Aufgaben, die den Unterrichteten kaum noch emotionale Freiräume ließen oder selten überraschende Erfahrungen ermöglichten und so psychische und sinnliche Bedürfnisse wenig berücksichtigten.

2.9 Kunsterziehung in der DDR

Die Auseinandersetzung mit der Kunsterziehung der Deutschen Demokratischen Republik (1949 gegründet, 1990 mit der Bundesrepublik Deutschland wiedervereinigt) kann unter sehr verschiedenen Gesichtspunkten erfolgen, etwa mit (auto-)biografischer Gewichtung oder unter der Perspektive einer vergleichenden Untersuchung zwischen ost- und westdeutscher Kunstpädagogik. Ein Vergleich wäre auf heute auffindbares Material angewiesen. Günther Wienecke erklärte in diesem Kontext, dass sich ein solcher Vergleich auf veröffentlichtes Material in Zeitschriften oder Lehrplänen stützen müsste, das mit normativer Intention ein vorherrschendes Erziehungs- und Bildungskonzept dokumentiert (Wienecke 1998, S. 37). Wie die Kunsterziehung in der DDR ›wirklich‹ aussah, bliebe dann eigentlich verborgen. Dieses Problem stellt sich freilich in der fachgeschichtlichen Forschung zur Kunstpädagogik in Westdeutschland sicher in ähnlicher Weise, nur dass hier die Kontrollen dessen, was veröffentlicht wird, keinen staatlichen Vorgaben unterliegen, sondern Fachvertreterinnen und Fachvertreter entscheiden autonomer darüber, was veröffentlicht wird und was nicht.

Eine andere Form von Quellen, die über die Kunsterziehung in der DDR Aufschluss geben können, ist (auto-)biografisches Material. Gerade zur ›Wende‹ um 1989/1990 und danach erschienen einige Texte, die sich unter diesen Gesichtspunkten mit der Thematik beschäftigten (im Überblick: Richter 2000). Oft wurde hier aber auch der Blick zurück mit dem Blick nach vorne gekoppelt, und die subjektive Sicht wurde als solche meist so stehen gelassen, ohne etwa wissenschaftlich analysiert zu werden. Eine dritte Möglichkeit der Darstellung wäre das Nachzeichnen der einzelnen Phasen der Kunsterziehung in der DDR – etwa die Nachkriegszeit (Dettke 1999), die Ausrichtung am Stil des Sozialistischen Realismus' und an der politischen Ideologisierung in den Sechzigerjahren sowie an ungegenständlichen Kunstrichtungen und pädagogischen Subjektivierungstendenzen in den Achtzigerjahren –, denn auch die Kunsterziehung der DDR »hat ihre Geschichte. Diese Geschichte ist geprägt von einem Auf und Ab unterschiedlicher Konzeptionen, die in großer Vielfalt neben- und gegeneinander wirken.« (Lemme 1996, S. 302)

2 Entwicklung der Kunstpädagogik – vom 16. Jahrhundert bis heute

Obwohl das Gebiet der DDR zwischen Ostsee und Erzgebirge recht überschaubar war, gab es im Bereich der Kunsterziehung deutliche regionale Unterschiede, etwa zwischen Berlin, Greifswald, Dresden oder Leipzig. Die »Berliner Schule« war beispielsweise geprägt von Wolfgang Frankenstein, Professor und Leiter des Bereichs Kunsterziehung an der Humboldt-Universität zu Berlin oder Marieluise Schaums streng fachlicher Gestaltungslehre. Martin Kloß, ebenfalls Humboldt-Universität, verfasste ein fachdidaktisch fundiertes Lehrbuch zu Fragen der Kunstbetrachtung (Kloß 1979), in dem einzelne Unterrichtseinheiten auf deren Wirkung hin untersucht und begründet variiert wurden. Beim heutigen (Nach-)Lesen werden zudem Diskrepanzen – und sicher auch Spannungen – deutlich: zwischen dem Ideal des Sozialismus, festgelegt in den propagierten wirtschaftlichen und gesellschaftlichen Planzielen (bezogen auf bestimmte SED-Parteitage) und der Förderung individueller, künstlerischer Persönlichkeiten. Einerseits werden Parteifunktionäre und in der DDR anerkannte Kunstschaffende mit marxistisch-leninistischen Positionen zitiert. Anderseits betont beispielsweise der Autor Martin Kloß aber häufig die große Bedeutung der »individuellen Beziehung zur Welt« (Kloß 1979, S. 29) oder dass Kunstschaffende der Gesellschaft »neue individuelle Züge« hinzufügen (ebd., S. 28). Bei der vorgeschriebenen »Stoffeinheit« »Unsere schöne sozialistische Heimat«, in der die DDR positiv dargestellt werden sollte, zitiert Kloß aus einem Unterrichtsgespräch mehrere Schülerinnen bzw. Schüler, die ihre »Sorge um die Zerstörung, Verhässlichung und Verschmutzung der Natur« aussprachen »und Kritik an einzelnen krassen Missständen« in der DDR äußerten (Kloß 1979, S. 91). Im Folgenden wird jedoch der Versuch unternommen, Aspekte darzustellen, unter denen sich das Verhältnis zwischen Pädagogik und Kunst in der Kunsterziehung der DDR zeigt.

Die Berufung auf bestimmte Kunststile und -strömungen kann als Dreh- und Angelpunkt der Assimilierungs- sowie der Emanzipationsbestrebungen der Kunsterziehenden zum herrschenden politischen System gelten. Diese Auseinandersetzungen fanden vor allem statt in Bezug auf die staatlichen Lehrpläne aus dem Jahre 1972, die bis 1987 ihre offizielle Gültigkeit an den allgemein bildenden Schulen der DDR behielten. Was überhaupt als ›Kunst‹ gelten und somit seine mögliche erzieherische Wirkung im Kunstunterricht entfalten könne, war Gegenstand der

Diskussion. Eine Richtung ›emanzipatorischer‹ Entwicklungstendenzen der Kunsterziehung in der DDR lässt sich unter dem Stichwort »kunstgemäßer Unterricht« (Hammer 1987) zusammenfassen. Kunstgemäß war dieser Kunstunterricht insofern, als er sich nicht primär nach den Maximen der bildungspolitischen Ziele der herrschenden Sozialistischen Einheitspartei Deutschlands (SED) auszurichteten versuchte. In einem dogmatisch politisch ausgeprägten Lehrbuch zur »Methodik der Kunsterziehung« hieß es 1978 einleitend: »Auch die Ziele der Kunsterziehung ergeben sich aus dem gesamtgesellschaftlichen Zusammenhang; sie werden von der durch die Sozialistische Einheitspartei Deutschlands gestellten Hauptaufgabe bei der weiteren Gestaltung der entwickelten sozialistischen Gesellschaft und der Schaffung der grundlegenden Voraussetzungen für den allmählichen Übergang zum Kommunismus bestimmt« (Müller u. a. 1978, S. 13). Konkrete offizielle Ziele lauten, »dass die Schüler vor allem mit fachspezifischen Mitteln

- die welthistorische Mission der Arbeiterklasse begreifen;
- den internationalistischen Charakter des revolutionären Befreiungskampfes der Arbeiterklasse erkennen;
- sich wissenschaftlich begründete Vorstellungen von der Natur, von der historischen Überlebtheit und Inhumanität des kapitalistischen Systems aneignen« (Müller u. a. 1978, S. 13f.).

In der Praxis stellten Schülerbilder dann Arbeiter teils in heroischen Haltungen dar oder es wurden Propagandaplakate zum Bestehen der DDR entworfen (▶ Abb. 9). Die Embleme der DDR (Hammer und Zirkel im Ährenkranz) spielten im Arbeitsbereich des Dekorativen Gestaltens eine wichtige Rolle. Aber auch veröffentlichte Schülerarbeiten mit reinen Landschaftsdarstellungen wiesen Bezüge zum politischen System auf, indem diese etwa als »Unsere schöne sozialistische Heimat« (Müller u. a. 1978, S. 54f.) betitelt wurden. Die bildnerischen Ergebnisse der Schülerinnen und Schüler enthalten in dieser Hinsicht Aspekte, die durchaus formale Ähnlichkeiten zur Musischen Bildung aufweisen (▶ Kap. 2.7). Eigenen Bekundungen gemäß richtete sich der sehr vereinzelt stattfindende und sich gegen die Dogmatisierung der Kunsterziehung auflehnende »kunstgemäße Unterricht« hingegen an der Kunst, und hier

2 Entwicklung der Kunstpädagogik – vom 16. Jahrhundert bis heute

Abb. 9: Schülerarbeit eines 18-Jährigen aus dem Jahre 1958 zu dem Motto »Industrielandschaft: 10 Jahre DDR – das ist uns«, Tusche, 42 x 30 cm (Quelle: www.kinderkunst-ev.de)

besonders an der Kunst der Klassischen Moderne der Zwanzigerjahre des 20. Jahrhunderts aus. Diese moderne Kunst war bis dahin aus dem Kunstunterricht in der DDR weitgehend ausgeschlossen. Die Wurzeln dieses in unbeobachteten ›Nischen‹ erteilten »kunstgemäßen Unterrichts« lassen sich jedoch noch weiter zurückverfolgen, und zwar bis zur Kunsterziehungsbewegung (▶ Kap. 2.4) und zur Reformpädagogik. »Mit der starken Orientierung auf die ›Kunstgemäßheit‹ im rezeptiven und produktiven Bereich, was unter ostdeutschen Bedingungen eine hart erstrittene Errungenschaft der Fachwissenschaft bedeutete, sollte die ideologische Indienstnahme des Faches zurückgedrängt und Tendenzen oberflächlichen ›Bebilderns‹ von Themen vermieden werden« (Richter 2000, S. 257). Das Motto lautete hier: ›Erziehung zur Kunst und durch Kunst‹. Ziele, Inhalte, Methoden und Unterrichtsstrukturen sollten sich aus der Kunst her ergeben, nicht aus einer ideologisierten Pädagogik. Günther Regel, der in der DDR über Jahrzehnte das Dasein eines ›Abtrünnigen‹ führte und der z. T. mit Berufsverbot belegt war, gründete seinen kunstpädagogischen Ansatz auf »Erfahrungen und Einsichten« von künstlerisch Tätigen, »die ja die eigentlichen Fachleute in Kunstdingen sind« (Regel 2008, S. 80). Die Setzung lautete hier zugleich, dass dieses Verständnis moderner Kunst im Pädagogischen zu einer Individualisierung führen müsse, einer Individualisierung des bildnerischen Erlebens, des Wahrnehmens, des Gestaltens und der Rezeption – dies obwohl die Künstler, auf die sich etwa Günther Regel bezog, wie Paul Klee, zum Teil gerade Gesetzmäßigkeiten aufzustellen trachteten (▶ Kap. 2.5 und ▶ Kap. 3.2). Der Einfluss reformpädagogischer Ideen ist im Hinblick auf die Individualisierungs- und Subjektivierungstendenzen nicht zu unterschätzen. ›Kunstgemäßer Unterricht‹ wurde mit ›Kindgemäßheit‹ bzw. ›Schülergemäßheit‹ kombiniert. (Vermeintliche) Intentionen moderner Kunst und Kunsttheorie wurden hier entweder additiv zueinander gefügt, manchmal aber auch komplex mit pädagogischen Absichten verwoben, wie bei Günther Regel. Sein Buch »Medium Bildende Kunst« ist mit ca. zehnjähriger Verspätung in einer so geringen Auflage in den Achtzigerjahren gedruckt worden, dass kaum jemand ein Original besaß. Die Ausrichtung des Kunstunterrichts an bestimmten Spielarten der Kunst des 20. Jahrhunderts ist keinesfalls eine ostdeutsche Erscheinung (▶ Kap. 2.8). So setzte sich Günther Regels Maxime der ›Kunstgemäßheit‹ nach der ›Wende‹ in den Neunzigerjahren fort, indem er die Orientierung des Kunstunterrichts am künstlerischen Werk von Joseph Beuys vertrat (▶ Kap. 2.13, ▶ Kap. 2.15 und ▶ Kap. 3.2).

Im Gegensatz hierzu stand die staatlich verordnete Kunstbetrachtung: »Die Schüler müssen einige wesentliche, für die marxistisch-leninistische Kunstwissenschaft und Ästhetik unveräußerliche Grundbegriffe« (Müller u. a. 1978, S. 120) erlernen. Zu beantworten sind Fragen nach den politisch-sozialen Produktionsverhältnissen von Kunst. Sind im Werk gesellschaftliche Situationen von Klassen und Schichten reflektiert? »Welche Klassenkräfte stehen hinter dem Kunstwerk, haben Interesse an seiner Existenz und an der Wirkung?« (ebd.). Eine Kunstbetrachtung, die sich mit solchen Fragen auseinandersetzte, war nicht ›kunstgemäß‹, sondern von politischen Intentionen geleitet.

Die Grundauffassungen des kunstgemäßen Unterrichts wurden bereits in den Sechzigerjahren zaghaft entwickelt, jedoch in der Atmosphäre des damaligen ›kalten Krieges‹ wurden 1968 kunstpädagogische Bücher mit staatlich nicht akzeptierten Inhalten »auf Anweisung der Parteileitung der Universität verbrannt« (Regel 2008, S. 81). Im Sommer des Jahres 1989 – kurz vor der rapiden Erosion der DDR – schrieb Günther Regel an Margot Honecker, die über drei Jahrzehnte amtierende Ministerin für Volksbildung war, einen ›offenen Brief‹, der jedoch im Osten erst im Nachhinein 1990 in der Zeitschrift »Kunsterziehung« veröffentlicht werden konnte. Regel bezog sich auf eine Grundsatzrede der Ministerin: »Meine Entrüstung gilt insbesondere jener Passage, mit der Sie sich so dezidiert zur künstlerisch-ästhetischen Erziehung äußern, in der es u. a. heißt: ›Wir halten nichts davon, den Unterricht in den künstlerischen Fächern in alle jene Irrungen und Wirrungen hineinziehen zu lassen, die von angeblich ›modernen‹ Konzeptionen ausgehen, die aber für die Jugenderziehung nicht hilfreich sind‹« (Regel 1989, S. 29). Honecker scheint also große Differenzen zwischen den Zielen der Erziehung und denen der ›modernen‹ Kunst zu sehen. Regel hält ihr – mutig – die Fachspezifik entgegen: »Nach meinem Dafürhalten ist diese Absicht nicht nur falsch, wissenschaftlich längst widerlegt, sondern auch wirklichkeitsfern, kulturpolitisch höchst fragwürdig und zudem in ihren Auswirkungen der Erziehung und Bildung der Heranwachsenden zu selbstbewußten und zu geistiger Auseinandersetzung fähigen sozialistischen Persönlichkeiten abträglich, ganz abgesehen davon, dass ich die Art und Weise ihrer Verkündung als selbstherrlich und anmaßend empfinde« (Regel 1989, S. 29). Regel argumentiert von der Kunst her gegen die Ausgrenzung großer Teile der modernen Kunst aus der Schule: Wenn es stimme, dass die Kunst die jeweilige Zeit- und Weltbefindlichkeit der Menschen sichtbar mache, dann könne die moderne Kunst ›unseres‹ Jahrhunderts und insbesondere der Gegenwart den Menschen nicht nur helfen, ihre Identität zu finden, sondern auch den Charakter ihrer Epoche zu empfinden (ebd., S. 31).

Regel spricht Kunstschaffenden Eigenschaften zu, durch welche diese ›vorbildlich‹ für Kunstpädagogik sind. Zwar instrumentalisiert er Kunst in seiner Argumentation für Bildungsprozesse nicht, aber er führt Kunstpädagogik eng. Dass sich Kunstpädagogik auf andere visuelle Phänomene als nur auf Kunst beziehen sollte, wird von ihm und den Verfechtern des ›kunstgemäßen Unterrichts‹ nicht in Betracht gezogen. Die

Auseinandersetzung mit der Obrigkeit spielte sich also vor allem in Bezug auf das Kunstverständnis ab. Doch haben Kunsterziehende im Osten nach der ›Wende‹ 1989/1990 empfunden, dass ein Unterricht mit der ausschließlichen Fokussierung auf Kunst dem rapiden gesellschaftlichen Wandel und den veränderten fachbezogenen Ansprüchen nicht mehr gerecht werden konnte. Man öffnete sich dem weiten Feld der ›ästhetischen Erziehung‹ der Bundesrepublik Deutschland (▶ Kap. 2.11). Diese Öffnung fand zu einem großen Teil jedoch zunächst lediglich in wissenschaftlichen Bereichen, an den Hochschulen statt. Der Kunstunterricht in den Schulen blieb hiervon weitgehend unberührt, weil das Konzept der ›ästhetischen Erziehung‹ – im Westen das Resultat einer jahrelangen Entwicklung – im Osten nicht von heute auf morgen angenommen und umgesetzt werden konnte.

2.10 Visuelle Kommunikation/Ästhetische Erziehung

Im Zuge der ›Studentenbewegung‹, außerparlamentarischen Opposition und vor allem vor dem geistigen Hintergrund der ›Kritischen Theorie‹ der ›Frankfurter Schule‹ versuchten Ende der 1960er Jahre junge Kunstpädagoginnen und Kunstpädagogen, die ihrer Ansicht nach zu starke Betonung des Formalen im Kunstunterricht zu Gunsten der Inhalte auszugleichen. So sah der Kunstpädagoge Gunter Otto nicht nur die von ihm bisher betonten formalen Seiten der künstlerischen Produktion (»Kunst als Struktur«), sondern auch die inhaltlichen, vor allem sozialen Bezüge und gesellschaftlichen Bedingungen, unter denen künstlerische Praxis vollzogen wird (»Kunst als sozialer Prozess«). Unter »Kunst als sozialem Prozess« verstand er einerseits, dass Kunst Menschen mit anderen Menschen in Kontakt bringt. Zum anderen lenkte Otto mit dem Begriff ›sozial‹ aber auch die Aufmerksamkeit auf den Umstand, dass Kunst unter gesellschaftlichen Bedingungen entsteht und in der Gesellschaft Folgen hat bzw. haben kann (Otto 1970, S. 11). Ein aus der Entwicklung des erweiteren Kunstbegriffs Ende der Sechzigerjahre hervorgegangener, innovativer Ansatz – eine neue Sicht bildnerischer Praxis – war der, dass Otto alle Produkte der ästhetischen Produktion miteinander auf eine Stufe stellte. Als ästhetische Objekte bezeichnete er qualitätsunabhängig und wertneutral alle Resultate bildnerischer Prozesse. Ästhetische Objekte konnten demnach von Kindern, Jugendlichen, Künstlerinnen und Künstlern sowie Laien stammen (Otto ²1969, S. 190) (▶ Kap. 4). Otto ist allerdings lediglich als Begleiter, keinesfalls als Initiator oder Wegbereiter der neuen Entwicklungen anzusehen.

Die jahrhundertelange Tradition, die Welt im Kunstwerk überhöht und oft naturalistisch darzustellen, werde in der Gegenwart von anderen Bereichen der ästhetischen Produktion, z. B. der Werbung, übernommen, und so bot Gunter Otto schon 1964 den Schülerinnen und Schülern an, die zeitgenössische Kunst und deren Ausdrucksmittel als ihr Experimentierfeld zu nutzen, um hierdurch diese Kunst nachvollziehen und verstehen zu können. Wolle man also Kunst ›verstehen‹, dann müsse man ansatzweise wie ein Künstler gestalten. Zentrale Begriffe waren für Otto hierbei: Experiment, Material und Montage. Hermann K. Ehmer machte jedoch früh darauf aufmerksam, dass auf die Reflexionsstufe des Künstlers zu treten – eine Methode, die bereits Pfennig und Röttger argumentativ vertraten –, wohl nur auf bestimmte Strömungen der damaligen Gegenwartskunst der Fünfziger- und Sechzigerjahre anwendbar sei (▶ Kap. 2.8). Außerdem würden wichtige inhaltlich-rational aufzuschließende Bereiche von Kunstwerken sowie deren dahinterstehende Theorien durch bildnerische Eigentätigkeit überhaupt nicht berührt (Ehmer 1967, S. 25).

Nachdem alle kunstpädagogischen Konzepte und deren praktische Umsetzung in ihren Idealen nicht erreicht wurden, nämlich einen Großteil der Menschen an der Kunst teilhaben zu lassen, trat ab 1967 ein Wandel in der Anschauung ein, der sich auch in bereits zitierten Aussagen Ottos ansatzweise niederschlug. Die Kunstpädagogik bezog die visuellen, meist massenmedialen Phänomene des Alltags der Heranwachsenden und deren Wirkung in den Mittelpunkt ihrer Überlegungen. Der Kunst wurde eine marginale Rolle zugewiesen. Wie grundlegend akzeptiert dieser Wandel war, gab Gunter Otto, einst zum ›Formalen Kunstunterricht‹ (▶ Kap. 2.8) gehörend, zu, indem er »sich

2.10 Visuelle Kommunikation/Ästhetische Erziehung

von seinen eben erst veröffentlichten Aussagen lossagte« (Richter 1981, S. 135) und bald darauf die neuen Ideen in seine »Didaktik der Ästhetischen Erziehung« einarbeitete. Von Kunst war dann konsequenterweise in diesem Buchtitel keine Rede mehr.

Die neue Alternative hieß um 1970 »Visuelle Kommunikation« oder »Ästhetische Erziehung«. Zu Beginn der Siebzigerjahre existierten in Hessen für einige Jahre lehrplanähnliche ›Rahmenrichtlinien‹ mit der Fachbezeichnung ›Kunst/Visuelle Kommunikation‹. (Heute wird die Bezeichnung ›Visuelle Kommunikation‹ allerdings vorwiegend für Designbereiche und -studiengänge verwendet.) Die traditionelle Kunst wurde als ›historisches Fossil‹ angesehen; die Kunst wirke nicht mehr innovativ auf die Gesellschaft und diene nur der Stabilisierung der politischen Machtverhältnisse. Durch ihren Warencharakter sei sie unglaubwürdig geworden, weil sie vom Kunstmarkt und somit von reichen Käufern und Sammlern bestimmt werde. Das Nachvollziehen von Kunst, wofür u. a. Gunter Otto plädiert hatte, stabilisiere lediglich die bestehenden gesellschaftlichen Verhältnisse. Denn die Sensibilisierung für die ästhetischen Reize der Umwelt galt als Verzicht auf deren mögliche Veränderung. Also wurden die visuellen Medien und Informationen ohne Rücksicht auf deren künstlerische Relevanz zum Unterrichtsgegenstand: »Umwelt erkennen und als ästhetisches Objekt benennen« (Möller [3]1974, S. 81).

Man ging davon aus, dass sich zum Konsum der Produkte der ›Kulturund Bewusstseinsindustrie‹ jeder einen bestimmten Kommunikationscode aneigne, welcher auch die kognitiven Fähigkeiten und sozialen Interaktionsformen beeinflusse – also die Persönlichkeit insgesamt. Diesen Code und die unterschwelligen Manipulationen, die von ihm ausgehen, mittels inhaltlicher und politischer Reflexion bewusst zu machen, war selbstgestellte Aufgabe der Visuellen Kommunikation bzw. Ästhetischen Erziehung. Eine wichtige Zielsetzung lautete: Befähigung zum kritischen Medienkonsum und emanzipatorischer Mediengebrauch. Im Kunstunterricht wurden nun Werbeanzeigen aus Illustrierten ebenso analysiert wie Comics oder bei Heranwachsenden beliebte Fernsehsendungen und Kinofilme (Ehmer 1971). Weitere behandelte, weil optisch wahrnehmbare Kulturprodukte waren z. B. Werbefilme, Familienfotos, Jugendzeitschriften, Architektur, Wohnungseinrichtungen, Kleidung oder Schulhöfe bis hin zu Menschen und deren Verhalten.

Mit der Analyse solcher visuellen Phänomene ging es gezielt um verändernde Alltagspraxis von Schülerinnen und Schülern. Sie sollten Gerät und Technik der visuellen Medien beherrschen, weshalb Fotoapparat und Videokamera mit Videorecorder selbstverständliche Utensilien wurden (▶ Abb. 10). Durch den Umgang mit diesen damals ›neuen‹ Medien sollten zum einen diese technischen Kommunikationsmöglichkeiten in den Dienst eigener Bedürfnisse gestellt werden. Zum anderen sollten »aus hilflosen Rezipienten und Konsumenten des Angebots der Bewußtseinsindustrie (...) potentielle Mitproduzenten, aus Manipulierten sollten Manipulateure werden« (Ruhloff 1975, S. 111).

Der Ansatz, dass das Wissen um die Manipulation der Menschen durch die Medien schon eine Befreiung aus diesem Manipulationszusammenhang und ›Emanzipation‹ – damals allgemeines fortschrittlich linkes Leitziel – bewirkte, war rückblickend betrachtet sowohl sozialisationspsychologisch als auch sozialisationstheoretisch naiv. Bereits im Unterricht selbst protestierten die Kinder lautstark dagegen, dass ihnen beispielsweise der Spaß an Cartoon-Sendungen genommen werden sollte. Ein Grund für die weitgehende Wirkungslosigkeit dieses Unterrichtskonzepts liegt wohl darin, dass zwar in den Unterrichtsinhalten, seltener aber in den Vermittlungsmethoden eine Orientierung an den Bedürfnissen der Schülerinnen und Schüler erfolgte. Die Dominanz von Sprache und Theorie wird unabhängig von ihren Inhalten entweder als Bevormundung durch Erwachsene erfahren oder ist für die sich nach bildnerischer Praxis Sehnenden nicht attraktiv.

Der Kunstpädagoge Helmut Hartwig ging mit der »Weiterarbeit am Konzept Visuelle Kommunikation« auf die seiner Meinung nach »wirklichen Bedürfnisse« (Hartwig 1976, S. 84) der Heranwachsenden ein. Er thematisierte in Unterrichtseinheiten z. B. den Wunsch, naturalistisch und perspektivisch ›richtige‹ Darstellungen selber zeichnen zu können. Hierbei war für Hartwig und für viele andere Kunstlehrende zentral, dass die inhaltliche Komponente etwa beim Zeichnen von Gesichtern und Menschen für die Zeichnenden nicht zu kurz kam, denn sie beschäftigten sich ja längere Zeit mit dem Motiv und der Bedeutung dieses Motivs für sie selbst. Das Wahrnehmen ist nicht passives Aufnehmen, sondern »Teilmoment umfassender Tätigkeitsvollzüge« (Holzkamp ^{4}1978, S. 266). Als entscheidend wurde angesehen, die Aufgabenstellung für

2.10 Visuelle Kommunikation/Ästhetische Erziehung

Abb. 10: Kameraeinsatz im Kunstunterricht, der sich am Konzept der »Visuellen Kommunikation/Ästhetischen Erziehung« zu Beginn der 1970er Jahre orientierte.

ästhetisch-bildnerische Tätigkeiten nicht in Widerspruch zum Alltagsverhalten der Kinder und Jugendlichen zu stellen, da ja der Alltag ganz grundsätzlich die Voraussetzung für jede Art ästhetischer Erfahrungen sei (▶ Kap. 1.3). Durch diese Einengung von Zeichnen auf gegenständliches Zeichnen wurden jedoch wichtige Aspekte dieser künstlerischen Ausdrucksweise nicht berücksichtigt. So vernachlässigte man, dass Zeichnen als Aneignungsprozess und Erfahrung selbst ein sinnlicher Vorgang ist (▶ Kap. 4.1). In dem Maße, in dem der ›Formale Kunstunterricht‹ (▶ Kap. 2.8) das Abstrakt-Bildnerische bevorzugte, favorisierte die ›Visuelle Kommunikation‹ den anderen Pol: die Gegenständlichkeit und die Inhalte. Beiden Konzepten ließ sich somit Einseitigkeit vorwerfen.

2.11 Ästhetische Erziehung in den 1980er Jahren

Als Reaktion auf sinnzerstörende Formalisierungen und tiefgreifende Enttraditionalisierungen in der Gesellschaft fand eine Subjektivierung im Lebensgefühl und in der Lebensweise vieler gesellschaftlicher Gruppen statt. Diese Subjektivierung wurde kulturtheoretisch und kunstpädagogisch vor allem auf der Ebene verschiedener Sub-, Situativ- und Alternativkulturen zuerst wahrgenommen. Der Kulturbegriff wurde seit Anfang der 1970er Jahre immer weiter differenziert (z. B. Frauen-, Jugend-, Stadtteil-, Sozio-, Alternativ-, Randgruppen-, Migrantenkulturen), womit sich die wertfreie Sicht verschiedener Kulturen innerhalb einer Gesellschaft teilweise durchsetzte (»Multi-Kulti«). Parallel hierzu entwickelten sich im Bereich der Hochkultur mediengerechte Ereigniskulturen, Spektakel und Prestigeprojekte wie postmoderne Museumsbauten.

Zugleich stieg die Beachtung sinnlicher Elemente des Lebens und Lernens unaufhaltsam. Eine kritische Haltung gegenüber dem Rationalismus war Hintergrundmotiv vieler Protestbewegungen. Die die Sinnlichkeit thematisierenden Handlungen und Verhaltensweisen sind nach Meinung des Kulturtheoretikers und Philosophen Rudolf zur Lippe als Gegenbewegung zu der systematisierten und quantitativ fast totalen Naturbeherrschung der Menschen zu verstehen (Lippe 1987, S. 69). Als Folge der starken Versachlichung des Kunstunterrichts durch die Nachfolger der Bauhauslehren (▶ Kap. 2.8) und durch die ›Visuelle Kommunikation‹ (▶ Kap. 2.10) ging das Engagement hin zu einer stärker lustbetonten, alle Sinne ansprechenden ästhetischen Erziehung. Auf dem Weg zu einer möglichen Gesellschaftsveränderung spielten auch ›Befriedigung, Spaß und Unterhaltung‹ eine wichtige Rolle. Die Ästhetische Erziehung griff den Trend nach Subjektivierung, Emotionalität, Expressivität und nach ganzheitlichen Handlungsvollzügen des ›Sich-wieder-Erlebens‹ und ›Wiederfindens‹ in den verschiedenen Kulturformen auf und forderte den strukturellen Umgang mit diesen Bedürfnissen, die in der Rezeption der Massenmedien oft unterdrückt wurden. Nach der Technologisierung und Versachlichung vieler Lebensbereiche sollten

2.11 Ästhetische Erziehung in den 1980er Jahren

Kinder und Jugendliche wenigstens im Kunstunterricht authentisch sinnliche Erfahrungen machen dürfen: »Mit allen Sinnen lernen« (Staudte 1984). Wenn es beispielsweise hieß »Heute streicheln wir den Baum« (Hoenisch/Niggemeyer 1981) (▶ Abb. 11), dann ging es um emotionale Bezüge zur »Mit-Welt« statt zur Umwelt, die nicht nur über Aufklärung und Wissen, sondern gerade über ästhetische Zugänge wie sinnliche Nähe zu haben sind. Von Lehrenden wurde hierbei die Hoffnung gehegt, dass solche Handlungen der Kinder ästhetische Erfahrungen (▶ Kap. 1.3) auslösten, durch die sie sich solidarisch und eins mit der Natur fühlten. Dieser Ansatz wurde in der Schulpraxis allerdings zugleich nicht selten naiv als vordergründiger Sensualismus fehlinterpretiert.

Ästhetische Erfahrungssituationen zu schaffen, wurde damit begründet, dass Kinder heute oft nur Sekundärinformationen, mittelbare Erfahrungen aus ›zweiter Hand‹ erhielten, z. B. durch die Medien oder auch in den Schulbüchern, was unsinnig sei und ohne Bezug zur eigenen Existenz (Zacharias 1985, S. 181). Solche kunstpädagogischen Überlegungen waren in der Regel auf Kinder bezogen, weil Kinder noch offener für neue unmittelbare Erfahrungen seien und weil sie in eine Lebenswelt hineinlernen. Hingegen richteten sich Rudolf zur Lippes und Hugo Kükelhaus »Erfahrungsfelder zur Bewegung und Besinnung« (Kükelhaus/Lippe ²1984) auch an Erwachsene. Bereits früh waren aber Warnungen zu vernehmen vor einer Fetischisierung des bloßen bildnerischen Tuns, dem allzu voreilig Lernprozesse, die Ausbildung kreativer Fähigkeiten und Ich-Identität, die Freisetzung von Fantasietätigkeit sowie therapeutische Wirkungen zugeschrieben wurden, ohne diese empirisch zu belegen (▶ Kap. 7.7). Johannes Eucker sprach sich für die Stärkung der sozialen und kooperativen Anteile des Kunstunterrichts aus: das Analysieren von Bildern in der Gruppe und das Sprechen hierüber, das gemeinsame Ausstellen bis hin zum Mitplanen von Unterricht durch die Schülerinnen und Schüler (Eucker/Kämpf-Jansen 1980, S. 18f.).

Waren die selbst gesteckten Ziele in den früheren kunstpädagogischen Konzepten und Phasen stets sehr hoch angesetzt, so wurde nun ernüchternd festgestellt, dass Ästhetische Erziehung weder Schule noch Gesellschaft verändern könne und werde. Und Plädoyers zu ›kunstpäd-

Abb. 11: Unter dem Motto »Heute streicheln wir den Baum« (Hoenisch/Niggemeyer 1981) stand zu Anfang der 1980er Jahre eine ökologisch ausgerichtete ästhetische Erziehung im Mittelpunkt, mit der eine Sensibilisierung und größere emotionale Nähe der Kinder zur Natur bewirkt werden sollte.

agogischer Bescheidenheit‹ waren zu vernehmen. Kunstlehrende sollten erst wahrnehmen, was die Schülerinnen und Schüler wirklich in ihrem Leben bewege, sie sollten die Allgemeingültigkeit von Didaktiken bezweifeln, so »dass Didaktik gerade in den ästhetischen Erziehungsfeldern mehr als bisher Auto-Didaktik werden muss« (Selle 1988, S. 328) (▶ Kap. 2.13). In ähnlicher Weise äußerte sich Irmgard Zepf, dass sie keine Ansprüche erhebe, für andere »Rezepte entwickeln zu wollen oder zu können« (Zepf 1991, S. 164). Sie wollte andere Lehrende lediglich an ihren »Reflexionen teilnehmen lassen, d. h., ich stelle meinen eigenen Lernprozess im ›Auf-Merken‹ und meine ›Übungen‹ zur Erweiterung von Verstehenshorizonten zur Diskussion« (ebd.). Doch zugleich waren auch weiterhin euphorische Stimmen über die Einflussmöglichkeiten der Ästhetischen Erziehung – zuständig für den Gegenstandsbereich ›Sinnlichkeit‹ – zu vernehmen. So sah Wolfgang Zacharias für die Ästhetische Erziehung in der Verbindung von Produktion und Erfahrungsverarbeitung eine »zweite Jahrhundertchance im Konzept pädagogischer Disziplinen« (Zacharias 1985, S. 185); womit er auf die Kunsterziehungsbewegung anspielte (▶ Kap. 2.4). Rudolf zur Lippe sprach davon, »den eigenen Lebenskräften mehr Wirkungsmöglichkeiten gegen Schädigungen« geben zu wollen (Kükelhaus/Lippe ²1984, S. 15). Zudem benannte er die »ästhetisch-politische Erziehung« »Leibpädagogik«, »Gesundheitserziehung im positivsten und grundlegendsten Sinne« und sprach in diesem Zusammenhang von »Heilen« (ebd., S. 60); ein Anspruch, der über kompensatorische Ansprüche und Intentionen (▶ Kap. 3.1) weit hinausgeht.

2.12 Ästhetische Erziehung – Gunter Ottos didaktische Konzepte des Kunstunterrichts

Die komplexen und vielfältigen Sinngehalte der Bezeichnung »Ästhetische Erziehung« können anhand traditionsreicher Argumentationsstränge zurückverfolgt werden. Spätestens seit Friedrich Schillers »Briefen über die ästhetische Erziehung des Menschen« aus dem Jahre 1795 gehört »Ästhetische Erziehung« – mal mit großem »Ä«, mal mit kleinem »ä« geschrieben – zum festen Vokabular einer Erziehung mit und durch Kunst (▶ Kap. 2.2). Viele kunstpädagogische Konzepte seit den Siebzigerjahren des 20. Jahrhunderts summieren sich und differenzieren sich zugleich unter diesem Namen aus. Im Gegensatz zur »Ästhetischen Bildung«, die die autonome Aneignung von Weltaspekten durch die Menschen, also die Selbstbildung, betont (▶ Kap. 2.13), zielen Konzepte der »Ästhetischen Erziehung« auf geplante Einwirkungen vor allem auf Kinder und Jugendliche. Sie thematisieren die didaktisch zu begründenden, absichtsvollen Handlungen von Lehrenden, das Unterrichten oder das Arrangieren von Erfahrungs- und Lernsituationen.

Dass Kunst in der Schule unterrichtet werden kann und muss, das war und blieb über Jahrzehnte hinweg eine der zentralen Auffassungen von Gunter Otto (▶ Kap. 2.8 und ▶ Kap. 5.1). »Bildende Kunst« als Schulfach zu legitimieren, innovativ weiterzuentwickeln und hierdurch zugleich zu stärken, war stets sein Ziel. An diesem Ziel arbeitete Gunter Otto sowohl als kunstpädagogischer Fachdidaktiker wie auch als Allgemeindidaktiker. In dem Moment, wo diese Perspektive von anderen im Fach – beispielsweise Gert Selle – grundsätzlich in Frage gestellt wurde (▶ Kap. 2.13), schienen für ihn die Gemeinsamkeiten unter den Kunstpädagoginnen und Kunstpädagogen aufgekündigt zu werden. Auf den schulischen Kunstunterricht und dessen Bedingungen bezieht sich die ab 1968 von Otto herausgegebene größte deutschsprachige Fachzeitschrift »Kunst+Unterricht« (▶ Kap. 9.2) fast ausschließlich.

»Ästhetische Erziehung als Praxis des Auslegens in Bildern und des Auslegens von Bildern« lautete der programmatische Untertitel seines mit Maria Otto gemeinsam verfassten Buchs unter dem Haupttitel »Auslegen« (Otto/Otto 1987). Erstens benennt Otto das von ihm behandelte Fachgebiet »Ästhetische Erziehung« in diesem Buchtitel genauer: »Ästhetische Erziehung als Praxis des Auslegens«. Zweitens macht dieser Untertitel die durch ästhetische Erziehung zu fördernde Art und Weise der Auseinandersetzung mit den zu behandelnden Gegenstandsbereichen deutlich: nämlich das Auslegen, also die Deutung und Interpretation. Diese Tätigkeiten des Auslegens sind für Gunter und Maria Otto zweifellos »lehrbar« (ebd., S. 10) und durch Sehen, Sprechen, Sammeln, Machen und Verstehen erlernbar (▶ Abb. 12). »Ästhetische Erziehung« wird von ihm mit großer Selbstverständlichkeit als »Lernbereich« (ebd., S. 15) bezeichnet. Drittens werden im Buchtitel zwei Verfahren des Auslegens benannt: das »Auslegen in Bildern« und das »Auslegen von Bildern«. Gemeint sind hiermit »Prozesse des Bildermachens« – die bildnerische Praxis von Kindern und Jugendlichen, wie diese ihre Erfahrungswelt und die Bilderwelt, in der sie leben, in eigenen Bildern deuten – sowie Prozesse des Bilderverstehens – die kognitive Verarbeitung der Bildphänomene. Viertens taucht das Wort »Kunst« weder im Titel noch im Untertitel auf, es geht um »Bilder«. Hierdurch wird zum einen der erweiterte Gegenstandsbereich der Ästhetischen Erziehung formuliert: Alle visuellen, bildhaften Phänomene der Lebenswelt haben Anrecht, im Kunstunterricht behandelt zu werden, nicht nur die Kunst. Zum anderen enthält der explizite Bezug auf das »Bild« eine Einschränkung: Dreidimensionales, wie beispielsweise Skulptur und Plastik, Architektur, Design, Performance, um nur Weniges zu nennen, wird im

2.12 Ästhetische Erziehung – Gunter Ottos didaktische Konzepte

Buch nur am Rande thematisiert, obwohl von einem erweiterten Bildbegriff ausgegangen wird. Ferner wird bei den Bildern fast ausschließlich die naturalistische Darstellung, etwa gegenüber ungegenständlicher oder gestischer Grafik und Malerei bevorzugt. Auch synästhetische (unterschiedliche, zeitlich parallel wahrnehmbare), kinästhetische (bewegungsbezogene) oder poetische Aspekte kommen in Ottos Konzept Ästhetischer Erziehung kaum vor.

So wie in jeder programmatischen kunstpädagogischen Veröffentlichung handelt es sich hier um eine einseitige Akzentuierung, bei der bestimmte Bereiche kaum oder gar nicht ausgeleuchtet werden. Ottos ›blinder Fleck‹ (▶ Kap. 1.2) und der Vorwurf, der ihm gemacht wurde, ist die (Be-)Nutzung der Kunst für Lehr- und Lernprozesse, ohne die Kunst autonom als Kunst anzuerkennen, die in ihren zentralen Anteilen in Auslegungsprozessen weder gelehrt noch verstanden werden kann. Dieser ›blinde Fleck‹ hat wiederum mit dem prägenden Bezug Ottos zur allgemein bildenden Schule zu tun: Die gesellschaftliche Aufgabe der Schule ist es, ihre Inhalte so zu lehren, dass sie verstanden werden können (▶ Kap. 5.1). Die Herausforderung, die von Gunter Otto in »Auslegen« nicht problematisiert wird, der er sich jedoch einige Jahre später in der Fachdiskussion ausgesetzt sieht, formuliert er als Frage: »Entsteht durch die pädagogische Praxis, durch Unterricht und seine Begründungsmuster eine Art von Umgang mit Kunst, der als künstlerische Praxis nicht mehr begründbar ist?« (Otto 1995, S. 16). Gemeint ist eine Art von Umgang mit Kunst in der Schule, die mit aktuellen Theorien zu Ästhetik und Kunst nicht mehr vereinbar ist. Hiermit ist das dissonante Verhältnis zwischen Pädagogik und Kunst angesprochen. Und die Grundsatzfrage ist gestellt, ob sich angesichts dieses Verhältnisses überhaupt ein kongruentes, aktuelles Fachprofil konturieren lässt.

Experiment, Überraschung und Zufall stellen für Otto die seit 1995 immer wieder betonten Gemeinsamkeiten zwischen Pädagogik und dem Ästhetischen her. Denn ästhetische und pädagogische Prozesse zeichneten sich gleichermaßen durch ein hohes Maß an Nichtvorhersehbarkeit, von nicht festgelegten Verlaufsfiguren, von Unbestimmtheitsgraden hinsichtlich ihrer Ergebnisse aus. Mit dem Anerkennen dieser strukturellen Ähnlichkeit weicht Otto zugleich jedoch der Grundsatzfrage aus, ob Kunst lehrbar und vermittelbar ist, und er hält weiter deutlich an dem

2 Entwicklung der Kunstpädagogik – vom 16. Jahrhundert bis heute

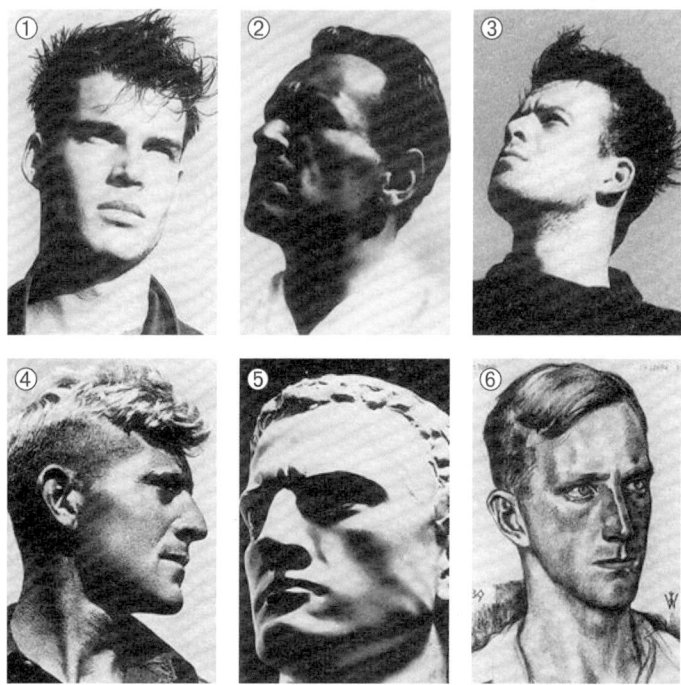

Abb. 12: Maria und Gunter Otto veröffentlichen im Jahre 1987 beispielhaft, was sie unter »Auslegen« verstanden: In der Gegenüberstellung von heroisierenden Fotos aus der Nazi-Zeit mit zeitgenössischen Fotos aus Mode-Magazinen werden ähnliche ästhetische Ideale ersichtlich (Otto/Otto 1987).
1. Werbung, Martinique, in: Avenue, September 1984
2. Luis Trenker im »Heiligen Berg«, Leni Riefenstahl, Leipzig 1933
3. Werbung, Martinique, in: Avenue, September 1984
4. Bildmaterial zu: Das Programm der NSDAP wird erfüllt, 1939
5. Teil einer Skulptur von Arno Breker, aus: Die Kunst im Dritten Reich, 1939
6. W. Willrich, Deutscher Jungbauernführer aus dem Baltenland, 1939

aufklärerischen Anspruch von Auslegungsprozessen fest. Nicht alles – so Otto – sei in der Schule möglich. »Aber alles, was geht, wird noch gar nicht versucht. Was in der Schule geht, hängt auch von dem Verständnis von Schule und Unterricht ab, das die handelnden Personen haben« (Otto 1995, S. 18). Als primär didaktisch Denkender ist Otto bestrebt, die ästhetiktheoretisch orientierte Diskussion – durchaus mit aufklärerischem und reformerischem Anspruch – auf die institutionell-didaktische und auf die personal-didaktische Ebene zu verlagern.

Exemplarisch deutlich wird, dass das Gesamtwerk Gunter Ottos (▶ Kap. 2.8 und ▶ Kap. 2.10), das über einen Zeitraum von fast 50 Jahren hinweg die Entwicklung der Kunstpädagogik prägte (bis 1997 dokumentiert in Grünewald/Legler/Pazzini 1997, S. 471 ff.), neben sehr konstanten Elementen auch viele Wendungen und Brüche aufweist, die Otto durchaus bewusst unternahm. Er verstand es häufig, jeweils Positionen anderer aus den aktuellen Fachdiskursen, aus der Philosophie oder Kunsttheorie aufzugreifen und flexibel in seine eigenen fachdidaktischen Konzeptionen zu integrieren (▶ Kap. 2.10 und ▶ Kap. 3.3).

2.13 Ästhetische Bildung – Gert Selles kunstnahe ästhetische Projekte

Wichtigster ›Gegenspieler‹ Gunter Ottos im kunstpädagogischen Diskurs der Neunzigerjahre des 20. Jahrhunderts war Gert Selle. Ihre kontrastierenden Positionen prallten 1995 in einem argumentativen Schlagabtausch aufeinander (Selle 1995; Otto 1995). Die inhaltliche Brisanz dieses Meinungsstreits hat seitdem kaum etwas an ihrer allgemeinen Bedeutung für das Fach eingebüßt, denn die Fronten sind weiterhin kaum überbrückbar: Gert Selle fordert die Kunstnähe kunstpädagogischer Projekte ein und kritisiert scharf die didaktische und auf aufklärerisches Verstehen ausgelegte Gewichtung von Kunstpädagogik durch Gunter Otto: Kunst, vor allem viele Formen der Gegenwartskunst, entzögen, ja widersetzten sich den Prozeduren des ›Auslegens‹. Deshalb sei Ottos fachdidaktischer Ansatz nicht der angemessene und genuin kunstpädagogische Zugang zur Kunst. Auslegen bliebe letztlich »nur Herumgerede«, »so schlau es auf den ersten Blick erscheinen und so geordnet das systematische Vorgehen gewesen sein mag« (Selle 1995, S. 17).

Die Inkompatibilität von herkömmlicher Pädagogik bzw. Didaktik und Kunst macht Selle anhand eines Beispiels deutlich: Der Künstler Joseph Beuys, dessen Kopf mit einer Mischung aus Honig und Gold – einer organischen und einer anorganischen Edelform der Natur – bedeckt war, hielt in seiner Kunstaktion »Wie man dem toten Hasen die Bilder erklärt« im Jahre 1965 einen toten Hasen in der Armbeuge, mit dem Kopf des Hasen auf der Höhe von Beuys' Herzen (▶ Abb. 13). Durch die Verbindung von Herz- und Verstandeskräften werde eine ›Wärmequalität‹ des Denkens geschaffen. In tierischen Lauten ›erklärte‹ Beuys dem Hasen seine Zeichnungen in einer Ausstellung. Tod und Leben waren in dieser Aktion gegenwärtig. Selle fordert eine solche vorbildlich kunstähnliche – nicht pädagogisch-didaktische – Haltung auch von kunstpädagogisch Tätigen, indem er schreibt, dass Beuys mit der Art und Weise, wie er dem toten Hasen die Bilder erklärte, bei jeder Lehramtsprüfung sicher durchgefallen wäre (Selle 1995, S. 18). Obwohl eigentlich von einer Handlung innerhalb des Kunstsystems nicht automatisch Anerkennung in pädagogischen Kontexten erwartet werden kann, da in beiden Bereichen unterschiedliche Kriterien für angemessene Kommunikation und Handlungen gelten, so wird doch die Position Selles an diesem Beispiel augenscheinlich: Kunstpädagogik enthält sowohl Elemente der Kunst als auch der Pädagogik, und sie sollte sich laut Selle verstärkt an der Kunst orientieren.

Während Gunter Otto sich auf Ästhetische Erziehung bezieht, plädiert Gert Selle für »pädagogische Bescheidenheit« (Selle 1990, S. 23), denn »der Erziehungsbegriff zielt zu direkt auf ein fremdvorgestelltes Lernergebnis, das unbedingt beschreibbar sein muss, damit die erzieherische Maßnahme planbar und kontrollierbar wird« (ebd., S. 22). Hingegen ist laut Selle der Bildungsbegriff eine angemessenere Bezugsgröße für Kunstpädagogik, weil darin die selbstbestimmten Suchbewegungen und die ›Mitarbeit‹ des Einzelnen sowie das Anarchisch-Unkontrollierte ästhetischer Erfahrungsprozesse besser aufgehoben sei. Durch die Bevorzugung des Bildungsbegriffs stellt Selle eindeutig die Aneignungsformen in den Mittelpunkt seiner fachdidaktischen Überlegungen und Handlungen. Er geht soweit, dass er bei dieser Form kunstpädagogischer Arbeit einen Verzicht auf Lernziele für denkbar hält (ebd., S. 26).

2.13 Ästhetische Bildung – Gert Selles kunstnahe ästhetische Projekte

Doch hegt Selle auch Zweifel gegenüber dem Bildungsbegriff, der an ein traditionelles Bildungsgut eines Bildungsbürgertums erinnere. Deshalb nutzt er häufig Formulierungen, die die ästhetische Erfahrung thematisieren (▶ Kap. 1.3). Selle selbst sieht sich als ›Künstler-Didaktiker‹, der sein Denken und Handeln als ›kunstanalog‹ begreift (▶ Kap. 2.15) und »nach angemessenen Beschreibungen ästhetischer Erfahrungsarbeit in Vermittlungsprozessen« sucht (Selle 1998, S. 103). Im Gegensatz zu primär pädagogisch Denkenden und Handelnden gibt er den assoziativ aneinander gefügten Theoriefragmenten, den »flüchtigen, liquiden Konstrukten« den Vorzug, welche »weich, flüssig, gleichsam auf Körpertemperatur der Erfahrung und des aktuellen Denkens gehalten werden« (Selle 1998, S. 103). Die bewusste Nähe zu Beuys'schen Metaphern wird auch deutlich, wenn Selle sagt, der »erfahrungsnahe, offene Begriff« sei für ihn ein »plastisches Instrument« (ebd.).

In den Argumentationen und Praxisdokumentationen Selles kommen Kinder und Jugendliche selten vor. Seine Aufmerksamkeit richtet sich vornehmlich auf junge Erwachsene, häufig Studierende der Kunstpädagogik. Durch eine kunstnahe bildnerische Tätigkeit entstehe bei ihnen eine angemessene Haltung zu ihrem Studienfach (▶ Kap. 8) und späteren Berufsbild (▶ Kap. 5) nur dann, wenn sie selbst einmal künstlerisch tätig gewesen seien. Ein Beispiel für dieses Vorgehen: In seinem Buch »Gebrauch der Sinne. Eine kunstpädagogische Praxis« schildert Selle exemplarische elementarpraktische Übungen von Studierenden, bei denen meist der eigensinnige, experimentelle und langsam gestaltende Zugriff auf Materialien am Anfang steht; sei es, dass traditionelles bildnerisches Material, wie Ton, Aquarellfarbe und Zeichenkohle, oder dass ungewöhnlicheres bildnerisches Material, wie Plastikfolie, Einmachgläser oder Torf, neu erkundet werden. In den Ergebnissen solch experimenteller Zugänge artikuliert sich allmählich eine ausdrucksstarke Form, ein bildnerisches Objekt. Es – so Selle – »begann das Bewegt-Getane wie von selbst wie ›Kunst‹ zu wirken« (Selle 1988, S. 52), und man werde »unversehens zum ›Künstler‹« (ebd., S. 87). Mit »Kunst« sind hier materialerkundende experimentelle, oft environment- und raumbezogene Spielarten der Gegenwartskunst gemeint. Ein integraler Teil im Konzept Selles ist stets die in ihrer Form selbstgewählte, teils poetische, teils berichtende, teils autobiografisch-tagebuchähnliche (▶ Kap. 2.4), teils selbstanalysie-

2 Entwicklung der Kunstpädagogik – vom 16. Jahrhundert bis heute

Abb. 13: Joseph Beuys (1921–1986) in seiner Kunstaktion »Wie man dem toten Hasen die Bilder erklärt«, 1965 © VG Bild-Kunst, Bonn 2002

rende schriftliche Reflexion der Studierenden zu ihrem Tun und zu ihren Werken während des Arbeitsprozesses sowie im Nachhinein. Die komplexen, kaum mitteilbaren künstlerischen Verfahrensprozesse finden hier eine selbstbestimmte, selbstbeobachtende und rekonstruierende Artikulation jenseits erziehungswissenschaftlich strukturierter Reflexion; eine bewusst geforderte Anstrengung zur Entwicklung von Formen subjektiver kunstpädagogischer Auto-Didaktik.

Selles Ansatz scheint sich nicht explizit als pädagogisch erkennen geben zu wollen. Aber vielleicht liegt gerade in einer solchen Haltung »ein Merkmal einer moderneren, reflexiv gewordenen Pädagogik« (Kade/Nolda 2001, S. 65). Selles Ansatz geht weit über den Bezug Gunter Ottos von ›Kunst‹ als Schulfach hinaus, er berührt grundsätzlich das professionelle Selbstverständnis von Kunstpädagoginnen und Kunstpädagogen, gleich in welchen Feldern sie arbeiten (▶ Kap. 5). Es blieb bisher jedoch weitgehend unbeachtet, dass trotz des dargestellten Grunddissens' der Streit um die Gewichtung künstlerischer und pädagogisch-didaktischer Elemente die Kunstpädagogik zugleich eint – so paradox dies klingen mag. Denn erst durch diesen Dissens gilt es, ein gemeinsames Thema im fachlichen Diskurs zu bearbeiten (Pazzini 2005). Hieraus entwickelte sich eine sowohl verbindende wie auch verbindliche fachliche Identität.

2.14 Bildorientierung

Zu Beginn des ersten Jahrzehnts des 21. Jahrhunderts verlagert sich die Kontroverse um die Standpunkte Gunter Ottos und Gert Selles (▶ Kap. 2.12 und ▶ Kap. 2.13) auf die zugespitzte Frage, ob sich die Kunstpädagogik an der Kunst oder an Bildern im Allgemeinen orientieren solle (Billmayer 2003). Hierbei lässt sich eine Weiterentwicklung der Positionen Gunter Ottos (▶ Kap. 2.12) im Zeitalter digitaler Medien in der Weise nachzeichnen, dass eine Öffnung des Faches für alle Bilder letztlich nicht mehr rückgängig gemacht werden könne und solle. Ästhetische Erziehung zielt demnach auf eine »visual literacy«, auf die Förderung der Bildlese-Kompetenz, mit der vor allem auch die Notwendigkeit der Kunstpädagogik im Fächerkanon der Schule (▶ Kap. 5.1 und ▶ Kap. 6.4) zentral begründet wird (Busse 2004, S. 16ff.; Bering u. a. ³2013).

Bereits Mitte der 1990er Jahre erklärte Henning Freiberg, die Kunstpädagoginnen und Kunstpädagogen seien die »Experten für das Bild und die damit verbundenen Ästhetisierungsprozesse« (Freiberg 1995, S. 22). Angesichts der explosionsartigen Entwicklung der Bildkommunikation gewinne die Kunstpädagogik zukünftig für die allgemeine Bildung an Bedeutung. Der Kunsterzieher Martin Zülch argumentiert mit Kolleginnen und Kollegen zusätzlich bildungshumanistisch: Durch stetige Stundenreduzierungen in den Klassenstufen 5 bis 10 sowie in der gymnasialen Oberstufe sei das Fach in seiner Existenz gefährdet. Um diese Bedrohung abzuwenden und um die »Notwendigkeit des Schulfaches Kunst« (Zülch 2000, S. 4) gegenüber der Öffentlichkeit zu begründen, geht Zülchs Argumentation von der Beziehung zwischen dem Bild, der hierdurch geforderten Bildkompetenz einerseits und der Bildung im Sinne einer Allgemeinbildung andererseits aus: »Bild« und »Bildung« seien immer schon aufeinander angewiesen. Bildung ohne Bilder sei nicht möglich, »denn in Bildern machen Menschen etwas anwesend oder lassen etwas anwesend erscheinen, um sich Bestimmbares oder Unbestimmbares im doppelten Wortsinn ›vorzustellen‹« (Zülch 2000, S. 4). Umgekehrt setze Bildung deshalb das Bild voraus, die visuelle Präsenz als anschaulich einprägsames Moment menschlichen Denkens und Handelns. Sowohl die Zeitschrift »Kunst+Unterricht« wie auch der »Fachverband für Kunstpädagogik, BDK« machten sich diese Thesen zur Bildorientierung des Faches zu eigen; letzterer 2001 in einem Positionspapier und 2008 in »Bildungsstandards für den mittleren Schulabschluss« (BDK-Mitteilungen H. 3 2008, S. 2–4) (▶ Kap. 5.1). Die Resolution eines großen kunstpädagogischen Kongresses titelte ähnlich: »Bildung ohne Bilder bildet nicht« (Kirschenmann/Wenrich/Zacharias 2004, S. 448). Auch die Kongressresolution geht von dem inflationären Gebrauch der Bilder in der medial bestimmten Gegenwart aus. Vom Bildgebrauch werden zweifellos Weltaneignung und Persönlichkeitsentwicklung der Kinder und Jugendlichen maßgeblich geprägt. Hierdurch

2.14 Bildorientierung

ergebe sich ein ständig wachsender Bedarf an »Bildkompetenz«. »Visuelle Kompetenz« meint eher die rezeptive, analysierende Auseinandersetzung mit visuellen Gestaltungen (▶ Kap. 4.3), während der Begriff »Bildkompetenz« auch den produktiv-gestalterischen Aspekt einbezieht (▶ Kap. 4.1 und ▶ Kap. 4.2) (Bering u. a. ^{3}2013, S. 53ff.; im internationalen Diskurs: Bering/Hölscher/Niehoff/Pauls 2013). Hier zeigt sich tendenziell eine Veränderung in der Begründung des Faches: weg von der (schwer nachprüfbaren) ästhetischen Erfahrung (▶ Kap. 1.3) hin zum (leichter überprüfbaren) Kompetenzbegriff.

Exemplarisch für einen »bildorientierten« Umgang mit Werken eines herausragenden Künstlers ist das Themenheft »Bildprozesse: Rembrandt« der Zeitschrift »Kunst+Unterricht« (356/2011). Hierin ist – den Terminus »Kunst« vermeidend – neben »Bildprozessen« die Rede von »Bildproblemen«, »Bildinhalten«, »Bildentscheidungen«, »Bildzugängen«, »Bildverstehen«, »Bildsprache«, »Bildentstehungsprozessen«, »Bildgenese« oder »Bildfindungsprozessen«. Die Schülerinnen und Schüler fertigen »Bildnotate« (ebd., S. 15) an, womit Skizzen nach Rembrandt-Gemälden gemeint sind. Oder mit Mimik, Gestik und Inszenierung wird eine »Visualisierung der Bildlösung« sowie »Bildszene« (ebd., S. 16) erstellt.

Diese Entwicklung ist in den kommenden Jahren verstärkt zu beachten. Ästhetisches Lernen müsste als unverzichtbares Element allgemeiner Bildung inzwischen eigentlich zu den Basisqualifikationen neben Lesen, Schreiben und Rechnen gezählt werden. Hierbei sitzt durchaus die Angst im Nacken, dass das Schulfach »Kunst« angesichts internationaler Vergleichsstudien von Schülerleistungen (z. B. PISA) an Bedeutung verliert. Gelänge es wirklich, die »Bildkompetenz« als Basisqualifikation zu verankern, müsste sich jedoch – etwas weiter gedacht – auch das Schulfach »Kunst« solchen internationalen standardisierten Wirkungsforschungen (▶ Kap. 7.7) stellen.

Da der Bezug auf das »Bild« freilich schon bei Gunter Otto zu kurz griff (Otto/Otto 1987; ▶ Kap. 2.12) und deshalb von einem erweiterten Bildbegriff ausgegangen werden sollte, spricht man auch pluraler von einer »Bild- und Darstellungskompetenz (produktiv und rezeptiv, kontemplativ und aktiv)« (»Kunst+Unterricht« 279/2004, S. 45; Kirschenmann/Wenrich/Zacharias 2004, S. 448). Damit die Kunst, vor allem die Gegenwartskunst, nicht argumentativ aus dem Blick der Kunstpädagogik gerät, wird sie der Kategorie »Bild« zugeordnet: In der Kunst werde der Umgang mit bildnerischen Mitteln versiert eingeübt. Die bildende Kunst sei deshalb »Grundlage künstlerischer Bildgestaltung« sowie Basis für reflexive wie praktische »Bildrezeption« (Kirschenmann 2002, S. 37). Fachdidaktische Überlegungen und kunstpädagogisches Handeln sollten von den jugendkulturellen (Bild-)Phänomenen der Gegenwart ausgehen und von dieser Warte aus Entscheidungen über die Gegenstandsfelder und Unterrichtsmethoden treffen und begründen (Kirchner/Kirschenmann 2015). Letztlich sei die Markierung »Kunst« lediglich eine Zuschreibung für einige Bilder. Diese kulturelle Zuschreibung könne sich historisch oder unter wechselnden Kriterien und Umgangsformen ändern, weshalb das »Bild« die Leitkategorie für die Kunstpädagogik sein müsse. »Es gibt viele Bilder; ein verschwindend kleiner Teil davon sind Kunstwerke« (Billmayer 2003, S. 2).

2.15 Künstlerische Bildung

Gegen diese ›Unterordnung‹ der Kunst unter den Begriff der Bilder wenden sich die Anhänger der so genannten Künstlerischen Bildung. Ihr Ansatz besticht mit Konsequenz durch eine ›Abkehr‹ (Buschkühle 2003, S. 19) von der bisherigen Mainstream-Fachdidaktik. Bereits das Konzept Gert Selles in den 1990er Jahren zeichnete sich durch die Ablehnung der Fachdidaktik aus (▶ Kap. 2.13). Mit der »Begründung der Kunstdidaktik aus der Kunst heraus« wird es Ziel, »künstlerische Formen des Denkens in kunstdidaktischen Prozessen auszubilden, die künstlerische Handlungsweisen praktizieren« (ebd., S. 19). Schon an diesem kurzen Zitat wird deutlich, welch zentrale Rolle die Kunst in dieser Argumentation spielt. Durch die Öffnung und Erweiterung des Kunstbegriffs verschließt sich die Künstlerische Bildung zugleich nicht dem weiten Feld des Ästhetischen, nicht den pluralen Gegenstandsbereichen des Faches Kunst. Denn unter dem erweiterten Kunstbegriff kann man sich auf praktisch ›alles‹ beziehen. Kunstpädagogik, auch als

2.15 Künstlerische Bildung

Schulfach, solle deshalb nicht vom Bild, den bildgenerierenden Medien oder vom Ästhetischen her gedacht werden, so wichtig diese Aspekte sein mögen. Sondern Künstlerische Bildung meint die Etablierung von Theorie und Praxis künstlerischer Denk- und Handlungsweisen im Bildungsgeschehen (ebd., S. 25). Genau diese Form der Erweiterung des Kunstbegriffs in andere gesellschaftliche Bereiche hinein war Leitmotiv von Joseph Beuys (▶ Kap. 2.13). Die Bildungschancen, die die unterschiedlichsten Formen der Auseinandersetzung mit Kunst gegenwartsorientiert bieten, sollen genutzt werden. Kunstdidaktik ist als Kunst bzw. als »kunstanaloger Prozess« (Regel 2004, S. 42) zu denken und zu betreiben (Kettel 2004).

Der Mensch steht hierbei im Mittelpunkt aller Bemühungen – sowohl schulisch als auch außerschulisch –, nicht die Kunst selbst; denn der Mensch ist »die entscheidende Gelenkstelle für den Übergang von der Kunst zum Leben« (Buschkühle 2003, S. 24; Buschkühle 2017). Ziel ist somit eine plural konturierte »Lebenskunst« (Buschkühle 2007, S. 72ff.). Letztlich geht es um humanistische Perspektiven, um die Entwicklung der Persönlichkeit, die neben der kognitiven Intelligenz auch Anspruch erhebt auf die Ausbildung ihrer ethisch-moralischen und ästhetischen Anteile. Die starke Akzentuierung der aus dem Künstlerischen her gedachten Andersartigkeit gegenüber den übrigen Schulfächern kann zugleich aber auch zur Folge haben, hierdurch im Kanon der Schulfächer noch weniger beachtet zu werden und damit beispielsweise aus dem Vormittag der Schule – unbeabsichtigt, aber unter eigener Mitwirkung – in das Nachmittagsangebot verschoben zu werden.

In den kunstpädagogischen Hochschulstudiengängen (▶ Kap. 8) hatte sich diese Perspektive durch den Einfluss Gert Selles (▶ Kap. 2.13) bereits lange vor den Ansätzen der Künstlerischen Bildung vielfach, ja fast flächendeckend ausgewirkt: Kunstpädagogik-Studierende sollen selbst Künstlerinnen und Künstler sein, um eine kunstgemäße Bildung am eigenen Leibe zu erfahren und dementsprechend später vermitteln zu können. Über Selles eingeschränkten Ansatz hinaus bezieht sich Künstlerische Bildung auf den wesentlich umfassenderen Anspruch des erweiterten Kunstbegriffs von Joseph Beuys und legte in den letzten Jahren vielfältige Beispiele für eine Umsetzung im Schulunterricht ab der Primarstufe (z. B. »Kunst+Unterricht« 289, 290 und 295/2005; Buschkühle

2007) sowie Aktualisierungen im Hinblick auf den Kompetenzbegriff vor (Buschkühle 2017).

Mit analytischer Schärfe und in polemischer Überspitzung teilte Peter Rech die kunstpädagogisch Tätigen ganz grundsätzlich in zwei Lager auf: einerseits die, die vorgeben zu ergründen, was das Wesen der Kunst ausmache (u. a. *Gert Selle* und Unterstützende der Künstlerischen Bildung), und andererseits diejenigen, die meinen zu wissen, was im Fach gelernt werden muss (u. a. *Gunter Otto* und Gleichgesinnte der Bildorientierung) (Rech 1994, S. 17).

Systemisch gedacht können Kunst und Pädagogik jedoch nie ineinander aufgehen, weil sie nach unterschiedlichen gesellschaftlichen Regeln und völlig differenten Zielen ausgerichtet sind. Ganzheitlich gedacht können Kunst und Pädagogik durchaus zueinander finden, vielleicht sogar punktuell miteinander verschmelzen.

Als eine Vermittlung zwischen beiden Positionen mag die Argumentation von Johannes Kirschenmann – einem ›Bild-Orientierten‹ – angesehen werden: Der eine Pol der Kunstpädagogik ist von der Klärung und Sicherheit in den bildnerischen Mitteln, vom bildsystematischen Denken und den Methoden der Bildanalyse gekennzeichnet. Dieser Pol bezieht sich also primär auf die »Bildkompetenz«. Der andere Pol der Kunstpädagogik ist geprägt von »Irritation«, dem Erkennen von Neuem »durch ein Verrücken des Bekannten zum Unbekannten« sowie vom künstlerischen Prozess (Kirschenmann 2002, S. 37f.). Hier wird der Kunstbezug deutlich, der Widerständiges, konstruktive und dekonstruktive Verfahren (▶ Kap. 6.4) sowie unkonventionelles Denken in den Blick nimmt.

2.16 Ästhetische Forschung und Biografie-Orientierung

Aufgrund des erweiterten Kunstbegriffs und der Orientierung am einzelnen handelnden Subjekt findet innerhalb der gegenwärtigen Kunstpäd-

2.16 Ästhetische Forschung und Biografie-Orientierung

agogik eine Öffnung auf alle Fragestellungen hin statt, die für die einzelne Schülerin, den einzelnen Schüler relevant sind. ›Alles‹ kann in diesem Sinne bildnerisch untersucht und bearbeitet werden. Auf diesen Punkt macht dezidiert das Konzept der »Ästhetischen Forschung« von Helga Kämpf-Jansen aufmerksam (Kämpf-Jansen 2001). Ästhetische Forschung bezieht sich auf alle real gegebenen wie fiktiv entworfenen Dinge, Objekte, Menschen und Situationen. Sie bedient sich aller zur Verfügung stehender Verfahren, Handlungsweisen und Erkenntnismöglichkeiten aus den Bereichen der Alltagserfahrung, der Kunst und der Wissenschaft.

Ästhetische Bildung als wahrnehmende und erkundende Zuwendung zur Welt und zum Selbst lässt sich zweifellos nicht auf Kunstunterricht begrenzen, sondern durchdringt alle Lebensbereiche. Ästhetische und kulturelle Selbstbildungsprozesse können jedoch kunstpädagogisch angeregt und gefördert werden. Weil sich ästhetische Bildung durch das Merkmal des Erkundens einer selbst gewählten Thematik auszeichnet, nutzt Helga Kämpf-Jansen den Begriff der »Ästhetischen Forschung«, um ihre kunstpädagogische Konzeption zu benennen. Die anthropologisch fast selbstverständliche Nähe der Ästhetischen Forschung zu menschlicher Welt- und Selbsterkundung wird deutlich. Denn der Ansatz fügt sich nahtlos in bisherige alltägliche Praxis der Menschen ein, die bewusst, teils experimentell wahrnehmen und erkunden. Kinder tun dies z. B. tagtäglich, Künstlerinnen und Künstler der Gegenwart ebenfalls (▶ Kap. 7.1). Im Mittelpunkt dieses Ansatzes steht die Perspektive, ästhetische Erfahrungen (▶ Kap. 1.3) (Kämpf-Jansen 2001, S. 157f.) zu ermöglichen (nicht Kunst zu machen), und zwar mithilfe künstlerischer Strategien und aktueller Kunst als Anregungspotenzial.

Der Ästhetischen Forschung gelingt es, zwei sich fast polar gegenüberstehende Ansätze im Bereich der Kunstpädagogik miteinander zu verbinden, indem sie die innovativen Potenziale aus beiden Ansätzen nutzt. Zum einen bezieht sich Ästhetische Forschung auf Elemente von so genannten kunstnahen, ästhetischen Projekten, die vor allem von Gert Selle entwickelt wurden (▶ Kap. 2.13). Und zum anderen gibt sie den aufklärerischen Anspruch ästhetischer Erziehung nicht auf, wie er insbesondere von Gunter Otto immer wieder betont wurde (▶ Kap. 2.12) und wie er auch Kämpf-Jansens frühere Tätigkeiten prägt. Dieser Anspruch manifestiert sich im Begriff »Forschung«. In dieser Verbindung liegt die Bedeutung der Ästhetischen Forschung für die Kunstpädagogik in Theorie und Praxis (Nitsch 2007; Goritz u. a. 2014, S. 102f.). Ästhetische Forschung kann nur mit einem Anschluss an die Biografie des jeweils ästhetisch tätigen Menschen gelingen (Kämpf-Jansen 2001, S. 169). Es geht im Kunstunterricht demnach nicht um die Erfüllung von Aufgaben, die sich Lehrende – meist in sicherlich guter erzieherischer Absicht – ausdachten. Sondern jede Schülerin/jeder Schüler sollte eine Aufgabenstellung als Grundlage ihrer/seiner ästhetischen Forschung selbst finden. Jede Form ästhetischer Erfahrungsarbeit, so Manfred Blohm, sei biografisch verankert, es gäbe keine ernst zu nehmende ästhetische Praxis ohne biografische Anteile (Blohm 2002). Dem Ansatz der Ästhetischen Forschung gleich gerät im Rahmen der Biografieorientierung die Kunst erst in einem zweiten Schritt in den Blick, und zwar dort, wo nach Verfahren und Strategien Ausschau gehalten wird, wie ein Biografiebezug bildnerisch-ästhetisch be- und verarbeitet werden kann; etwa mittels Spurensicherung, seriellem Arbeiten, Verfremdung von Alltäglichem. Die Unterrichtsmethoden hierfür sind meist projekt- oder werkstattorientiert (▶ Kap. 6.2, ▶ Kap. 6.3 und ▶ Kap. 6.5).

Biografie meint in diesem Kontext wesentlich mehr als die tagebuchähnliche Rekonstruktion oder Dokumentation von Lebensläufen mit bildnerischen Mitteln. Biografiearbeit ist als eine prozesshafte lebenslange Aufschichtung und Verschiebung von Erfahrungen zu verstehen. Sie schließt fiktive und fantastische Entwürfe ebenso ein, wie die selbstbezügliche Auseinandersetzung mit Lebensgeschichten anderer, also auch mit historischen Fragestellungen (Neisemeier 2004). Durch die Thematisierung und Bearbeitung von Erfahrungen lassen sich zweifellos Lernbezüge herstellen, eine wichtige Legitimation zur Verortung der Biografieorientierung im schulischen Kunstunterricht: Übergeordnete (Lern-) Ziele der Biografieorientierung sind, biografische Strömungen zu erkennen, diese beeinflussen zu können und soweit wie möglich selbst zu bestimmen (Sabisch/Seydel 2004, S. 4). Der Kunstpädagoge Hubert Sowa vertritt jedoch die Meinung, dass die Potenziale des Kunstunterrichts nicht ausgeschöpft werden, wenn er sich unter dem anmaßenden Namen »ästhetische Forschung« primär als biografisch motivierte, empfindende, selbstreflektierende und erspürende Annäherung an Dinge ver-

2.16 Ästhetische Forschung und Biografie-Orientierung

steht. Auch eine sich auf das Künstlerische zurückziehende Bildungskonzeption gebe integrale kunstpädagogische Lernziele wie die Aneignung gestalterischer Basiskompetenzen etwa im Zeichnen sowie die Schulung visueller Kompetenzen leichtfertig auf (Sowa 2006, S. 44). Zudem besteht die Gefahr des Aufbaus eines Weltbildes, das stark subjektzentriert ist. Dies könnte zur Konsequenz haben, dass vorwiegend eigene Lieblingsthemen und Hobbys im Kunstunterricht behandelt werden. Die Konfrontation mit fremden Sichtweisen käme zu kurz.

Künstlerische Bildung, Bild- oder Biografieorientierung oder ästhetische Forschung (▶ Kap. 2.14 bis 2.16): Woran soll man sich heute halten? Auch für Insider erscheinen die fixierten Grenzen oft fließend. Und nicht selten sind sie in der Unterrichtspraxis, in der bildnerischen Auseinandersetzung mit kunst- und lebensrelevanten Themen, kaum festzustellen. Denn in dem, was als »guter«, innovativer und zeitgemäßer Kunstunterricht zu bewerten wäre, sind sich viele Vertreterinnen und Vertreter der umrissenen aktuellen Richtungen meist ziemlich einig. Was bleibt für Insider und Outsider, um eine Unterscheidung treffen zu können? Essenziell ist jeweils der theoretische Standpunkt, von dem aus ein kunstpädagogischer (Unterrichts-)Entwurf begründet wird. Und weitergedacht: von dem aus dem Fache selbst gegenüber der Öffentlichkeit legitimiert wird. Geht die Begründung von der Bedeutung des Bildes für die Bildung aus (Bildorientierung)? Basiert die Legitimation auf dem erweiterten Kunstbegriff und beruft sich auf Ideen der Lebenskunst (Künstlerische Bildung)? Steht zu Beginn der kunstpädagogischen und -didaktischen Überlegungen der Bezug zur Biografie und Subjektivität der einzelnen Schülerin, des Schülers im Mittelpunkt? Und wird hierbei die bildnerische Auseinandersetzung –künstlerisch-ästhetischen Strategien gleich – als eine forschende Annäherung an das biografisch Relevante betrachtet (Biografieorientierung, Ästhetische Forschung)?

3 Kunstpädagogik – im Kontext eines pluralen Fachverständnisses

3.1 Kompensatorische und therapeutische Bedeutungen ästhetisch-bildnerischer Praxis

Eine wichtige Bestimmung für die Kunstpädagogik liegt in der Berufung auf deren ausgleichende Wirkungen in Bezug auf gesellschaftliche Defizite. Fachhistorisch wurde beispielsweise bildnerische Praxis innerhalb der »Musischen Erziehung« in den Fünfziger- und Sechzigerjahren des 20. Jahrhunderts dadurch legitimiert, dass Kunst ein kompensatorisches Gegengewicht zum technik- und kognitiv orientierten Leistungsdenken in anderen, vornehmlich den mathematisch-naturwissenschaftlichen Schulfächern bilde (▶ Kap. 2.7). Dieser Begründungsstrang für Kunstpädagogik ist gesellschaftlich immer noch weit verbreitet, er wird als Erholung und Entspannung missverstanden, und seine Wurzeln lassen sich in die Fachgeschichte hinein bis zur Prinzenerziehung in der Renaissance verfolgen (▶ Kap. 2.1). Zugleich bedingt diese Begründung, dass Kunstunterricht jenseits der anderen Fächer situiert und hierdurch auch oft ›nicht ganz ernst genommen‹ wird, was nicht selten als Anlass für die Reduzierung von Unterrichtsstunden in der schulischen Stundentafel gilt.

Trotz dieser Gefahr kann eine kompensatorische Bedeutung ästhetisch-bildnerischer Praxis kaum ernsthaft bezweifelt werden (vgl. das Themenheft »Fördern« der Zeitschrift »Kunst+Unterricht« 307 308/2006). Die Frage wäre in einem zweiten Schritt nur, wie hiermit legitimatorisch oder bildungspolitisch umzugehen ist. Zunächst soll die kompensatorische Funktion anhand der drei Gegenstandsbereiche ›Materialerfahrun-

3.1 Kompensatorische und therapeutische Bedeutungen

gen‹, ›Prozesse der Selbst- und Weltwahrnehmung sowie -darstellung‹ und ›Bildende Kunst‹ differenzierter dargestellt werden, bevor abschließend knapp auf das Thema der Inklusion eingegangen wird.

Materialerfahrungen

Der den Kunstunterricht auszeichnende Kontakt zu den unterschiedlichsten Materialien ermöglicht immer wieder Materialerfahrungen, die durchaus die Qualität der Anregung von ästhetischen Erfahrungen (▶ Kap. 1.3) enthalten können. Matschen, Sudeln, Kritzeln, Fingerpainting (▶ Abb. 14), Schmieren mit Kleister, aber auch das Behauen von Stein oder das Bearbeiten splitternden Holzes sind bildnerische Verfahren und Handlungsformen, die Materialien im sensomotorischen Tun tastend erlebbar machen (Peez 2015a, S. 36f.). Für viele Kinder in unserer Gesellschaft bleiben diese Handlungsweisen aber weitgehend ausgeklammert; die Kleidung könnte schmutzig, der Teppichboden könnte bekleckert werden. Solche Materialerfahrungen sind in kompensatorischer Hinsicht hier zunächst als ein Ausgleich und eine Entlastung für gesellschaftlich erzeugte Defizite anzusehen (Wichelhaus 2009). Denn in der Medienkultur geht es seltener um Tastwahrnehmungen mit verschiedenen Materialien als um visuelle Wahrnehmungen. Haptische Anteile (Anteile des Tastens) sind auf dem berührungssensitiven Touchscreen von Tablet-Computer oder Smartphone oft nur noch minimal auf die Fingerspitzen beschränkt. Die glatten Oberflächen des Touchscreens, der ›Mouse‹ oder des ›Joysticks‹ dienen als ›Gleitmedium‹ in die virtuelle 3-D-Welt von teils hochkomplexen Materialstrukturen, verbunden mit raffinierten Licht- und Schatteneffekten (Zumbansen 2008), die allerdings nur visuell wahrnehmbar sind. So genannte ›regressive Verfahren‹, also Verfahren, die in bestimmten kindlichen Entwicklungsphasen nicht genug ausgelebt und deshalb später nachgeholt werden müssen, haben in der Kunstpädagogik ihren Platz. Sie enthalten das bewusste Paradoxon des voranschreitenden Zurückschreitens. Diese triebdynamischen, emotionalen, sinnlichen und oft als lustvoll erlebten Erfahrungen sind – hierüber ist sich die Entwicklungspsychologie einig – die Basisfunktionen für den Aufbau von höher strukturierten Wahrnehmungs- und Erkenntnisprozessen (Wichelhaus 1995, S. 35f.; Seidel 2007, S. 24ff.; Rosenkötter 2012, S. 81ff.), wie z. B. der Sprachentwicklung. Zugleich wird bei Kindern, Jugendlichen und auch bei Erwachsenen ein »ganzheitliches Erleben« (Wichelhaus 1995, S. 35f.) in Bezug auf mehrere gleichzeitige Sinneserfahrungen im Umgang mit Materialien gefördert; man spricht hier auch von polyästhetischen Sinneserfahrungen. Werden solche Verfahren im Kunstunterricht eingesetzt, dann mit der Absicht, dass emotionale Befindlichkeiten erzeugt werden sowie dass an verdrängte und verschüttete Bedürfnisse angeknüpft wird. Im Ausagieren solcher verdrängter Bedürfnisse – so die Hoffnung – kann dann eine labile Verhaltensbasis stabilisiert werden. Die Kinder werden insgesamt gestärkt, weil eben Entwicklungsdefizite kompensiert wurden (Peez 2015a, S. 139ff.).

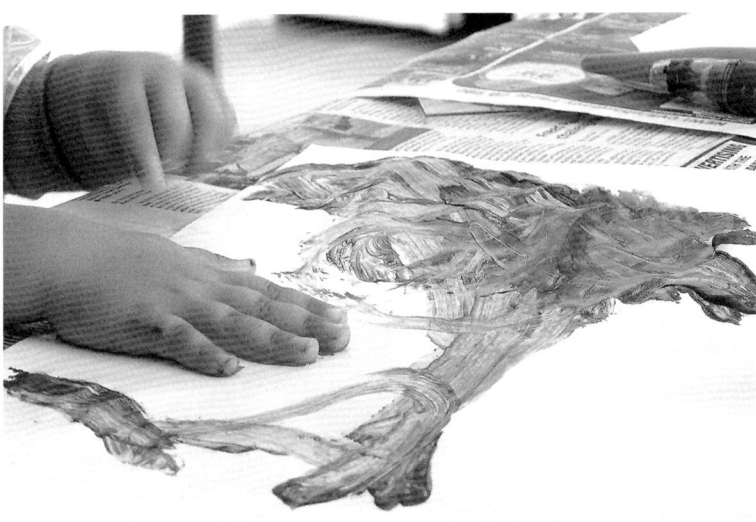

Abb. 14: Sudeln im Farbmaterial als unmittelbar ästhetische Materialerkundung kann die Grundlage für wichtige bildnerische Gestaltungserfahrungen sein (Foto: Georg Peez).

Auch in der zeitgenössischen Kunst ist einerseits die Tendenz zur Immaterialität festzustellen, beispielsweise im Bereich der computergenerierten Bildkunst oder der Kunst im Internet. Kunstproduktion und -rezeption kommen hier weitgehend ohne Materialerfahrungen aus. Gegenläufig entwickeln sich Kunststile und es werden Kunstwerke geschaffen, die die Präsenz von Materialien zu einem Hauptthema ihrer Arbeiten machen. Im skulpturalen Bereich erfuhr beispielsweise das Material Blei eine Renaissance. Als legendär und exemplarisch können in diesem Kontext schon die Fettecke oder der Fettstuhl von Joseph Beuys gelten, selbstverständlich auch die Naturmaterialien in der Land-Art. Diese Formen verstärkter Präsenz von Materialien in der aktuellen Kunst sind Indizien für eine Neubewertung authentischer physischer Materialqualitäten, die im kulturellen Gesamtkontext durchaus auch von kompensatorischen Beweggründen motiviert sind.

Prozesse der Selbst- und Weltwahrnehmung sowie Selbst- und Weltdarstellung

Ein zweiter Bereich der kompensatorischen Bedeutung ästhetisch-bildnerischer Praxis bezieht sich auf die individuelle Persönlichkeit, auf die Prozesse der Selbstwahrnehmung und Selbstdarstellung. Statt eine abbildhafte äußerliche Ähnlichkeit anzustreben, malen sich beispielsweise Kinder in ›Selbstporträts‹ expressiv und ausdrucksstark oder phantastisch-utopisch. Hierbei werden dann Anteile gefördert, die eine innere Selbstwahrnehmung ermöglichen und die solche Prozesse sowohl für andere Menschen als auch für das Kind selbst in einem bildnerischen Produkt manifest und mitteilsam machen. Das kann eine spontane Entlastung und Erleichterung bedingen, da Aspekte ›innerer Bilder‹ in Objekte überführt werden. Weil dieses bildnerische Objekt greifbar ist, besteht die Chance, dass die inneren, psychischen Anteile nun auch ein Stück weit ›begreifbarer‹ werden. Die Öffnung nach außen zur Mitwelt ist hierin enthalten, denn die Kommunikation über die Selbstdarstellung ist anhand des Objekts möglich; wie etwa im Werk von Christine und Irene Hohenbüchler (▶ Kap. 1.1). Kunstpädagogik kann diese Prozesse – freilich behutsam – unterstützen. Die Kunst- und Heilpädagogin sowie Kunsttherapeutin Barbara Wichelhaus spricht von »Selbstthematisierung«: »Über die ästhetische Darstellung soll eine spezifische

Form des ›Ich-Erlebens‹ vermittelt, ein Selbstkonzept aufgebaut werden, das zur Identitätsfindung und -entwicklung führt« (Wichelhaus 1995, S. 36). Über die direkte biografische Selbstthematisierung hinaus (▶ Kap. 2.16) fließen in bildnerische Tätigkeiten u. a. Erfahrungen, persönliche Befindlichkeiten, kulturelle und gesellschaftliche Normen, auch psychische Probleme und Schwierigkeiten ein, die durch bildnerische Praxis strukturiert und geklärt werden können, sodass man über das selbstgestaltete Werk und dessen Inhalte sowie über die spezifischen bildnerischen Tätigkeitsvollzüge in eine neue Beziehung zur Umwelt und zu sich selbst treten kann (Stielow 1977, S. 184). Deutlich wird, dass eine ganze Palette von unterschiedlichen kompensatorischen Wirkungen eine Rolle spielt, auf die in diesem Kontext nur in Hinblick auf weiterführende Literatur verwiesen werden kann (Kirchner/Kirschenmann/ Miller 2010, S. 253ff.; Limper 2013, S. 57ff.). Beschränkte Ausdrucksmittel können durch nonverbale, bildnerische Mittel erweitert werden. Bildnerische Prozesse können zur Konfliktlösung und zur Entwicklung neuer Bewältigungsmodi dienen. Stereotype Verhaltensweisen werden durch bildnerische Praxis wieder flexibler, weil Erfahrungen durch bildnerische Auseinandersetzung neu strukturiert werden. So können Beziehungen zwischen Erfahrungen hergestellt werden, ohne dass gleich eine eventuell sehr schmerzhafte verbale Interaktion und Deutung bestimmter konfliktreicher Erfahrungen geleistet werden muss. Die Form des bildnerischen Ausdrucks entgeht der rationalen Kontrolle leichter. Bildnerische Praxis ermöglicht den Abbau von starrem, die eigene Persönlichkeit einschränkendem Rollenverhalten; sie ermöglicht das Ausleben von Wünschen, Emotionen, Fantasien, auch Aggressionen und kann somit als Ventil zur psychischen Spannungsregulation, als »Gegenpol zu funktionalisierten Leistungssystemen« (Schottenloher 1983, S. 8) entdeckt werden. Bildnerische Prozesse und Produkte können insofern das Selbstwertgefühl heben, als auf diese Weise Tätige über gewisse bildnerische Fähigkeiten verfügen, die gesteigert, erweitert und ausgebaut werden können. Kann zum einen ein bildnerisches Produkt als Mittel dienen, einen ›Kontakt‹, eine Brücke zu Mitmenschen herzustellen – wie oben dargelegt –, so kann es zum anderen aber auch gegenteilig genutzt werden, um sich mit dem eigenen Objekt ›zu verbünden‹ und sich vor den Mitmenschen abzuschotten. Teile der eigenen Innenwelt werden im selbst geschaffenen Objekt Teil der neuen Außenwelt. In der Reflexion über solche als kompensatorisch zu verstehenden Prozesse wird vorher kaum Fassbares nun fassbarer, Distanz ist möglich.

Bildende Kunst

Laut der von Sigmund Freud begründeten Psychoanalyse wird unbewusstes psychisches Material abgewehrt und erst durch kulturelle, künstlerische bzw. bildnerische Produktion in eine sichtbare, gesellschaftlich höher bewertete, aber verschlüsselte Form überführt (Freud 1910, S. 104; Freud 1914, S. 60f.). Ein Verständnis von Kunst ist auf psychobiografischem Wege möglich, d.h., die Lebensgeschichte eines künstlerisch tätigen Menschen ist der zentrale Zugang zu seinen künstlerischen Werken. In seiner ersten umfassenden Arbeit zu diesem Themenkreis »Eine Kindheitserinnerung des Leonardo da Vinci« (Freud 1910) entwarf Freud eine psychoanalytische Rekonstruktion des Seelenlebens von Leonardo da Vinci ab seiner frühesten Kindheit sowie eine Theorie zur Entstehung von Homosexualität. Ziel dieser psychobiografischen Arbeit war die Aufdeckung bislang verdrängter Bewusstseinsinhalte. 1914 folgte die Studie »Der Moses des Michelangelo«. Beiden Studien wurde später vorgeworfen, Freud habe keineswegs objektivierende und distanzierte Analysen vorgelegt, sondern vor allem die Moses-Statue von Michelangelo habe Freud gewissermaßen als Fläche genutzt, auf die er seine eigenen Ängste und Wünsche projiziert habe (Kraft 1984, S. 20).

Sigmund Freud versuchte im Jahre 1915 die kompensatorische Wirkung von Kunstschaffen zu erklären, indem er den Künstler als einen »Introvertierten« benennt, der es nicht weit zur Neurose habe. »Er wird von überstarken Triebbedürfnissen gedrängt, möchte Ehre, Macht, Reichtum, Ruhm und die Liebe der Frauen erwerben; es fehlen ihm aber die Mittel, um diese Befriedigungen zu erreichen. Darum wendet er sich wie ein Unbefriedigter von der Wirklichkeit ab und überträgt all sein Interesse (...) auf die Wunschbildungen seines Phantasielebens, von denen aus der Weg zur Neurose führen könnte« (Freud 1915 nach

Kraft 1984, S. 21f.). Der Künstler besäße ferner das rätselhafte Vermögen, ein bestimmtes Material zu formen, bis es zum getreuen Ebenbilde seiner Phantasievorstellungen geworden sei. Daraufhin vermag er »an diese Darstellung seiner unbewussten Phantasie soviel Lustgewinn zu knüpfen, dass durch sie die Verdrängungen wenigstens zeitweilig überwogen und aufgehoben werden. Kann er das alles leisten, so ermöglicht er es den anderen, aus den eigenen unzugänglich gewordenen Lustquellen ihres Unbewußten wiederum Trost und Linderung zu schöpfen, gewinnt ihre Dankbarkeit und Bewunderung und hat nun – durch seine Phantasie – erreicht, was er vorerst nur in seiner Phantasie erreicht hatte: Ehre, Macht und Liebe der Frauen« (ebd.).

Zu der Frage nach den eigentlichen Ursachen menschlicher bildnerischer Gestaltungskraft dringt Freud mit dieser Begründung allerdings nicht vor. Diese Frage versuchte die Psychoanalyse nach Freud zu beantworten. Donald W. Winnicott entwickelte eine 1971 erstmals veröffentlichte Theorie über die Ursachen menschlicher Schöpferkraft, auf die in der Kunstpädagogik oft zurückgegriffen wird, u. a. weil sie an kunstpädagogische Themen und Handlungsbezüge anschließt (Mattenklott 2011). Ausdrücklich setzt Winnicott nicht an großen künstlerischen Leistungen an, sondern er bezieht sich bei der Öffnung des Fokus' auf Kreativität, auf Merkmale des Individuums in Bezug zu seiner Umwelt. Im Mittelpunkt steht hier die Erfahrung des Säuglings innerhalb der Mutter-Kind-Beziehung, auf welche Weise das Kind die zeitweise Trennung von seiner Mutter wahrnimmt und verarbeitet. Die schmerzliche Trennungserfahrung sublimiert, d. h. steigert und verfeinert, das Kind zwischen dem dritten und sechsten Lebensmonat durch einen Ersatz für die Nähe der Mutter, es schafft sich so genannte »Übergangsobjekte« (Winnicott 1984, S. 65). Solche typischen Übergangsobjekte sind der Teddybär oder der Zipfel einer Decke. Durch sie befähigt sich das Kind selbst und vermag hierdurch, langsam zur Symbolbildung (▶ Kap. 4.1) zu gelangen. Winnicott schrieb, er habe den Begriff Übergangsobjekt eingeführt, »um einen ›intermediären Raum‹ zu kennzeichnen, den Erlebnis- und Erfahrungsbereich, der zwischen dem Daumenlutschen und der Liebe zum Teddybär liegt, zwischen der oralen Autoerotik und der echten Objektbeziehung«. Denn »die Übergangsphänomene repräsentieren die frühen Stadien des Gebrauchs der Illusion, ohne den ein menschliches Wesen

3.1 Kompensatorische und therapeutische Bedeutungen

keinen Sinn in der Beziehung zu einem Objekt finden kann« (Winnicott 1984, S. 65, 67). Der Autor geht davon aus, dass diese Prozesse der Akzeptanz von Realität nie ganz abgeschlossen sind. Immer müssen wir innere und äußere Realität miteinander in Beziehung setzen. Wollen wir uns zumindest zeitweise von diesem Druck befreien, müssen wir wieder in diesen intermediären Erfahrungsbereich eintauchen, der auch gesellschaftlich akzeptiert ist. Ein solcher Bereich sei die Kunst.»Dieser intermediäre Bereich entwickelt sich direkt aus dem Spielbereich kleiner Kinder, die in ihr Spiel ›verloren‹ sind« (Winnicott 1984, S. 65, 67). Ein Kunstwerk – oder ein bildnerisch gestaltetes Werk – kann in diesem Sinne als ein Übergangsobjekt aufgefasst werden, das eng mit den Wünschen und Phantasien seiner Urheberin bzw. seines Urhebers verbunden ist. Mehr als gefundene Objekte sind somit selbst kreierte ästhetische Objekte dazu geeignet, diesen intermediären Raum entwerfen zu helfen. Dieser Umstand wird in der Kunsttherapie genutzt, um ›Ich-Stärke‹ aufzubauen und um die Psyche auf dem Weg über die Symbolbildung zu beeinflussen.

Kunstpädagogik enthält zwar therapeutische Momente – u. a. durch die kompensatorische Wirkung ästhetischer Praxis (s. oben) –, und umgekehrt enthält Therapie pädagogische Elemente. Aber Kunstpädagogik ist nicht Kunsttherapie (zur Kunsttherapie vgl. Menzen [5]2021). Eine definitive Grenzziehung zwischen Therapie und Pädagogik scheint nicht möglich. Solche Unterscheidungen hängen immer von zu vielen Variablen ab. Eine durchaus zutreffende Eingrenzung – freilich mit fließenden Übergängen – ist jedoch insofern möglich, als Therapie primär heilen, die Pädagogik erziehen bzw. zur Selbstbildung anregen will (▶ Kap. 2.12 und ▶ Kap. 2.13). Kunstunterrichtende können es nicht leisten, die individuellen Quellen möglicher Spannungen und Probleme aufzudecken, geschweige denn sie zu analysieren und aufzuheben, hierfür sind schon die Gruppen mit ca. 30 Schülerinnen und Schülern zu groß, und auch die Unterrichtszeit ist zu knapp. Aber sie können die ihnen anvertrauten Heranwachsenden im Sinne einer speziellen Förderung dabei unterstützen, möglichst selbstbestimmtes Erfahren und Wahrnehmen zu üben und sich Verhaltensweisen anzueignen, die ihnen helfen, diese Spannungen, Krisen und Probleme etwa in Prozessen der Selbst- und Weltwahrnehmung zu verarbeiten und zu bewältigen.

3 Kunstpädagogik – im Kontext eines pluralen Fachverständnisses

Dass die Berufung auf die kompensatorische Bedeutung bildnerischer Praxis zur Abschaffung des Kunstunterrichts in der Schule führen kann, davor warnten bereits diejenigen, die sich gegen Absichten des Heilens von Zivilisationsschäden durch ›Musische Erziehung‹ aussprachen (▶ Kap. 2.6 und ▶ Kap. 2.10). Solche Warnungen beziehen sich weniger auf die Skepsis gegen planbare Veränderungswirkungen, die von Kunstunterricht ausgehen könnten. Sondern ein wichtiges Argument ist, dass ein kompensatorisches Verständnis von Kunstpädagogik eine Auseinandersetzung mit allem jenseits der kompensatorischen Funktion verhindere. Produktive Auseinandersetzungen mit den digitalen Anteilen der heutigen und zukünftigen Lebenswelten von Jugendlichen oder der bildenden Kunst lassen sich auf der Basis von Kompensation nicht führen (Maset 1995, S. 18), denn diese virtuellen Anteile werden hier grundsätzlich als negativ, weil als auszugleichen verstanden. Eine solche Kritik an den kompensatorischen Anteilen der Kunstpädagogik verengt den Blick jedoch auf den Bereich der Materialerfahrungen. Wer allerdings beispielsweise die Aspekte der Selbstdarstellungen im Blick hat, für den läuft die Kritik ins Leere, da solche Darstellungen mit kompensatorischen Wirkungen durchaus mittels digitaler Medien sowie crossmedial zu gestalten sind (Dropczynski u. a. 2014; Loffredo 2014).

Im Zuge der Behindertenrechtskonvention der Vereinten Nationen – im Jahr 2009 in Deutschland in Kraft getreten – stehen Schulen vor der Herausforderung, Kinder u. a. mit »sonderpädagogischem Förderbedarf« aufzunehmen. Denn die Teilhabe an Bildung und Kultur ist schließlich ein Menschenrecht. Heterogenität (Verschiedenheit in einem nicht-hierarchischen Sinne) und Diversität (Vielfalt) sind Kennzeichen jeder Schulklasse. Handicaps oder Beeinträchtigungen, so genannte Teilleistungsschwächen sowie Geschlecht, Alter, Temperament, kulturelle, soziale oder religiöse Herkunft und hiermit einhergehende Werte, Normen und Verhaltensweisen gelten somit auch als Voraussetzungen für den Kunstunterricht. ›Anderssein‹ ist also ›normal‹. Erst in den letzten Jahren nahm sich die Kunstdidaktik der Inklusion verstärkt an. Theoriediskurse werden aufgegriffen, Unterrichtsmodelle entworfen und umgesetzt (Loffredo 2016; Engels 2017; Blohm u. a. 2017; Hornäk u. a. 2019; Reihe »#Diversität« in »Kunst+Unterricht« ab 2018). Hierbei geht es um die Weiterentwicklung einer der Diversität zugewandten Kunstpädagogik, oft unter einer grundsätzlichen diskriminierungskritischen Perspektive.

3.2 Kunstlehren und ihr Einfluss auf das kunstpädagogische Engagement von Kunstschaffenden

Kunstschaffende erläutern häufig ihre Kunstwerke, beispielsweise in Interviews, sie lehren Kunst oder sie entwickelten Kunstlehren. In Kunstlehren ging man in aller Regel bis etwa zum Ende des 18. Jahrhunderts davon aus, dass die Lehre der Handhabung der künstlerischen Mittel zugleich das Erlernen des spezifisch Künstlerischen automatisch beinhalte. Denn wer mit künstlerischen Materialien wie Ölfarbe oder Marmor gestaltend umging, war meist ganz selbstverständlich zugleich künstlerisch tätig. Bestimmend war das didaktische Prinzip des Vormachens und Nachmachens (▶ Kap. 6.1). Herausforderung heutiger Lehren, die von Kunstschaffenden entwickelt und vertreten werden, ist, dass prinzipiell mit allen Materialien Kunst gemacht werden kann und dass andererseits mit einstmals ›künstlerischen‹ Materialien, die heute beispielsweise im Versandkatalog für alle Bevölkerungskreise angeboten werden, auch viele Objekte erstellt werden können, die nicht automatisch Kunst sind. Es gibt also keine künstlerischen Mittel an sich mehr, sondern nur noch bildnerische (▶ Kap. 4).

Eine meist vage Idee, eine konzeptionelle Aussage steht am Anfang des künstlerischen Prozesses, für die dann die adäquaten bildnerischen Erarbeitungs- und Ausdrucksmittel erkundet werden. Aus diesem Grunde enthalten zeitgenössische Kunstlehren kaum oder gar keine handwerklich-technischen Anleitungen, praxisorientierten Erfahrungsberichte, Kniffs und Tricks, wie einstmals die Lehren von Leonardo da Vinci (▶ Kap. 6.1) oder Albrecht Dürer, sondern sie sind vorwiegend »Theoriearbeit« (Lehnerer 1994, S. 7). Denn »was nicht selbstverständlich ist, bedarf im Umgang der Klärung. Theoriearbeit gehört daher zur künstlerischen Arbeit. Wo der Künstler in seiner Arbeit keine allgemeinverbindliche Rückbindung, keine ›Religion‹ mehr hat, da muss er versuchen, sie – durch Selbstdenken – neu zu schaffen« (ebd.), so der Künstler und Kunstpädagoge Thomas Lehnerer. Erkennt man diese Umstände an, dann ergibt sich aber hieraus die Problematik, dass das Künstlerische, das, was die Kunst zur Kunst macht, durch ›Theoriearbeit‹ zu vermitteln wäre; was wiederum voraussetzt, dass es hierfür erfassbar, lehr- und erlernbar sein muss. Doch gilt zugleich in der Kunstpädagogik als weitgehend anerkannt, dass Vermittlung nicht mehr selbstverständlich als eine der Kunst angemessene Kategorie angesehen werden kann, weil der Inhalt möglicher Kunstvermittlung nicht reflexiv verfügbar ist (▶ Kap. 1.2 und ▶ Kap. 4.3). Wodurch die Frage virulent wird: Wie kann ich das Nicht-Vermittelbare an der Kunst vermitteln?

Die Künstler, von denen zwischen 1919 und 1933 Lehren am »Bauhaus« in Weimar und Dessau (▶ Kap. 2.5) entwickelt und unterrichtet wurden, verfuhren meist zweigleisig: Auf der einen Seite stand jeweils ihr eigenes künstlerisches Werk, auf der anderen Seite stand die Lehre, die früher oder später in eine Buchveröffentlichung mündete (s. nächster Absatz). Joseph Beuys nahm seit den Sechzigerjahren des 20. Jahrhunderts die oben umrissene Herausforderung in der Weise innovativ an, indem er seine Lehrbemühungen als künstlerische Tätigkeit in sein Lebenswerk integrierte. Kunstpraxis und Kunstlehre sind bei ihm nicht zu trennen. Die Lehre wird ästhetisiert (▶ Kap. 2.13).

Die Auffassung, dass Kunstrezeption sowie Kunstpraxis Impulse beinhalten, die Bildung, d. h. Selbstbildung, in allen Menschen anregen, teilweise initiieren können, entspricht einer langen abendländischen Tradition. Bekanntermaßen entwickelten im vergangenen Jahrhundert viele bildende Künstler Lehren, mit denen sie Kunst und Pädagogik zu verbinden versuchten; besonders am Bauhaus, z. B. Paul Klee: »Pädagogisches Skizzenbuch«, 1925; Wassily Kandinsky: »Punkt und Linie zur Fläche«, 1926; Johannes Itten: »Mein Vorkurs am Bauhaus«, 1963; Josef Albers: »Interaction of Colour. Grundlegung einer Didaktik des Sehens«, 1970. Auch Max Burchartz: »Gestaltungslehre«, 1953, und Willi Baumeister: »Das Unbekannte in der Kunst«, 1947, stehen in der Bauhaustradition. Zweifellos hatte der Bauhaus-Gründer Walter Gropius Erziehungsabsichten, die sich in die beiden Ansprüche einer Ge-

3.2 Kunstlehren und ihr Einfluss

sellschaftsreform und einer Individualerziehung gliedern lassen, welche in ihrem Gelingen in der Weise voneinander abhängig waren, dass die Erziehung des Individuums den Ausgangspunkt bildete (Wünsche 1990, S. 50f.).

Theorieansprüche und Lehrpraxis klaffen allerdings in vielen dieser Lehren auseinander, z. B. im Formulieren von Gestaltungsaufgaben. Der Erziehungswissenschaftler Konrad Wünsche unternahm den Versuch, etwa die Lehre Wassily Kandinskys zu überprüfen, und zwar auf deren inhaltliche Übereinstimmung der theoretischen Aussagen – für die er Stringenz fordert – mit den Praxisanregungen. Doch ein solcher Versuch muss scheitern. Will man eine durchgehende Logik in Kandinskys Aussagen und Maßnahmen bringen, so findet man »sich in einem Dschungel aus ›rational‹ und ›irrational‹ empfundenen Äußerungen« wieder, »von denen man am Ende nicht einmal sagen konnte, ob sie ganz ernst gemeint gewesen waren« (Wünsche 1990, S. 55). Lehren am Bauhaus sind neben ihrer individualistischen Ausprägung u. a. von esoterischen, mystischen und theosophischen Elementen sowie Aspekten asiatischer Religionen durchzogen. Ohne die entsprechenden Zusatzinformationen, die auch Rainer K. Wick in seinem Standardwerk »Bauhaus-Pädagogik« nur selten gibt (Wick [4]1994), sind sie häufig in ihren Grundlegungen schwer verständlich.

In der Bundesrepublik Deutschland fanden 40 Jahre später weniger individuell, sondern stärker gesellschaftlich-politisch-institutionell geprägte Einflussversuche statt. Auf einem großen Kongress 1971 in der Frankfurter Paulskirche stellten sich die bildenden Künstlerinnen und Künstler die Aufgabe der »Erweiterung des pädagogischen Auftrags« und der »Mitwirkung an der Volksbildung« (Geschäftsführung des Kongresses der Künstler 1971, o. S.). Die Standesvertretung des Bundesverbandes Bildender Künstlerinnen und Künstler, BBK, fördert Verbindungen von Kunst, Pädagogik und Bildung. Bereits Ende der 70er Jahre des 20. Jahrhunderts zeigte eine Untersuchung des Instituts für Projektstudien in Hamburg zur Situation künstlerischer Berufe, dass in einigen, meist großstädtischen Regionen die Künstlerinnen und Künstler, die pädagogisch tätig waren, sich mit dieser kunstpädagogischen Tätigkeit »oft stärker identifizierten, als z. B. mit ihrer (…) Arbeit als Maler oder graphischer Künstler« (Wiesand 1978, S. 168, 186f.; vgl. Bundesregierung 1990, S. 20). Eine Verknüpfung künstlerischer mit pädagogischen Tätigkeiten durch Kunstschaffende wird kulturpolitisch als selbstverständlich angesehen; so z. B. in Modellprojekten des Bundesministeriums für Bildung und Forschung oder der »Mercator Stiftung«. Heutzutage ›unterrichten‹ immer häufiger Kunstschaffende in Schulen (▶ Kap. 5.1).

Die Aufgabe ästhetischer Erziehung und Bildung war für Joseph Beuys zentral und wird in seinen Werken, Reden und Schriften deutlich; etwa wenn er sagte, alles menschliche Wissen stamme aus der Kunst. Jede Fähigkeit stamme aus der Kunstfähigkeit des Menschen, das hieß für Beuys, kreativ tätig zu sein. »Der Wissenschaftsbegriff ist erst eine Abgabelung von dem allgemeinen Kreativen. Aus diesem Grunde muss man auch eine künstlerische Erziehung für den Menschen fordern« (Beuys 1975, S. 73). Vielen Aspekten im Beuys'schen Werk können bereits in den Sechzigerjahren des 20. Jahrhunderts erziehende Intentionen einer ästhetischen Vermittlung auf der Grundlage des Selbstbildungsgedankens zugesprochen werden. Und häufiger als auf irgendeinen anderen Künstler bezogen sich kunstpädagogisch Tätige in den letzten Jahren auf Joseph Beuys' ästhetisch-künstlerische Integration von Theorie und Praxis; ein Trend, der erst nach Beuys' Tod im Jahre 1986 einsetzte. Ziel von Beuys' Lehre war eine völlig neue Vorstellung von Kunst, die »soziale Plastik«, die er als Gesamtkunstwerk verstand, in dem »jeder Mensch ein Künstler ist« (Regel 2008, S. 251). »Und Künstler in seinem Sinne ist einer, der alles, was er tut, sei es praktische oder geistige Tätigkeit – gemessen an den wahren Grundbedürfnissen der Menschen heute –, sinnvoll tut und der das, was er hervorbringt, dabei in eine gestaltete Form zu bringen vermag« (ebd.). Hier ist die Theorie- und Handlungsabsicht zentral, aus dem künstlerischen Denken und Arbeiten kunstdidaktische Strukturen direkt abzuleiten (▶ Abb. 15). In dieses erweiterte Kunstverständnis fließt die Kunstpädagogik mit ein. Wie Kunstunterricht unter diesen Vorzeichen aussehen könnte, findet sich u. a. in den zwei Themenheften »Herausforderung Beuys« der Zeitschrift »Kunst+Unterricht« aus dem Jahre 1992. Zwar ist der weitgehend kompromisslose Transfer seiner teils anarchischen Ideen in der Schule (▶ Kap. 5.1) nur schwer zu leisten, aber dies war auch nie das Ziel. Stattdessen geht es darum, das Künstlerische im größtmöglichen,

3.2 Kunstlehren und ihr Einfluss

erweiterten Sinne als eine ganz bestimmte »Art zu sein«, als Lebensweise zu initiieren und hierdurch alle Menschen im Blick zu haben. Dies sollte sich auf die Ausbildung professionell Kunstschaffender auswirken, aber keineswegs auf diese Gruppe alleine. Mit anderen Worten: Der erweiterte Kunstbegriff hat auch die Kunstpädagogik verändert (▶ Kap. 2.13, ▶ Kap. 2.15 und ▶ Kap. 3.3).

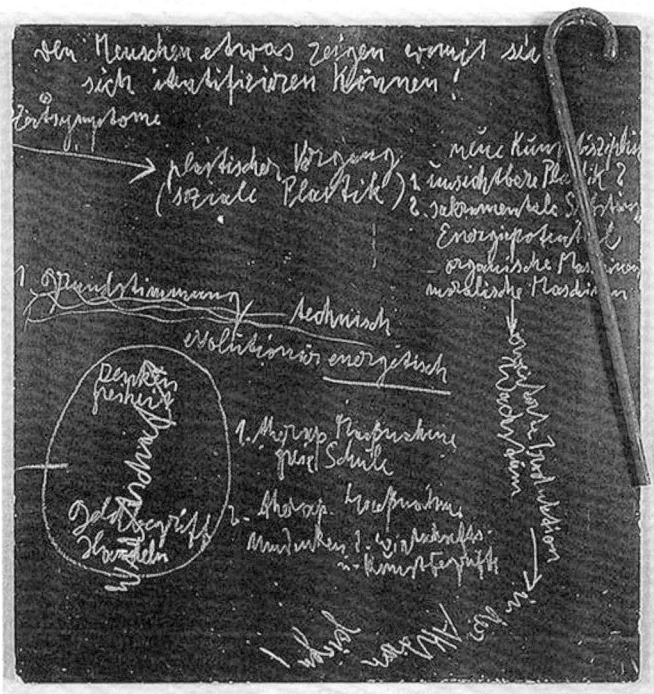

Abb. 15: Joseph Beuys (1921–1986): Aktion Dritter Weg II, 1978, Schiefertafel, Kreide, Spazierstock, 133 x 133 cm; Tafeltexte u. a.: »Den Menschen etwas zeigen womit sie sich identifizieren können!«, »Zeitsymptome plastischer Vorgang (soziale Plastik).« © VG Bild-Kunst, Bonn 2002

Der direkte Anregungscharakter von Künstlerlehren auf die Kunstpädagogik ist durchaus vorhanden, schon deshalb, weil viele Kunstpädagoginnen und Kunstpädagogen vor allem für den Gymnasialbereich an Hochschulen von Künstlerinnen und Künstlern mit ausgebildet werden (Peez 2009, S. 752ff.; ▶ Kap. 8.3). Zwischen den Polen der praktischen Nachahmung einerseits (▶ Kap. 6.1) und der Entwicklung von Theorien andererseits tut sich heute ein weites Feld von Möglichkeiten auf, das aus kunstpädagogischer Sicht nicht grundsätzlich einzugrenzen ist, sondern in dem pädagogisch-didaktische Grenzziehungen eigentlich nur situativ begründet vorgenommen werden können. Die Begründung dieser situativen Grenzziehungen bildet den Kern professioneller kunstpädagogischer Kompetenz. Kunstschaffende können es sich aus ihrem Kunstanspruch abgeleitet ›leisten‹, kategorisch und manchmal auch kompromisslos zu sein. Kunstpädagogisch Tätige hingegen sollten die von ihnen anzuerkennenden vielfältigen Ansprüche und Facetten der Adressatinnen und Adressaten – seien es Kinder, Jugendliche oder Erwachsene – situativ und zielgruppengerecht nutzen können.

3.3 Aspekte und Verfahren der Performance in der Kunstpädagogik

In der Kunst des 20. Jahrhunderts lassen sich vielfältige Entwicklungsstränge hin zu prozesshaften Verfahren und prozessorientierten Kategorien in Praxis und Theorie nachweisen; Beispiele hierfür werden u. a. in den Kapiteln 1.1, 3.2 und 7.1 dargestellt (▶ Kap. 1.1, ▶ Kap. 3.2 und ▶ Kap. 7.1). Zwar sind Prozess- und Produktorientierung gerade in der bildenden Kunst zwei Seiten ein und derselben Medaille – es lassen sich z. B. im Bereich des Kunstmarktes und der populären Ausstellungsevents stark produktorientierte Rezeptionsformen erkennen –, doch steht die Entwicklung der Kunst unter dem Eindruck eines sich verstärkt ausbildenden Prozessbewusstseins. Ein zweiter Trend ist das Crossover der Stile und Verfahren in der Kunst der Moderne, althergebrachte Grenzen – z. B. zwischen bildender Kunst, darstellender Kunst und Musik – werden eingeebnet (▶ Kap. 1.1, ▶ Kap. 2.13 und ▶ Kap. 3.2), Ausdrucksmedien

3.3 Aspekte und Verfahren der Performance in der Kunstpädagogik

werden kombiniert, der Kunstbegriff wird immer noch erweitert und erweist sich als überaus flexibel nutzbar und dehnbar.

Neben oder anstelle des Prozessbegriffs wird in kunstpädagogischen Diskussionen seit wenigen Jahren immer öfter von ›Performance‹ oder ›performativen Verfahren‹ gesprochen. Obwohl viele Autorinnen und Autoren themenimmanent eine Definition von ›Performance‹ scheuen, lässt sich eine begriffliche Eingrenzung treffen, dass performative Akte Handlungen sind, »die etwas in einer Situation ›vorführen‹, ›bewirken‹ und ›leisten‹, Handlungen, deren essentielle Wirklichkeit in ihrem hier und jetzt wirksamen Vollzug liegt (per-formare = durch-kneten, durchformen), Handlungen, die insofern ›unübersetzbar‹ in ein anderes Medium sind und auch nicht als Text oder Bild fixierbar sind, weil es gerade ihr wirklicher situativer Akt-Charakter ist, der ihr Wesen ausmacht« (Sowa 2000, S. 29). Performative Akte sind ferner mit der agierenden Person verbunden, sie sind wegen ihrer Authentizität keine schauspielerischen Darstellungen oder das Nachahmen einer Rolle.

›Performance‹ im engeren Sinne als körper- und aktionsbezogene Performancearbeit in kunstpädagogischen Kontexten und Tätigkeitsfeldern ausgelegt, hat das Ziel, die individuellen, konzeptbildenden Aktionsfähigkeiten der agierenden Person zu fördern und zu entwickeln, sich also im Gebrauch der Mittel der Performance-Art zu üben. Für die Zuschauenden einer Performance bedeutet dies im übertragenen Sinne, an diesen künstlerischen Verfahren teilzuhaben. Weit ausgelegt geht es bei ›performativen Verfahren‹ um das prozesshafte Ferment von ästhetischer Bildung ganz allgemein, denn performative Prozesse sind nicht die Vorstufe von kognitiven Abstraktionsleistungen, sondern ein Kern des Lernens überhaupt. Sie machen auf die produktiven ästhetischen Anteile von Lernprozessen aufmerksam und stellen alle routinierten Organisationsformen von Lernen auf die Probe, sie hinterfragen diese mit ästhetischen Mitteln. Ergebnis kann ein Ausleben des eigenen Selbst in Beziehung zur Mit- und Umwelt sein – kurz: Selbstbildung. Beispielhafte performative Ansätze in der Kunstpädagogik finden sich u. a. in den beiden Tagungsbänden zur »FrauenKunstPädagogik« (▶ Kap. 3.4) und in den Themenheften »Aktionskunst« (225/1998) und »Performance« (273/2003) der Zeitschrift »Kunst+Unterricht« sowie im Konzept der »Performativen Kreativität« (Seumel 2015).

Die Rede über ›Performance‹ nährt sich also aus zwei Quellen: zum einen aus der Kunst, aus der Aktionskunst, der »Performance-Art« als intermedialer künstlerischer Ausdrucksform zwischen gestisch-situativer Ereignishaftigkeit und inszeniertem Eventcharakter. Hierbei spielt vor allem Joseph Beuys eine nicht nur wegweisende, sondern häufig vorbildhafte Rolle (Lange 1999, S. 168; ▶ Kap. 2.13, ▶ Kap. 3.2). Zum anderen wird durch die Begrifflichkeit der ›performativen Verfahren‹ ein allgemeines (Lebens-) Prinzip betont. Beispielhaft für diese offene Verwendung sind die Aussagen von Gunter Otto aus einem seiner letzten veröffentlichten Texte, dass wir auf den performativen Aspekt immer dann treffen, »wenn Handlungen und Situationen nicht oder nicht nur vom Produkt, Objekt oder Ergebnis her thematisiert werden, sondern als Prozesse ihrer Entstehung und Wirkung« (Otto 1999, S. 197). Otto – selbst stark pädagogisch-didaktisch geprägt – zieht Verbindungen zu »Formen performativen Lernens« (ebd.) und zu einer entsprechenden pädagogischen Einstellung: Die Präsentation von Unterrichtsinhalten nach der performativen Sichtweise ziele nicht auf die »Ansammlung von Wissen« (ebd.), sondern auf die »Auslösung von Erfahrungsprozessen sowohl des Lehrenden wie des Lernenden« (ebd.) (▶ Kap. 1.3). Das Gespräch »mit den Schülern und Schülerinnen über deren Gefühle und Befindlichkeit« sei hier »richtiger«, »als vorschnell das Objekt zu deuten« (ebd., S. 200). Im Zuge des performativen Ansatzes scheint Otto seine zentralen Auffassungen (▶ Kap. 2.12) zu revidieren bzw. zu relativieren. Marie-Luise Lange zeigt Bezüge zwischen ›Performance‹ und Kunstpädagogik insofern auf, als sie sich nicht wie Otto primär auf die Pädagogik, sondern vor allem auf die ästhetischen Praxen der Jugendkulturen (Richard/Krüger 2010) bezieht, anhand deren Analyse sie performative Aspekte herausarbeitet (z. B. im ästhetisch inszenierten Körperausdruck) (Lange 1998, S. 177ff.), die u. a. stark von den Ver- und Entschlüsselungen medialer Zeichen und Codes geprägt sind.

3.4 Kunstpädagogik und die Genderthematik

Über 80 Prozent der Studierenden im Fach sind Frauen. Kunstvermittlung und Kunstpädagogik sind ›Frauenberufe‹ (Mörsch u. a. 2009). Die Diskussion um die weiblichen Anteile der Kunstpädagogik wurde bundesweit zwischen 1990 und 2003 auf ca. im zwei- bis dreijährigen Intervall stattfindenden »FrauenKunstPädagogik-Tagungen« geführt. Frauen verschafften sich hiermit in der (veröffentlichten) Fachdiskussion, die immer noch zu größeren Anteilen von Männern dominiert wird, verstärkt Gehör. Eines ihrer wichtigsten Foren waren diese Tagungen sowie die hierzu gehörenden Buchpublikationen (Staudte/Vogt 1991; Richter/Sievert-Staudte 1998; Ziesche/Marr 2000).

Bei dem Versuch, sich als männlicher Autor zu diesem Thema zu äußern, stellt sich unmittelbar Befangenheit und auch Betroffenheit ein. Es werden mir die Anteile der Genderbezüge ›meines‹ Faches deutlich. Über meine Eindrücke zur ersten FrauenKunstPädagogik-Tagung schrieb ich vor 30 Jahren: »Auf der Tagung wurde mir erschreckend bewusst, dass gerade Männer wie ich, welche mit den rigiden gesellschaftlich erwarteten Männerrollen nicht zurechtkommen und diese ablehnen (also vielleicht auch deswegen Kunstpädagogik studieren), dann in der Minderheit gegenüber Frauen viele männliche Verhaltensmuster wieder einnehmen« (Peez 1991, S. 317); z. B. in der Konkurrenz zu Frauen in Bezug auf berufliche Karrieren oder in der Tendenz, sich mit seiner Meinung laut Gehör verschaffen zu wollen. Trotz dieser Befangenheit sollen im Folgenden wesentliche Strömungen zur Diskussion um die Genderfrage in der Kunstpädagogik dargestellt werden. Hierbei kommen viele wichtige Themen nicht zu Wort, wie beispielsweise das kritische Hinterfragen der Koedukation im Bereich der kulturellen Bildung und im Kunstunterricht. Vielmehr werden vorzugsweise solche Themen erörtert, die dem Schwerpunkt dieser Einführung gemäß das Spannungsfeld zwischen Pädagogik und Kunst behandeln.

Bezogen auf die Auseinandersetzung mit Kunst innerhalb der Pädagogik werden im Folgenden fünf zeitlich nacheinander liegende Strömungen differenziert. Im Zentrum des Interesses steht die Frage: Wie werden welche Kunstformen unter genderspezifischen Aspekten vermittelt? Kunst wurde vor allem in den 70er und 80er Jahren des 20. Jahrhunderts nach biografischen und geschlechtssozialisatorischen Aspekten neu betrachtet, was zu revidierten Einsichten gegenüber Kunstschaffenden führte.

(1) In den 1970er Jahren stand zunächst die (Wieder-)Entdeckung von Künstlerinnen wie der italienischen Malerin Artemisia Gentileschi (1593–1653), der französischen Bildhauerin Camille Claudel (1864–1943) oder der Mexikanerin Frida Kahlo (1907–1954) im Vordergrund. In Museum oder Schule sollten Künstlerinnen und ihre Werke einem breiteren Publikum und den Heranwachsenden als bedeutend vermittelt werden. Denn die Kunstpädagogik orientierte sich lange Zeit mit großer Ausschließlichkeit an der Vorstellung vom ›Künstler‹ als einem weißen heterosexuellen Mann.

(2) In den 1980er Jahren wurden diese Künstlerinnen verstärkt als weibliche Identifikationsfiguren genutzt und kurze Zeit darauf nicht nur in den Massenmedien, sondern oft auch von Kunstpädagoginnen trivialisiert. Die Dominanz des biografischen Zugangs überlagerte häufig in den Darstellungen der sozial-empathisch eingestellten Vermittlerinnen die künstlerischen Leistungen. Ein anschauliches Beispiel einer emotionalen Auseinandersetzung mit Kunst unter geschlechtsspezifischem Blickwinkel bietet der Text »Wie brüchig sind unsere Helden? Gedanken zu Beckmanns Tagebüchern« (Hajnal-Neukäter 1991, S. 151ff.). Die Autorin Ildiko Hajnal-Neukäter analysierte kriegsverherrlichende Texte aus Max Beckmanns Tagebüchern, die er im Ersten Weltkrieg schrieb; eine beispielhafte Tagebuchstelle lautet: »Draußen das wunderbar großartige Geräusch der Schlacht. Ich ging hinaus durch Scharen verwundeter und maroder Soldaten, die vom Schlachtfeld kamen und hörte diese eigenartige schaurig großartige Musik. ... Ich möchte, ich könnte dieses Geräusch malen« (Beckmann 1914 nach Hajnal-Neukäter 1991, S. 152). Diese kriegsverherrlichenden Tendenzen kombiniert die Autorin mit dem biografischen Detail aus Beckmanns Leben, dass der Künstler seine Ehefrau Mathilde zwang, ihm und seinem Lebenswerk zu dienen und sich nicht selbst beruflich als Musikerin zu verwirklichen. Die Autorin bezeichnet Beckmann als den »Prototyp des Künstlers als gefühlloses, inhumanes Auge« (ebd., S. 152). Wie nahe Hass und Liebe mit ihren geschlechtlichen Anteilen beieinander liegen, wird in ihren Aussagen deut-

lich: »Ich hatte Beckmann geliebt, und nicht umsonst hatte ich in seinen Tagebüchern gestöbert.«»... er war ein genialer Maler, aber im Grunde genommen war er als Mensch ein Schwein« (ebd., S. 162ff.). Eine solche emotionale, undistanzierte und weitgehend unwissenschaftliche Auseinandersetzung mit Kunst geriet jedoch unter Kritik: »Biografisches Material«, so Ellen Spickernagel, werde »zum alleinigen Träger künstlerischer Form deklariert«. Das Ausschalten der historischen Bedingungen, die Fixierung auf die Persönlichkeit der Künstlerin bzw. des Künstlers, die »Trivialisierung« und »Lust an Stereotypen« (Spickernagel 2000, S. 47) wirft Spickernagel einer solchen ›geschlechtssensiblen‹ Kunstvermittlung vor.

(3) Innerhalb einer weiteren Strömung setzen sich Kunstpädagoginnen seit Ende der 1990er Jahre weniger mit historischer Kunst auseinander, sondern verstärkt mit zeitgenössischer Kunst von Frauen. Vor allem werden Künstlerinnen behandelt, die mit performativen und multimedialen Mitteln (▶ Kap. 3.3, ▶ Kap. 3.5) gestalten sowie Vermittlungsabsichten verfolgen; z. B. Pipilotti Rist, Rosemarie Trockel, Christine und Irene Hochenbüchler (▶ Kap. 1.1), Valie Export oder Marina Abramovic. Biografische Aspekte treten hinter die werkkritische Analyse und die Situierung der Kunst im kunsttheoretischen Diskurs zurück. Das Interesse an den Werken dieser Künstlerinnen wird häufig dadurch erregt, dass sich diese künstlerischen Ausdrucksformen – wie etwa die Performance (▶ Kap. 3.3) – noch in ihrer Etablierungsphase befinden, also meist von althergebrachten patriarchalischen Strukturen wenig geprägt sind. Eine inhaltliche Tendenz lässt sich in der ironischen Umspielung der Genderthematik erkennen und zwar besonders hinsichtlich der Einflüsse der Massenmedien auf die geschlechtspezifische Sozialisation (»Doing Gender«). Als exemplarisch für diese Aussagen kann ein Text von Hanne Seitz über die Schweizer Künstlerin Pipilotti Rist gelten, die Ausstellungsmacherin, Performancekünstlerin, Drehbuchautorin, Regisseurin, Produzentin, Musikerin, Technikerin und Darstellerin ihrer Filme sowie Redakteurin ist. Seitz knüpft Beziehungen zwischen Pipilotti Rists Werk und ihrer eigenen Situation als Kunstvermittlerin. Rists Werk handele nicht vom ›Schicksal der Frau‹, sondern von einer unhintergehbaren Differenz, die sich in der Opposition männlich/weiblich bereits eingespielt habe. Dieser Differenz zwischen den Geschlech-

tern komme exemplarische Bedeutung zu für andere Differenzen, wie Vernunft und Sinnlichkeit, Geist und Körper, Kultur und Natur, Theorie und Kunst oder Mann und Frau; stets schwinge sich das Eine auf Kosten des Anderen auf und verweigere dessen Anerkennung (Seitz 1998, S. 137). Kunstpädagogik dürfe solche Differenzen keinesfalls leugnen, was sie allzu häufig tue.»Die Tür zur Welt – mit der Ahnung der Differenz gerade erst geöffnet – ist verschlossen, der Blick verstellt« durch eine Kunstpädagogik, die ihren eigenen Mangel an einfachen Erklärungen durch die Leugnung von Differenzen zu verdecken versuche. Diese Problematik sieht Seitz »wie kaum jemals zuvor« durch Rist »ins Bild gesetzt« (ebd., S. 141).

(4) Der Konsens gemeinsamer, an der Genderfrage ausgerichteter Themen – wie Koedukation, Mädchenästhetik und Erwerbsarbeit nach der ›Mutterphase‹ – hielt in den 1990er Jahren, bis jüngere Kunstpädagoginnen ihre Zweifel äußerten, die die »Auflösung feministischer Fragen im ästhetischen Diskurs« (Peters 1996a, S. 5) auszumachen glaubten. Nach Maria Peters' Auffassung »gilt es, sich als Frau aktiv einzumischen in allen Gebieten der Kunstvermittlung, der Kunstpraxis und ihrer Wissenschaft. Die bis dato frauentypischen Themen wie Mädchenästhetik, Koedukation oder eine feministische Wissenschaft werden dabei in ihrer Aktualität abgelöst von geschlechterübergreifenden Problemen, eher sachorientierten Fragen oder einem grundsätzlichen Nachdenken über veränderte Theorie-Praxis-Konstellationen in Schule und Hochschule. (...) Postmoderne Identitäts- und Differenztheorien überlagern feministische Fragen« (ebd.). Auch wenn dieses Statement unmittelbar »Widerspruch« erregte und Peters die Benutzung von »Worthülsen« (»Kunst +Unterricht« 200/1996, S. 9) vorgeworfen wurde, so widmete sich die folgende FrauenKunstPädagogik-Tagung 1997 mit dem Motto »Kunst und Neue Medien im kunstpädagogischen Diskurs« vor allem Themenbereichen, die zunächst nicht unmittelbar Genderfragen betrafen.

(5) Die »Auflösung feministischer Fragen im ästhetischen Diskurs« ist inzwischen weit vorangeschritten, obwohl die Geschlechtsunterschiede in praktisch allen kunstpädagogischen Tätigkeitsbereichen durchaus noch genauso virulent sind. Zugleich wurde die bis dahin durch die Polarität zwischen ›männlich‹ und ›weiblich‹ geprägte Gender-Diskussion soziologisch und pädagogisch zunehmend erweitert: Vor allem Trans-

3.4 Kunstpädagogik und die Genderthematik

gender, Bisexualität und Aspekte aus der »Queer-Theorie« (lesbisch, schwul, bisexuell, transgender, intergeschlechtlich, genderdivers) machen deutlich, dass Rollen und Identitäten im Bereich ›Gender‹ jenseits der Normativität auch in der Kunstpädagogik zu berücksichtigen sind (Eßer 2016). Denn vielfältige »Spielräume für Geschlechterfragen« (Richthammer 2017) werden sowohl in den Medien als auch in der Kunst sichtbar. »Die Thematik der sexuellen Orientierung und der geschlechtlichen Körperidentität sind« jedoch »bislang gar nicht bis in die Kunstdidaktik vorgedrungen« (Eßer 2015, S. 87); man spricht von ›Geschlechtsblindheit‹. Eine anzustrebende »kunstpädagogische Genderkompetenz« (Richthammer 2017, S. 186) sollte dazu führen, die vorhandenen Spannungen vorläufig auszuhalten, die besagten Spielräume zu erkunden und diese produktiv auch im Kunstunterricht zu nutzen; etwa bei Projekten der performativen Selbstinszenierung, bei denen sich Klischees, geschlechtliche Identitäten und Vielfalt gestalten und reflektieren lassen. Unterrichtsbeispiele hierfür finden sich in der Beilage »Im Fokus« »Gender« von »Kunst+Unterricht« 429 430/2019.

Von staatlicher Seite (nicht zuletzt aufgrund eines Beschlusses des Bundesverfassungsgerichts aus dem Jahr 2017 und der Änderungen des Personenstandsgesetzes 2018) wird von einem offiziellen Eintrag des Geschlechts inzwischen meist ganz abgesehen. Seit vielen Jahren wird im Personalausweis keine Geschlechtszugehörigkeit mehr angegeben. Wie bereits schon Jahrzehnte vorher die Hautfarbe nicht mehr als Merkmal einer Person genannt wird, so geschieht dies inzwischen auch mit dem Geschlecht (egal ob männlich, weiblich oder divers bzw. inter). Hierdurch wird der Universalismus des Menschen jenseits des dualistisch determinierenden Geschlechts betont. Denn alle möglichen Merkmale sind quasi bereits mitgemeint, ohne dass sie als Element der Identität bei jedem einzelnen isoliert herauszustellen sind. Dieser rechtliche und gesellschaftliche Grad an Toleranz und Respekt ist auch für Kunst und Kunstunterricht ausschlaggebend.

3.5 Kunstpädagogik im Zeichen der digitalen Medien

Durch die Verbreitung neuer Technologien kann die Kunstpädagogik unmittelbar beeinflusst werden. Historisch zeigte sich dies im Zuge des Konzepts ›Visuelle Kommunikation‹ zu Beginn der Siebzigerjahre des 20. Jahrhunderts (▶ Kap. 2.10), als die damals ersten Videokameras und Videorecorder in den Kunstunterricht Einzug hielten. Fernsehen und Videotechnik waren die ›Neuen Medien‹, auch der Fotoapparat und die 8-mm-Schmalfilm-Kamera in Schülerinnen- und Schülerhänden gehörten hierzu. Heute bezeichnet man mit dem Schlagwort ›Neue Medien‹ den Computer und all die in ihn integrierte Hardware bzw. an ihn angeschlossenen Peripheriegeräte, inkl. z. B. Smartphones, Tablet-Computer, sowie die Programme, die die Aufnahme, Bearbeitung und Nutzung digitalisierter Informationen ermöglichen. Bilder, Texte, Töne, Skulpturen, virtuelle Objekte basieren auf digitalen elektronischen Codes; sie werden erst in ihrer Erscheinung durch die Ausgabe – etwa auf dem Monitor, dem Touchscreen, im Lautsprecher oder im 2-D- oder 3-D-Drucker – zu Bildern, Texten, Tönen, Skulpturen oder Bewegungen. Dadurch, dass die digitale Information sehr kompakt gespeichert und in großen Mengen global übertragen, abgerufen sowie verändert werden kann, sind alle Kommunikations- und Gestaltungsbereiche von Umwälzungen geprägt, deren Auswirkungen auf ein Fach, das sich auf visuelle Phänomene bezieht, zentral sind.

Betrachtet man die Spezifik digitaler Medien genauer, dann wird schnell deutlich, dass es sich hier nicht lediglich um Mittel oder Werkzeuge handelt, die sich etwa an die Funktionen althergebrachter Kommunikations-, Gestaltungs- und Wissensmedien – etwa an die Schreibmaschine, die Wandtafel oder den Deckfarbkasten – anlehnen. Die Digitalität eröffnet völlig andere Kommunikations-, Gestaltungs- und Wissensformen. Ein Beispiel für die Charakteristik des Digitalen ist der rezeptive und produktive, der intuitive und reflektierte Umgang mit Hypertext. Eine relativ neue Kulturtechnik wie Hypermedia, also die Verbindung zwischen Hypertext und Multimedia, verändert Wissensaneignung, Kommunikations- und Lernformen bis hin zu Denk- und

3.5 Kunstpädagogik im Zeichen der digitalen Medien

Handlungsprozessen, nicht zuletzt, weil sie durch die mobilen digitalen Medien immer und überall verfügbar ist. Sie ist deshalb kunstpädagogisch zu beachten und zu reflektieren, sie ist einsetzbar und nutzbar zu machen.

Glaubten viele Kunstlehrende in der Schule vor wenigen Jahren noch, die Entwicklung verlaufe so langsam, dass sie sie selber nicht mehr betreffe, so ist ihnen inzwischen – da beispielsweise alle Schulen an das Internet angeschlossen sind und die meisten weiterführenden Schulen interaktive Whiteboards besitzen – ihre Verpflichtung zur Erkundung des Digitalen einsichtig. Filmische Praxis im Kunstunterricht ist gar nicht mehr anders denkbar als digital. Zudem prägen die digitalen mobilen Medien die ästhetischen Erfahrungs- und Weltzugangsweisen der Schülerinnen und Schüler immer einschneidender (Krüger/Richard 2010; Loffredo 2010, 2014; Kirchner/Kirschenmann 2015; Camuka 2017) – eine Entwicklung, die durch die Corona-Pandemie ab 2020 noch verstärkt wurde.

Betrachtet man den Einsatz digitaler Medien aus Sicht der bildenden Kunst, dann wird ebenfalls deutlich, dass sich Kunstpädagogik mit diesem Phänomen beschäftigen muss, denn digitale Gestaltungsformen werden als ›Mixed Media‹ bereits vielfältig in der Gegenwartskunst genutzt. Nicht nur im Karlsruher ›Zentrum für Kunst und Medientechnologie‹ (https://www.zkm.de) sind Formen interaktiver Medieninstallationen kennen zu lernen, sondern inzwischen auch in fast allen Sammlungen und Ausstellungen zeitgenössischer Kunst. Angehörige der künstlerischen Avantgarde waren in der Moderne häufig bestrebt, die Integration von Kunst und Medien experimentell zu erforschen und sich an neuen medial-ästhetischen Ausdrucksformen und Wirklichkeitsaspekten zu versuchen. Der gesamte Bereich der künstlerischen Fotografie hat durch die Digitalisierung der Bilder massive Umwälzungen erfahren – ganz abgesehen vom neuen Genre der elektronischen visuellen Kunst im Zeichen der Erweiterung des Kunstbegriffs, wie sie etwa alljährlich auf der ›ars electronica‹ (https://www.aec.at) präsentiert wird. Das Genre ›Netzkunst‹ bzw. ›Internet Art‹ (z. B. https://www.rhizome.org) – inzwischen auch ›Post Internet Art‹ – ist entstanden; künstlerische Ausdrucksformen, die nur im Internet vorstellbar sind und funktionieren, in denen mit den Mitteln des Internets experimentiert wird

3 Kunstpädagogik – im Kontext eines pluralen Fachverständnisses

und die den intermediären Raum zwischen Realität und Virtualität oft interaktiv und auch subversiv ausloten, häufig um Wahrnehmungsgewohnheiten zu stören und zu hinterfragen (Burkhardt 2007, 2010). Ein weiterer Schritt ist die Integration von Augmented-Reality-Elementen in die Kunst, etwa unter dem Stichwort »Mixed Reality«, indem die physische Wirklichkeit um virtuelle Ebenen erweitert wird (»Kunst+Unterricht« 415 416/2017; 439 440/2020; Peez 2021).

Kennzeichen vieler kunstpädagogischer Veröffentlichungen zum Thema ist der Versuch, digitale Technologie, Medientheorie, Kunstwissenschaft, Fachdidaktik und die Dokumentation kunstpädagogischer Praxisprojekte miteinander zu verknüpfen. Einige der Ansätze beziehen sich in ihren Wurzeln auf die Spielpädagogik und die kulturelle Kinder- und Jugendarbeit (Zacharias 2010), andere setzen am schulischen Kunstunterricht an (Kirschenmann/Peez 2004; »Kunst+Unterricht« 415 416/2017; 439 440/2020). Wieder andere knüpfen vorwiegend an die ästhetiktheoretische Diskussion an (Maset 1999), oder sie basieren in ihren Ausführungen auf den spezifischen Merkmalen des hypertextuell strukturierten Mediums (Meyer u. a. 2010; Meyer/Kolb 2015). Ferner spielt der Ansatz in Bezug auf die digitale Kinderzeichnung eine wichtige Rolle in einem genuin kunstpädagogischen Forschungsfeld (Mohr 2005; Camuka/Peez 2017a; Meyer/Peez 2019) (▶ Kap. 7.4). Eine zentrale Stellung in diesem Prozess der innovativen und zugleich wissenschaftlich begleiteten Integration des Digitalen in die Kunstpädagogik kommt der immer häufigeren Nutzung von mobilen digitalen Medien wie Smartphones und Tablet-Computern zu. Das Smartphone ist nicht nur im Alltag von Jugendlichen allgegenwärtig, sondern für die nachwachsende Generation geschieht der prägende Erstkontakt mit Computern heutzutage über den Touchscreen, über die Nutzung von Apps, gepaart mit der Erfahrung einer ständigen Verbindung zum Internet. Die Herausforderungen, Risiken und Gefahren, aber auch die Chancen und sinnvollen Anknüpfungen an bisherige kunstdidaktische Konzepte werden derzeit erkundet (»Kunst+Unterricht« 415 416/2017; 439 440/2020; Camuka/Peez 2017a und 2017b).

3.5 Kunstpädagogik im Zeichen der digitalen Medien

Abb. 16: Im Kunstunterricht einer 10. Klasse erfolgen die Videobearbeitung und der Filmschnitt kooperativ mit dem Tablet-Computer (Foto: Georg Peez).

Viele Kunstpädagoginnen und Kunstpädagogen sahen ihr Fach lange Zeit als sinnlich-ästhetisches Refugium außerhalb des Technisch-Digitalen an und bauten zum großen Teil auf die auch kompensatorischen (▶ Kap. 3.1) Primärerfahrungen ›aus erster Hand‹. Doch ein Rückzug auf die Primärerfahrungen ließe vor allem die Heranwachsenden mit ihrer Faszination für Computer, Smartphone und Co. und die hiermit verbundenen Medienangebote alleine. Er würde kontraproduktiv wirken, weil er gerade jene Entwicklung ignoriert, auf die gestaltend Einfluss genommen werden könnte. Marc Fritzsche erläutert anschaulich die fachgeschichtliche Entwicklung der Integration digitaler Medien in die Kunstpädagogik (Fritzsche 2016, S. 28ff.).

In der schulischen Kunstunterrichtspraxis zeigen sich zwei pragmatische Schwerpunktsetzungen in den Bereichen »Werkzeug« und »Medium«: (1) Wird der Werkzeugcharakter des Computers und seiner digitalen Peripheriegeräte, wie Scanner, Drucker, Beamer, Digitalkamera oder werden Smartphone und Tablet in den Mittelpunkt gestellt, dann stehen Fragen der technischen Nutzung und unterrichtspraktischen Realisierung von Gestaltungsideen und -projekten im Vordergrund. (2)

Wird der Computer bzw. werden die digitalen Medien mit ihren spezifisch medialen Charakteristika fokussiert, dann stehen Reflexionen über das Medium als Medium im Blickpunkt; im Sinne des anerkannten Diktums, dass das Medium nicht nur die Botschaften verändert, sondern die Botschaft ist (Kirschenmann/Peez 2004; Fritzsche 2016, S. 28ff.). Das Spektrum des Faches erweitert sich, ohne dass zugleich bisherige Bereiche begründet ausgeblendet werden sollten. Wie allerdings ein solches Plädoyer für Vielfalt bei steter Reduktion der Unterrichtsstunden für das Schulfach ›Kunst‹ praktisch einzulösen ist, bleibt in der fachdidaktischen Diskussion weitgehend offen. Eine teilweise Verlagerung von Aufgaben in ganztags-, außer- und nachschulische Bereiche ist kaum zu umgehen (▶ Kap. 5.1 und ▶ Kap. 5.4). Sicher ist, dass sich die Anforderungen an die Kompetenzen der Kunstlehrenden im theoretischen und praktischen Umgang mit dem Digitalen weiter erhöhen. Auch wenn digitale Medien zukünftig keinesfalls in jeder Kunstunterrichtseinheit eingesetzt werden – weil im Kontext von Kunstunterricht ästhetische Erfahrung (▶ Kap. 1.3) und Wahrnehmung auf sehr unterschiedliche Weisen erkundet, eingeübt und geschult werden können –, so wird deren ›Hintergrundpräsenz‹ doch stets dominanter. Dies lässt sich etwa an der Erstellung und Nutzung von Tutorials ablesen (Bloß 2015; Kleynen 2020) oder auch an vielfältigen Formen des Unterrichtens, wie Homeschooling und Distanzunterricht, die sich pandemie-bedingt seit 2020 stärker durchsetzen (»Kunst+Unterricht« Beilagenheft »Herausforderung: Hybridunterricht« 447 448/2020; ▶ Kap. 5.1). Sehr viele größere Museen sind mit umfangreichen Vermittlungsangeboten im Internet vertreten (▶ Kap. 5.2). Deren speziell für Kinder und Jugendliche aufbereitete Online-Angebote bieten abwechslungsreiche Impulse.

Aus Sicht der Kunstpädagogik ist ein adäquater Arbeitsraum zu schaffen, in dem die digitalen Medien und ihre Rolle, die sie in fast allen visuell wahrnehmbaren und gestaltbaren Lebensbereichen spielen, in Bezug auf Kunstunterricht wenigstens vorläufig positioniert werden können. Wie ein solcher Raum – freilich mit den damals verfügbaren Medien – ganz praktisch aussehen kann, wurde in dem Modellversuch »Multisensueller Kunstunterricht unter Einbeziehung der Computertechnologie« (2000–2003) im Rahmen des einstigen Bund-Länder-Pro-

3.5 Kunstpädagogik im Zeichen der digitalen Medien

grammes »Kulturelle Bildung im Medienzeitalter« erkundet. Hier wurde etwa das Setting eines ›kunstpraktischen Werkraums im digitalen Zeitalter‹ erprobt, in dem Computerarbeitsplätze Arbeitsplätzen für materialbezogenes bildnerisches Arbeiten zugeordnet sind. Den Schnittstellen (»Interfaces«, Meyer 2002; Fritzsche 2016) – also den Verbindungen zwischen Computer und Peripheriegeräten – kam innerhalb dieses Modellprojekts eine große Bedeutung zu; Absicht war, sie in diesem Raumsetting produktiv, kreativ und innovativ zu nutzen (»Schnittstellen – Computer experimentell« in »Kunst+Unterricht« 262/2002). Dieser wichtige Grundgedanke gilt insbesondere auch für Konzepte, wie ›Crossover‹, ›Crossmedia‹, ›Mixed Media‹ (Loffredo 2010, 2015) oder ›Mixed Reality‹ (»Kunst+Unterricht« 439 440/2020). In der Primarstufe nutzt man ›interdisziplinäre Ansätze‹ (Limper 2013, S. 57ff.) und integriert die digitalen Medien ebenfalls (Grundschule Kunst 74/2019), um die Medienkompetenz zu fördern. Eine Vielfalt kunstpädagogischer Zugangsweisen bleibt hierdurch gewahrt.

Als ein zentrales und das Fach verbindendes Merkmal ist in Kapitel 1.3 neben der (Bild- und Medien-)Kompetenzorientierung der Bezug auf die ästhetische Erfahrung herausgearbeitet (▶ Kap. 1.3). Zielperspektive der Kunstpädagogik sowie im engeren Verständnis des Unterrichtsfaches ›Kunst‹ ist die Ausbildung und Erweiterung der ästhetischen Erfahrungsmöglichkeiten – rezeptiv und produktiv, unmittelbar sinnlich und reflexiv –, und zwar vornehmlich mit künstlerischen bzw. bildnerisch-visuellen Mitteln. Demgemäß müsste innerhalb kunstpädagogischer Forschung und Praxis vor allem empirisch überprüft werden, inwieweit ästhetische Erfahrungen am Computer bzw. mit den digitalen Medien möglich sind. Hinweise dafür gibt die kunstpädagogische Literatur: Ästhetische Erfahrungen im Umgang mit elektronischen (Bild-)Medien sind beobachtbar (Richard 1998, S. 33; Peez 2005; Camuka/Peez 2017a; Meyer/Peez 2019).

Welche spezifischen Möglichkeiten und Verfahren Digitalisierung, Mobile Learning und Augmented Reality jetzt und zukünftig für Kunstpädagoginnen und Kunstpädagogen zur Verfügung stellen, um die Gegenstandsbereiche der Kunstpädagogik vermitteln zu können, ist hiermit lediglich unter einigen Gesichtspunkten skizziert. Die didaktische Grundhaltung, mit der Kunstpädagogik an das Digitale herangehen sollte, ist eine fachspezifische (▶ Kap. 1 und ▶ Kap. 2), aufgeschlossene, häufig spielerische, subversive, kritisch-hinterfragende und durchaus eine gegenüber der Technik wie auch der Kunst experimentelle und ›respektlose‹ (Camuka 2017). Nicht zuletzt deshalb muss festgehalten werden, dass die digitalen Gestaltungsmöglichkeiten im kunstpädagogischen Diskurs schon seit Jahren kaum mehr isoliert behandelt, sondern in thematisch fokussierte Bildungs- und Gestaltungskontexte inhaltlich integriert werden.

3.6 Mapping/Kartierung

Die Kunstpädagogik nutzt in den letzten Jahren verstärkt Verfahren, die unter den meist synonym verwendeten Bezeichnungen »Mapping« und/ oder »Kartierung« diskutiert werden (»Kunst+Unterricht« 285 286/2004; Busse 2007; zur Differenzierung: Heil 2007, S. 107ff.). Mapping und Kartierung werden als Methoden der Erkenntnisgewinnung, Gestaltung und Präsentation sowohl in der Kunst als auch in den Wissenschaften angewandt. Zugleich ist Mapping im weitesten Sinne ein Verfahren, das im Alltag (Aufzeichnung von Ideen im Mindmap oder im Tagebuch; vgl. das Themenheft »Strukturbilder« der Zeitschrift »Kunst+Unterricht« 376/2013) wie auch als kreative Technik in der Pädagogik (Brainstorming oder Portfolio; vgl. das Themenheft »Portfolio« der Zeitschrift »Kunst+Unterricht« 379 380/2014) eine Rolle spielt. Der zentrale Punkt des Mappings ist die Visualisierung von assoziativen Bezügen zwischen unterschiedlichsten Phänomenen – etwa Sachverhalten, Gedanken, Orten, Zitaten, Bildern – mit der Hoffnung, dass sich im Kartieren selbst diese Bezüge klären bzw. eine greifbare neue Form erhalten (▶ Abb. 15). Das Ergebnis eines solchen Mapping-Prozesses nennen manche u. a.»Atlas«. Im herkömmlichen Atlas wird die Welt mittels Landkarten dargestellt. Bei dieser Darstellung finden Transformationen der Weltaspekte statt, Reduzierungen und Veränderungen. Das, was wir beim Durchblättern in einem solchen Atlas sehen, ist selbstverständlich nicht die Welt an sich. Und doch ›erkennen‹ wir die Welt anhand dieser Karten wieder, Wichtiges wird uns beim Betrachten klarer.

Viele Künstlerinnen und Künstler kartieren gegenwärtig, etwa mittels Fotografie, in der Landart, in Raum-Installationen, bei Formen der intermedialen Spurensuche, in der Performance-Art (▶ Kap. 3.3) oder beim Erstellen von Hypermedia-Strukturen im Internet (▶ Kap. 3.5).

Aber auch Kindern ist das Mapping keinesfalls fremd. Jedes Kind hat alle möglichen kleineren oder größeren Sammlungen, z. b. von Stickern, Spielzeugautos, Dinos, Stofftieren, aber auch von besonderen Steinen, Muscheln, Schneckenhäusern und Kuriositäten. Kinder ordnen ihre Sammlungen auf dem Regal, in der Zimmerecke, im Album immer wieder neu. Dies klärt die Bedeutung der meist emotional besetzten Dinge, deren Verhältnis zueinander und auch die eigenen Beziehungen zu diesen (Duncker/Hahn/Heyd 2014).

In den Wissenschaften werden ebenfalls Methoden des Kartierens verwendet. Für die Geografie liegt dies auf der Hand. Und jedes Museum ist eigentlich ein großer »Atlas«. Neben den Natur-, Sozialwissenschaften und der Ethnologie wird in der Kunstwissenschaft kartiert. Bahnbrechend sind die Forschungen des Hamburger Gelehrten Aby Warburg (1866–1929), der jahrelang an seinem Bilderatlas »Mnemosyne« arbeitete (Mnemosyne ist in der griech. Mythologie die Schutzgöttin des Gedächtnisses). Hierbei handelt es sich um die Zusammenstellung von Bild-Montagen aus einem Fundus von ca. 2000 unterschiedlichsten kultur- und kunstgeschichtlichen Abbildungen mit dem Ziel, das soziale und kulturelle Gedächtnis der Menschheit über Zeit- und Kulturgrenzen hinweg zu erkunden. Das Besondere hieran war und ist, dass wissenschaftliche Erkenntnis primär mit visuellen Mitteln erzielt wird.

Was bedeutet dies konkret auf den Kunstunterricht bezogen? Die Beschäftigung mit einem Bild der Kunstgeschichte kann angelehnt an die Methode Warburgs erfolgen: Man klebt die Reproduktion eines Kunstwerks in die Mitte eines großen Papierbogens und sucht dann z. B. in Zeitschriften, Fotoalben oder im Internet nach Bildern, die assoziativ zum Kunstwerk passen. Nach dieser Sammelphase werden die gefundenen Ausschnitte sortiert (etwa thematisch, ikonografisch oder nach formalen Merkmalen). In dieser gruppierten Form werden die Ausschnitte dann um die Reproduktion des Kunstwerks herum aufgeklebt. Ein

Bild wird mittels anderer Bilder ausgelegt. Bildung geschieht hier unmittelbar durch Bilder (▶ Kap. 2.12 und ▶ Kap. 2.14). Visuelle Kompetenz und ästhetische Literalität (Lesefähigkeit) können durch solche »Bildumgangsspiele« (Busse 2004; 2008) gefördert werden. Viele Schülerinnen und Schüler finden auf diesem Wege einen angemessenen, durchaus auch transkulturellen Zugang zu Bildern der Kunstgeschichte (▶ Kap. 3.7, ▶ Kap. 4.3). Die gesammelten Erfahrungen kann man dann in Worte fassen. Aber die Handlungsweisen des Kartierens und Mappings lassen sich keinesfalls nur auf die Bildrezeption anwenden, sondern auf alle Bereiche des Kunstunterrichts (z. B. Bering u. a. ^{3}2013, S. 61; Dropczynski u. a. 2014). Denn zu allen Themen des Kunstunterrichts lässt sich das Wechselverhältnis zwischen dem Mapping als Prozess der Erkundung und seiner Niederlegung in einem »Atlas« nutzen. Alle gegenwärtigen kunstpädagogischen Strömungen bedienen sich dieser Methode (▶ Kap. 2.14 bis Kap. 2.16).

3.7 Interkulturalität und Transkulturalität

Angesichts von Globalisierung, Migrationsbewegungen und gesellschaftlicher Diversität ist dem Anspruch gerecht zu werden, allen Kindern, Jugendlichen und Erwachsenen bildnerisch-ästhetische Erfahrungen, den Zugang zur Kunst und die Teilhabe an Kultur zu ermöglichen. Der kunstdidaktische Diskurs ist derzeit vornehmlich durch zwei Ansätze geprägt: Ein Konzept stellt die Erkundung der auf bestimmte Kulturen zurückzuführenden Merkmale in den Mittelpunkt (Interkulturalität), während das andere Konzept die Mischung kultureller Merkmale fokussiert (Transkulturalität).

Das Themenheft »Kulturen der Welt« der Fachzeitschrift »Kunst+Unterricht« (349 350/2011) will die im Kunstunterricht vorherrschende Orientierung an mitteleuropäischer und nordamerikanischer Kunst zugunsten eines »interkulturellen Dialogs und des globalen Weltbürger-Bewusstseins« überwinden; und zwar durch »pädagogische Annäherung an fremde Kulturen« (Sowa 2011a, S. 4). Die »eigene« Kultur wird einer »fremden« Kultur in ihrer »Andersheit« (Sowa 2011a, S. 9) gegenübergestellt. Dies wird dadurch gerechtfertigt, dass »man sich zunächst in einer gewissen Vergröberung auf die einfachsten trennenden Merkmale konzentrieren« solle (ebd.), was im hermeneutischen Verständnis »nicht ohne vor-urteilende Stigmatisierungen möglich« (ebd.) sei. Erst auf »dem Boden dieser Grundorientierung« ließe sich »ein differenzierendes und relativierendes Sehen und Verstehen aufbauen« (ebd.).

Gemäß dieser »Vergröberung« werden Bild- und Text-Angebote für den Kunstunterricht nach Regionen bzw. Kontinenten gegliedert, z. B. benannt mit: Afrika, Islamischer Orient, Australien, Ozeanien, China, Japan, Lateinamerika oder Arktis. Für jede dieser regionalen Darstellungen (z. B. »Thronhocker« für »Afrika« oder »Schutzgeistfigur einer Familie« für »Arktis«) zieht der Kunstpädagoge Hubert Sowa Verbindungen zu Formen aktuellen Kunsthandwerks mit »landestypischen Materialien« (Sowa 2011b, S. 71) oder zur regionalen Gegenwartskunst. Ferner gibt er »zu den verschiedenen Kulturräumen Möglichkeiten für gestalterische Aufgabenstellungen im Unterricht« (ebd., S. 49). Für »Afrika«: »Ahnenthron meiner Familie (Plastik, Installation; inhaltliche Aussagen zur eigenen Familienherkunft)« oder zur »Arktis«: »In Gegenständen wie Wurzeln, verwittertem Holz, Schlacke, Steinen, verrostetem Eisenzeug eine Gestalt entdecken und deren ›Geist‹ erwecken« (ebd., S. 50). Diese Vorschläge beruhen auf Nachvollzug durch die bildnerische Praxis der Schülerinnen und Schüler, um »differenzierendes und relativierendes Sehen und Verstehen« (Sowa 2011a, S. 9) zu ermöglichen. Zu hinterfragen ist, ob dieser Ansatz, die mannigfaltigen Kulturen eines ganzen Kontinents ›vergröbert‹ unter »Afrika« zusammenzufassen, zielführend ist.

Unter dem Motto »Remix (…) Baustellen für eine transkulturelle Kunstpädagogik« (Lutz-Sterzenbach et al. 2013, S. 13) wird in einem zweiten Konzept die Vermischung der Kulturen unter den Vorzeichen der Digitalisierung, Globalisierung, ›Glokalisierung‹ sowie der Migration in den Blick genommen. Nicht die Aufmerksamkeit für unterschiedliche kulturelle Herkünfte der Lernenden und somit die Aufmerksamkeit für Trennlinien sowie für das ›Fremde‹ sollten betont werden, denn kulturelle Aspekte werden heutzutage in Schule und Alltag der Heranwachsenden oft dynamischer und diffiziler ausgehandelt (Schnurr 2013, S. 75). Ein »Differenzdenken« könne »auch dazu führen, die einzelnen kulturellen Gruppen in sich homogener zu verstehen als sie tatsächlich sind« (Schnurr 2014, S. 76). Angesichts der »zunehmend umräumlichen, entgrenzten Strukturen von Medien, Szenen, Milieus und Marketing« (ebd.) sei nicht primär nach den kulturellen Identitäten zu fragen, sondern nach den verschlungenen Wegen der Individuen im kulturellen Feld. Im Kunstunterricht sollten somit nicht kulturelle Kernbestände im Zentrum stehen, sondern »die Dynamik des Grenzüberschreitens und Vermischens quer durch bestehende Ordnungsraster von Kulturen und Identitäten« (Schnurr in »Kunst+Unterricht« 425 426/ 2018, S. 1). Durch »Transkulturalität« als »Prinzip« »können Gestaltungsfreiräume entstehen sowie alte und neue Zugehörigkeiten problematisiert werden« (ebd.). Da es sich um ein »Prinzip« handelt, lässt sich das Thema »Transkulturalität« – so lautet der Anspruch – nicht in einer einzigen Unterrichtseinheit quasi abhandeln, sondern es sollte den Kunstunterricht insgesamt prägen, zumal hier gesellschaftliche, kunstgeschichtliche oder politische Zusammenhänge auf immer wieder neue Weise sichtbar werden.

In Berufung auf den Philosophen Wolfgang Welsch wird von »Transkulturalität« gesprochen, also von »Kultur jenseits des Gegensatzes von Eigenkultur und Fremdkultur« (Welsch 1995, S. 39). Eingestanden wird, dass zugleich einer wachsenden Unkenntnis gegenüber den kulturellen Wurzeln entgegen zu arbeiten sei. Das Hybride, die Multiperspektivität betonend ist es »die Aufgabe der Kunstpädagogik, das alltägliche transkulturelle Remixen zum Thema zu machen und auch alternative Materialien, Bilder und Wege anzubieten, um es reflektierter, variantenreicher und mit erweitertem Bildrepertoire zu gestalten« (Schnurr 2014, S. 78). Wie ein solcher Kunstunterricht konkret aussehen könnte, wird derzeit – neben allgemein formulierten »Handlungsempfehlungen« (Nürnberg-Paper 2013) des BDK e. V., Fachverband für Kunstpädagogik – erkundet.

4 Bildnerisch-ästhetische Praxis und Rezeption

Fraglos schließt Kunstpädagogik Verfahren der Rezeption, d. h. des Betrachtens von ästhetischen Objekten, von bildnerischen Werken ein (▶ Kap. 4.3), doch ist das eigene bildnerische Tun, das Machen und Herstellen für viele der zentrale und auch attraktivste Teil des Kunstunterrichts. Das eigene ›Machen aus Spaß an der Freude‹ kann jedoch keine Legitimation für kunstpädagogisches Handeln sein.

Um Missverständnisse zu vermeiden, besteht im Fach weitgehend Einigkeit darüber, dass die Bezeichnung ›künstlerische Praxis‹ für Aktivitäten der professionellen, spezialisierten Gruppe der Künstlerinnen und Künstler reserviert ist, während die Bezeichnung ›ästhetische Praxis‹ – noch genauer ›bildnerisch-ästhetische Praxis‹ – für Aktivitäten von Kindern, Heranwachsenden oder erwachsenen Laien benutzt wird. Bildnerisch-ästhetische Praxis enthält weitergefasst auch Tätigkeiten, wie beispielsweise Spielaktionen, die Organisation von Ausstellungen, das Schminken oder das Anlegen von Sammlungen (real oder virtuell), Schmieren, Malen, Modellieren, Zeichnen, Bauen, Drucken, Sprayen, Sammeln, Fotografieren, Filmen und das Zerstören bzw. Löschen. Diese Praxisformen sind kein Ausnahmeverhalten, sondern sie gehören zum allgemeinen Aktionspotenzial in unserer Gesellschaft. Gerade Kinder und Jugendliche schöpfen diese Potenziale spielerisch und neugierig aus, denn mit ihnen kann die Welt entdeckt und das Ich erprobt werden.

Von speziell kunstpädagogischem Interesse ist die bildnerisch-ästhetische Praxis dann, wenn sie sich in Erfahrungs-, Lern-, Erkenntnis- und Vermittlungsprozesse einbinden lässt, was in der Regel ein bewusstes, reflektiertes Gestalten ästhetischer Objekte und Prozesse beinhaltet. Kunstpädagogisch Tätige machen sich Gedanken darüber, wie eine solche Einbindung vonstattengehen kann, wie sie zu fördern und wie sie zu begründen ist (Grünewald 1998). In der Fachgeschichte wurden auf der Basis von verschiedenen Begründungsansätzen für ästhetisch-bildnerische Praxis extrem konträre Positionen vertreten: von einem freien, uneingeschränkten Wachsenlassen, über die Konzentration auf technisch-handwerkliche Fertigkeiten bis hin zur Überfrachtung mit Inhalten bei der Vernachlässigung bildnerisch-formaler Aspekte (▶ Kap. 2).

Nicht auf jede bildnerisch-ästhetische Praxis kann in diesem Kapitel eingegangen werden; lediglich das Zeichnen sowie das Arbeiten mit Ton werden in ihren verschiedenen Facetten exemplarisch eingegrenzt und in ihrer kunstpädagogischen Bedeutung besprochen. An anderer Stelle ist die ästhetisch-bildnerische Praxis mit digitalen Medien behandelt (▶ Kap. 3.5).

4.1 Von der Bewegungsspur zum Zeichnen

Die bildnerisch-ästhetische Praxis des Zeichnens und ihr verwandte (Früh-) Formen sind eine anthropologische Konstante (Gysin 2010). Zeichnen mit einem verkohlten Stöckchen auf einer Oberfläche wie Holz oder Stein oder das Ritzen von Formen und Mustern in weiches Material und in Sand wurden von Menschen wohl stets betrieben. Vorstufe hiervon könnte das Fühlen und Betasten mit einem oder mehreren Fingern über eine interessante Oberfläche sein (▶ Abb. 17). Nach Untersuchungen von Verhaltensforschenden wenden auch Menschenaffen und Schimpansen diese rudimentären zeichnerischen Grundtätigkeiten an. Die Übergänge von zufälligen und vorbewussten zu bewussten und geplanten Zeichenvorgängen sind beim Menschen als fließend anzusehen; wie etwa bei »Telefonkritzeleien«, Zeichnungen, die beim Telefonieren nebenbei entstehen. Freilich können nur Menschen ihre Erfahrungen gegenständlich oder ungegenständlich symbolisieren. Solche Symbole beruhen auf der Umsetzung und Übertragung, also auf der Reflexion von Wahrgenommenem und Erfahrenem,»sodass eine ge-

4.1 Von der Bewegungsspur zum Zeichnen

wisse Abstraktion im Vergleich zum einfachen biologischen Akt als solchem durchaus vollzogen wird« (Lippe 1987, S. 164), so der Philosoph Rudolf zur Lippe, der sich eingehend mit Phänomenen des ›leibsinnlichen Ausdrucks‹ beschäftigte. Im Symbol werden geschichtliche, kulturelle und biografische Erfahrungen und Erkenntnisse umgesetzt und vermittelt. Symbole transzendieren so den Umgang der Menschen mit Materie in ethnische Ordnungen und geschichtliches Wissen (Lippe 1987, S. 170).

Abb. 17: Rembrandt Harmensz van Rijn (1606–1669): Christus lehrend, um 1652, Radierung. Rembrandt stellte auf dieser Radierung ein Christus abgewandtes Kind dar, wie es mit dem Zeigefinger – ähnlich dem Zeichnen – den Boden abtastet.

Der Beginn der menschlichen Frühformen des Zeichnens liegt im Zusammentreffen einer Bewegungsdynamik mit einer Oberfläche, die diese Dynamik festhält (Widlöcher 1965, S. 30; Lippe 1987, S. 223). Beim Schmieren mit Brei (Stritzker/Peez/Kirchner 2008; Peez 2015a, 33ff.), im Sand oder Staub, in dem man durch Kratzen seine Spuren hinterlässt, bilden sich im »fundamentalen graphischen Akt« (Gibson 1973, S. 285) »die ersten Urbilder« (Widlöcher 1965/1984, S. 31). Das Hinterlassen von Spuren auf einer Oberfläche wird ebenfalls in der Erzählung des italienischen Künstlerbiografen Giorgio Vasari (1511–1574) über den Maler Giotto di Bondone (1266–1337) geschildert: »Als er zehn Jahre alt wurde, gab ihm sein Vater einige Schafe zu hüten, die er auf seinem Grundbesitze da und dort weiden ließ, und weil ihn die Neigung seines Herzens zur Zeichenkunst trieb, vergnügte er sich dabei, auf Steine, Erde und Sand immer etwas nach der Natur, oder was ihm sonst in den Sinn kam, zu zeichnen (…), was ihn niemand gelehrt, sondern, was er nur von der Natur gelernt hatte« (Kemp 1979, S. 24). Diese Schilderung ist wohl weniger eine Erzählung realer historischer Ereignisse als eine Umschreibung des Konflikts zwischen Kunst und Pädagogik: Wahre Kunst braucht die Lehre nicht, sie entwickelt sich zumindest in ihren Anfängen autonom. Für diese Autonomie steht als Metapher die Ritzzeichnung eines Kindes mittels Naturmaterialien.

Der Kunsthistoriker Wolfgang Kemp nennt das Zeichnen die »vielleicht freieste, unbestimmteste Tätigkeit, die der Mensch mit der Hand ausübt« (Kemp 1979, S. 7). Und er stellt fest, dass von allen bildkünstlerischen Praktiken das »Zeichnen am weitesten der Auseinandersetzung mit der Materie enthoben ist« (Kemp 1979, S. 7). Zeichnen ist zweifellos eine sehr universelle Tätigkeit: Bewegt ein Kleinkind etwa eine Wachsmalkreide auf Papier bzw. auf einer Fläche, so wird eine Bewegungsspur, eine Zeichnung sichtbar. Gleiches gilt für andere Zeichenverfahren, auch beispielsweise für den Zeigefinger bzw. Eingabestift auf dem Tablet-Computer, an dem ein Zeichenprogramm aufgerufen ist: Auf dem Touchscreen erscheint die Bewegungsspur. Diese Charakteristika können als Indizien dafür gelten, dass alle Menschen vielleicht schon immer zeichneten. Zeichnen im engeren Sinne ist freilich an Zeichenmaterialien wie Tintenfeder oder Bleistift gebunden, deren Verfügbarkeit für viele Menschen in unserem Kulturkreis erst seit wesentlich weniger als zwei Jahrhunderten gegeben ist. Diese Zeichenmaterialien wurden zudem primär für das Schreiben genutzt und erst in zweiter Linie für den grafisch-bildlichen Ausdruck (▶ Kap. 2.1). Doch Kinder zeichnen lange, bevor sie Schreiben lernen. Ritzen, Schreiben und Gravieren liegen nahe beieinander. Der griechische Wortstamm des Begriffs ›Grafik‹ bedeutet in erste Linie ›ritzen, eingraben‹, aber auch ›schreiben‹. (Der Entwicklung zeichnerischen Ausdrucks wird in ▶ Kap. 7.4 nachgegangen.)

Zwar wird hier das ›Zeichnen‹ exemplarisch und separat erörtert, aus anthropologischer Sicht ist jedoch nicht von streng getrennten bildnerischen Verfahren auszugehen. Wie fließend die Verbindungen zwischen beispielsweise dem Zeichnen, dem Malen und dem plastischen Arbeiten sind, belegen nicht nur moderne und aktuelle künstlerische Ausdrucksweisen – z. B. des Expressionisten Ernst Ludwig Kirchner (1880–1938), des Pop-Art-Künstlers Robert Rauschenberg (1925–2008) oder der Zeitgenossin Rosemarie Trockel (*1952) –, sondern auch die Erscheinungsformen der so genannten Höhlenmalerei: Oft sind die dargestellten Tiere mit einer Kontur gezeichnet. Natürliche Vorsprünge im Felsen, die bei den Menschen des späten Paläolithikums vor ca. 17 000 Jahren Assoziationen zu Tierkörpern hervorriefen, wurden genutzt, um die Tiere der Höhlenmalerei reliefartig darzustellen. Aus Schlamm und Lehm auf dem Höhlenboden wurden plastische Tierdarstellungen geformt, in die wiederum hineingeritzt wurde. Enge Beziehungen zwischen plastischem Arbeiten, Ritzzeichnungen und Malen lassen sich auch bei der griechisch-antiken Vasengestaltung nachweisen. Dies führt zur zweiten, hier kurz exemplarisch behandelten ästhetisch-bildnerischen Praxis, dem Formen und Gestalten mit Ton.

4.2 Formen und Gestalten mit Ton

Im Gegensatz zum Zeichnen als einer von den benutzten Materialien her gesehen sehr vielfältigen, offenen ästhetisch-bildnerischen Praxis ist das Arbeiten mit Ton vom Material her festgelegt – sieht man einmal ab von den unterschiedlichen Tonsorten und -farben, wie beispielsweise rotem Ton oder magerem Ton mit Schamottanteil. Trotzdem ist das Formen mit Ton ebenfalls im oben umrissenen Sinne als eine freie, wenig festgelegte bildnerische Tätigkeit anzusehen. Hierfür sind mehrere Faktoren maßgeblich.

Ton ist eine amorphe Masse, die unterschiedlichste Verarbeitungsweisen erlaubt. Dies führt aber auch dazu, dass Ton vieles mit sich machen lässt,»was die Produkte seines Genres oft bis zum Überdruß beweisen« (Selle 1988, S. 108). Ton setzt im Vergleich zu anderen Materialien im plastischen Bereich den formenden Händen wenig Widerstand entgegen, er ist von jedem leicht zu bearbeiten. Nicht zuletzt hierdurch ist Ton zum Teil ›in Verruf‹ gekommen, er wird in der zeitgenössischen, avantgardistischen Kunst nur selten verwendet. Von diesem Umstand ist sein Stellenwert für den Kunstunterricht allerdings ungetrübt (vgl.»Kunst +Unterricht« Themenhefte »Plastisches Gestalten« 248 249/2000; »Ton« 300 301/2006). Hier mag das Legitimationsprimat für den Einsatz von Ton stärker auf der pädagogisch-anthropologischen Seite liegen als im künstlerischen Bereich, obwohl Ton kunst- und kulturgeschichtlich zweifellos von zentraler Bedeutung ist und auch obwohl es innovative kunstpädagogische Projekte im Umgang mit Ton und mit künstlerischem Anspruch durchaus gibt (z. B. Selle 1988, S. 108ff.).

Fiel oben beim Kratzen in Sand oder Staub der Begriff der ›ersten Urbilder‹, so spricht der Kunstpädagoge Gert Selle von »kleinen ›Urplastiken‹« (Selle 1988, S. 109), die durch den zur Faust ausgeführten Pressgriff auf eine Hand voll Ton entstehen. Hierdurch ist die Grunderfahrung gemacht, dass Pressen als körperlicher Kraftaufwand im Rahmen einer bestimmten Geste in Bezug zu einem bestimmten Material schon im Keim einen rudimentären Gestaltungsakt enthält. Ähnlich wie beim Zeichnen hinterlässt dieser erkundende und tastende Zugriff bereits eine Veränderung in der plastischen Form. Doch im Gegensatz zum Zeichnen, bei dem sich ein Werkzeug zwischen Hand und Zeichnung befindet, wird durch die sensitive Unmittelbarkeit in der Handhabung von Ton häufig auch in diesem Zusammenhang vom ›Denken mit der Hand‹ gesprochen. Die instrumentelle sowie die fühlend-tastende Verwendung der Hände sind im Bearbeiten von Ton kaum zu trennen; die Hände sind Ausdrucksorgan und zugleich ›selbstständiges Erkenntnisorgan‹.

Auf die spezifische Bedeutung des Tastsinns für die Ausbildung der menschlichen kognitiven Entwicklung wurde innerhalb der Kunstpädagogik vielfach eingegangen, meist auf Untersuchungen des Entwicklungspsychologen Jean Piaget beruhend (▶ Kap. 3.1). Indizien für diese Wechselbeziehungen zwischen Machen und Denken finden sich nicht nur in psychologischen Untersuchungen, sondern auch in unserer Sprache. Denn viele Verben für kognitive Vorgänge sind metaphorischen Ursprungs und verweisen auf die Bezüge zwischen der Hand als ›Erkenntnisorgan‹ und dem Denken: erfassen, begreifen, verknüpfen, behandeln, behalten – um nur einige zu nennen.

Die Beweglichkeit der Hand, ihre Handlungsfähigkeit im wörtlichen Sinne sowie ihr Differenzierungsvermögen im Tasten und Formen entwickeln sich beim Kind zwar von selbst, diese Faktoren lassen sich jedoch innerhalb der individuellen kognitiven und sensitiven Entwicklung auch fördern und verfeinern (Rosenkötter 2012; Peez 2014). Hier setzt Kunstpädagogik an, und hier werden Bezüge zum Kunsttherapeutischen, zumindest zu kompensatorischen Aspekten ästhetisch-bildnerischer Praxis, offenbar. Kompensation ist in diesem Zusammenhang als Ausgleich oder Entlastung zu verstehen, indem Materialien eingesetzt werden, die ›regressive Verfahren‹, wie Matschen oder Schmieren ermöglichen, die Teil einer frühkindlichen Entwicklungsstufe sind, dort aber in unserer Gesellschaft häufig nicht in ausreichendem Maße angewendet werden. Solche triebdynamischen, emotionalen und sinnlichen Erfahrungsanteile können und sollten in späteren Entwicklungsphasen zumindest teilweise nachvollzogen werden, da sie ja die Basis für höher strukturierte Wahrnehmungs- und Erkenntnisprozesse bilden (▶ Kap. 3.1; Wichelhaus 2006).

In Zeiten der vermehrten Virtualisierung vieler Handlungsvollzüge im heutigen Alltag und angesichts vielfältiger digitaler Kommunikationsoptionen (▶ Kap. 3.5) bleibt die Hand – zumindest bislang – auch in Bezug auf die elektronischen Medien Bedingung unseres Handelns. Trotz der fortschreitenden Spracherkennung durch Computer werden Finger und Hände weiterhin die Maus und die Tastatur des Rechners oder Funktionen der Videokamera oder des Smartphones bedienen. Fühlen und Begreifen stehen für die Eigensinnigkeit und Souveränität unseres Leibes und für unsere Individualität. Inmitten einer elektronisch beeinflussten Welt lässt sich diese Souveränität gerade mit Materialien wie Ton neu entdecken. Freilich bleiben selbst diese Wiederentdeckung und Neubewertung nicht unbeeinflusst durch die elektronischen Medien. Die Hand verbindet beide ›Weltaspekte‹ – Leiblichkeit und Virtualität – komplementär.

Ästhetisch-bildnerische Praxis verbindet über die Hand eine Idee mit dem zu gestaltenden Material. Durch die Tätigkeit der Hand wird die Idee allerdings nicht einfach auf das Material übertragen. Erst im ›Dialog‹ mit dem Material kann eine Intention mittels des ›Werkzeugs‹ Hand im Prozess der Vergegenständlichung variiert werden. Im Ton und im Umgang mit diesem berührungsintensiven, stark ›dialogischen‹ Werkstoff verbinden sich die vier Elemente Erde, Wasser, Luft und Feuer wie bei keinem anderen bildnerischen Material: Der Ton besteht aus Erde und Wasser, er wird an der Luft getrocknet und im Feuer gebrannt (▶ Abb. 18). Angesichts dieser ›elementaren‹ Bedeutung des Tons ist es nachvollziehbar, dass in vielen Schöpfungsmythen ganz unterschiedlicher Kulturkreise der Mensch aus Ton-Erde vom ›mit der Hand denkenden Schöpfer‹ geformt wurde. Die Erde und das Werkmaterial Ton werden eng mit den Lebenselementen verknüpft. Doch führen diese Aspekte nicht selten dazu, dass wissenschaftlich unhaltbare Aussagen über dieses Material geäußert werden, die ganzheitlich-mystische Anteile enthalten und die an die nebulöse Sprache der ›Musischen Erziehung‹ erinnern (▶ Kap. 2.7); etwa, dass »Tonformen (…) in natürlicher Weise alle Menschen zur schöpferischen Bildekraft« führe, »die in geheimnisvoller Weise im tiefen Seelengrunde ruht« (Hils [5]2000, S. 7).

Ton ist zwar pragmatisch gesehen ein recht preiswertes Material, aber in ungebranntem, getrocknetem Zustand zu brüchig, um über längere Zeit aufbewahrt oder benutzt zu werden. Nur im Brennvorgang findet bei ausreichend hohem Hitzegrad eine chemische, nicht wieder umkehrbare Veränderung in eine gesteinsartige Härtung statt. Durch diese Umwandlung kann das Objekt Jahrtausende hinweg überdauern, wie wir an kulturhistorischen Gegenständen sehen.

Einführungen in das schulische und außerschulische Arbeiten mit Ton finden sich u. a. in Leber 1979 und in den Themenheften »Plastisches Gestalten« der Zeitschrift »Kunst+Unterricht« 248 und 249/2000 sowie »Ton« 300 und 301/2006. Die im Gegensatz zur Kinderzeichnung (▶ Kap. 7.4) sehr vernachlässigte individualgeschichtliche Entwicklung

4.2 Formen und Gestalten mit Ton

bildnerischen Arbeitens mit Ton ist in der Studie »Plastisches Gestalten von Kindern und Jugendlichen« beschrieben (Becker 2003).

Abb. 18: Im Holzbrandofen werden die gut sichtbaren Tonobjekte im hinteren Ofenteil durch die Hitzeentwicklung des Holzfeuers im vorderen Teil des Ofens gebrannt (Foto: Michael Schacht).

4.3 Kunstrezeption/Begegnung mit Kunstwerken

Kunstwerke und kulturelle Artefakte der Vergangenheit und Gegenwart sind sehr häufig Bezugspunkte für den Kunstunterricht. Diese äußerst unterschiedlichen Bezugnahmen ziehen sich wie ein roter Faden durch die vorliegende Einführung. Fast in jedem Kapitel geht es auch um die Wahrnehmung von Kunst und das Wissen über diese. Die Bezeichnung ›Kunst‹ ist nicht im engeren Sinne einer traditionell anerkannten Hochkunst auszulegen, sondern unter den Vorzeichen des erweiterten Kunstbegriffs (▶ Kap. 3.2) sowie selbstverständlich unter der Berücksichtigung der angewandten Bereiche der bildenden Kunst; dies sind u. a. Design, Werbung, Comics, auch Fotos, Musikvideos und Filme, also visuell wahrnehmbare Gestaltung im weitesten Sinne. Dies alles wird in der Kunstpädagogik seit Beginn der 1970er Jahre unter der Bezeichnung »ästhetische Objekte« (▶ Kap. 2.10) oder »materielle Kultur« zusammengefasst.

Im gerade abgesteckten Sinne lässt sich der Umgang mit Kunst innerhalb der Kunstpädagogik grob in zwei Formen differenzieren: (1) Da ist auf der einen Seite die historische und gegenwärtige Kunst als ›Steinbruch‹. In ihm lassen sich vielfältige Anregungen, Materialbezüge, Techniken und Strategien für die eigene bildnerische Praxis finden. Impulse und interessante Ideen können aus diesem Fundus heraus entwickelt werden (▶ Kap. 6.4). Nach diesem Prinzip sind häufig Schulbücher für den Kunstunterricht aufgebaut. (2) Auf der anderen Seite tut sich das wissenschaftliche Feld der Kunstgeschichte, Kunsttheorie und philosophischen Ästhetik auf. In ihm lernt man die kulturgeschichtlichen Strömungen kennen, die Ideen und Einstellungen hinter den visuell wahrnehmbaren Objekten, die als Kunst firmieren. Hier geht es ferner um Methoden kunst- und bildwissenschaftlicher Forschung (Kirschenmann/Schulz 1999), um Wahrnehmungsverhalten und zugehörige Theorien, wie etwa Farbenlehren. Die Kunstpädagogik gibt auf diese Frage sehr vielfältige Antworten. Sie nutzt kunsthistorische Methoden (ikonologische und ikonografische Analysen), formal-analytische Farb-, Kompositions- und Materialanalysen, hermeneutische (z. B. semiotische oder bio-

4.3 Kunstrezeption/Begegnung mit Kunstwerken

grafisch-psychologische) Verfahren und auch sozial-historische sowie rezeptionsästhetische Zugänge. Ernst zu nehmende Beiträge zum Diskurs über Kunst können nur auf der Grundlage kunstwissenschaftlich fundierter Inhalte und Methoden erfolgen.

Der erstgenannte, praxisbezogene Bereich dominiert den Kunstunterricht stärker in den Schuljahrgängen bis zur 10. Klassenstufe. Danach werden zunehmd wissenschaftspropädeutische Aspekte eingeübt, nicht zuletzt, weil Kunst Abiturfach ist, und in den zugeordneten Prüfungen zählen diese theoretischen, schriftlich fixier- und abfragbaren Aspekte stärker bei der Leistungsbewertung als die praxisorientierten. Aus diesem bild- und kunsttheoretischen, in den Bildungsstandards fixierten Anspruch heraus legitimiert sich das Fach stark innerhalb des Fächerkanons der Schule – Stichwort »Bildkompetenz« (▶ Kap. 2.14).

Die Beschäftigung mit Kunstwerken wird immer stärker von digitalen Möglichkeiten beeinflusst und hierdurch teilweise neu ausgerichtet. Dies bezieht sich etwa auf Onlineangebote von Kunstmuseen, die vor dem eigentlichen Besuch vorbereitend genutzt werden können. Bildanalysen lassen sich mit digitalen Tools erstellen (»Kunst+Unterricht« 447 448/2020 »Warum ins Museum?«, S. 36f.), etwa am Tablet-Computer direkt auf die durch Bildbearbeitung zu verändernde Reproduktion (Bloß 2017). Zudem ergibt sich durch die technologischen Möglichkeiten, dass man zuvor 3-D-gescannte Skulpturen, Plastiken oder Design-Objekte in ihrer allansichtigen 3-D-Darstellung abrufen und sich diese auf dem Monitor oder Display betrachten oder in 3-D ausdrucken kann. Diese virtuellen Modelle lassen sich zudem mittels Augmented-Reality-Technologie in die physisch-reale Welt in Originalgröße – oder vergrößert und verkleinert – etwa im Kunstunterricht auf jedem Tisch oder auf dem Boden, platzieren. Jede Schülerin bzw. jeder Schüler kann sich dann leiblich physisch-real um das auf seinem Mobilgerät dargestellte virtuelle Objekt herumbewegen oder es drehen, um dessen Allansichtigkeit individuell zu erkunden (Spielmann 2018, 2020). Für solche 3-D-Modelle physisch realer (Kunst-)Werke gibt es bereits umfangreiche 3-D-Rendering-Bibliotheken (▶ Kap. 9.1.3).

In der Vergangenheit wurden sehr unterschiedliche fachdidaktische Modelle für den Umgang mit Kunst im Fach entwickelt; und zwar sowohl für den rezeptiven, also betrachtenden, als auch für den produktins Umgang, in dem Kunst die eigene bildnerische Arbeit der Heranwachsenden anregen soll (▶ Kap. 6.1). Beispielsweise legte Gunter Otto in den Achtzigerjahren des 20. Jahrhunderts das Modell der »Perzeptbildung« für den Umgang mit Bildern und Kunst im Kunstunterricht vor (Näheres hierzu in Otto/Otto 1987, S. 54ff.), das zwar Wiederhall in der Fachdidaktik fand und mit dem im Kunstpädagogikstudium – etwa für schriftliche Hausarbeiten – kunstpädagogisches Handeln strukturiert und gerechtfertigt werden konnte, das aber die Unterrichtspraxis in der Schule kaum oder gar nicht beeinflusste. Die Reichweite solcher Modelle mit dem Ziel der unmittelbaren Praxisveränderung ist vielleicht ohnehin zu hoch angesetzt. In der beruflichen Vermittlungspraxis unterstützen solche Modelle kunstpädagogisch Tätige insofern, als diese ihr Handeln hierdurch evtl. besser als zuvor planen, gliedern und klären können. In diesen Entwürfen sind jeweils aktuelle wissens- und bildungstheoretische Einflüsse zu erkennen.

Die Kunstrezeption ist fachdidaktisch durch den ›blinden Fleck‹ der Kunstvermittlung gekennzeichnet: Das, was die Kunst zur Kunst macht, lässt sich zwar einkreisen, aber nicht benennen, es ist kaum reflexiv verfügbar, es muss immer wieder neu erfahren werden (▶ Kap. 1.2). Hierin liegt eine zentrale Herausforderung, mit der in der Kunstpädagogik inzwischen zielgruppengerecht und kreativ umgegangen wird: Teils immer ausgefallenere Ideen und methodische Ansätze werden angewandt, um Kunst zu vermitteln; auch etwa »Digitorials«, die zur Vorbereitung eines Ausstellungsbesuchs ins Internet gestellt werden.

Die Kunstvermittlerin Carmen Mörsch benennt ihr zur »documenta 12« 2007 in Kassel entworfenes Konzept als ›selbstreflexiv‹ und ›kritisch‹, als eine die Ausstellung ergänzende Praxis. Die Gruppe der ca. 70 von ihr geschulten Vermittlungspersonen war bewusst heterogen zusammengesetzt. Interaktionsformen sollten ›anders‹, ›performativ‹, ›dekonstruktiv‹ und ›experimentell‹ angelegt sein. In einem Spannungsverhältnis standen die Kunstvermittelnden selbst zum zu vermittelnden Ausstellungskonzept der künstlerischen Leitung. Erforscht wurde die Frage: Wie autonom und kritisch können Vermittlerinnen und Vermittler gegenüber kuratorischen Setzungen und Erwartungen agieren? Auf diese Weise sorgte insbesondere die Begleitforschung der »documenta 12« dafür, die Vermittlung als Ort zur Reflexion über Bildungsprozesse in

4.3 Kunstrezeption/Begegnung mit Kunstwerken

Kunstinstitutionen und über die damit verbundenen Machtverhältnisse zu entwickeln (Mörsch u. a. 2009).

Der Kunst- und Museumspädagoge Fabian Hofmann entwirft das Konzept der »Pädagogischen Kunstkommunikation«, mit dem er sich gegen den impliziten Anspruch beispielsweise im differenztheoretischdekonstruktiven Ansatz von Carmen Mörsch richtet, dass (Kunst-)Vermittlung in dem Sinne möglich sei, wie dies von den pädagogisch Tätigen beabsichtigt sei (Hofmann 2015). Die aktuellen, u. a. auf Grütjen (2013), Kade und Nolda (2001) sich berufenden sowie empirischen Untersuchungen von Hofmann legen den Schluss nahe, dass das Pädagogische nicht als ein fester, gegebener Sachverhalt, sondern als ein in der Zeit kommunikativ hergestellter und insofern eminent vergänglicher Zusammenhang ist, der vor allem die Differenz zwischen der Vermittlungsabsicht und den autonomen Aneignungsformen beispielsweise der Schülerinnen und Schüler anerkennt und beachtet. Sein Konzept der »Pädagogischen Kunstkommunikation« ist keine Vermittlungsmethode, sondern es lenkt den Blick auf das je situative kunstpädagogische Setting, das zu beobachten und zu gestalten ist.

Mit kunstdidaktischen Anregungen und Impulsen sollen Kunst und Pädagogik in ein Spannungsverhältnis zueinander gebracht werden, in dem den Beteiligten neue Wahrnehmungsweisen und Erfahrungen mit Kunstwerken und ihrer alltäglichen Umwelt ermöglicht werden (Uhlig 2005; Hofmann/Rauber/Schöwel 2013; Hofmann 2015). Fachdidaktisch geht es um Zugänge, Begegnungen und Hinführungen, nicht um das Aufzeigen eines ›Königsweges der Kunstwerk-Erschließung‹ (vgl. für viele Praxisanregungen die Themenhefte der Zeitschrift »Kunst+Unterricht«: »Dialog mit Kunstwerken in der Primarstufe« 204/1996; »Historische Kunst« 233 234/1999; »Assoziative Methoden der Kunstrezeption« 351/2001; »Spielarten der Kunstrezeption« 352/2001; »Atlas« 285/2004; »Ins Museum« 323 324/2008; »Material in der Kunstvermittlung« 397 398/2015 oder vgl. die von Johannes Kirschenmann und Frank Schulz herausgegebene Reihe »Kunst Geschichte Unterricht« im kopaed-Verlag, München). Ziel dieser Form der genuin kunstpädagogischen Kunstbegegnung ist also nicht das Kopieren von Vorbildern, wie dies früher der Fall war (▶ Kap. 2) und noch heute häufig von einschlägigen Unterrichtsentwürfen vorgeschlagen wird, die sich als Loseblatt-Sammlungen in vielen Lehrerzimmern befinden. Den letzten entscheidenden Schritt muss immer die Schülerin bzw. der Schüler tun: »Schule und andere Vermittlungsorte können lediglich die Türen zu den Erfahrungsräumen der Kunst aufstoßen. Das Erleben von Kunst und die reflexive Erkenntnis aus dem Erlebten wird zwar pädagogisch begleitet – letztlich ist die ästhetische Erfahrung jedoch in der subjektiven Nische des Einzelnen angesiedelt« (Kirchner/Kirschenmann 2004, S. 5).

5 Kunstpädagogik als Beruf – Tätigkeitsbereiche, Praxisfelder, Zielgruppen und Perspektiven

5.1 Schule

Die Schule hat die institutionell gebundene und professionelle Organisation von Lernprozessen zur Aufgabe. Allgemein bildende Schulen und Berufsschulen können so wie alle Schulen – beispielsweise Jugendkunstschulen (▶ Kap. 5.4) – als Einrichtungen verstanden werden, in denen Aufgaben aus dem alltäglichen Leben zum Zweck des Lernens ausdifferenziert werden. Lernen in Schulen passiert nicht automatisch und mitgängig im Alltag, sondern ist thematisch und zeitlich gebunden sowie pädagogisch-professionell initiiert und betreut. Dieses Lernen erfolgt individuell oder kollektiv. Prototyp von Schule ist die allgemein bildende, staatlich kontrollierte Pflichtschule. Zwar ist Schule für jeden durch die eigenen schulischen Erfahrungen sehr präsent, doch lohnt es sich – emotionale Betroffenheit zurückstellend –, gerade auch in Bezug zum Kunstunterricht über Schule ganz grundsätzlich nachzudenken.

Eine häufige Kritik an der allgemein bildenden Schule lautet, dass sie die Erarbeitung von bloßem Wissen fordere, fernab der alltäglichen Erfahrungswelt der Schülerinnen und Schüler sowie ohne Berücksichtigung ihrer lebenspraktischen Verwendbarkeit. Das so angeeignete Wissen werde nur oberflächlich ›abgelagert‹ und lasse sich meist nur kurzfristig für Tests und Prüfungen aktivieren. In alltagsnahen Problem- und Anwendungssituationen sei es jedoch kaum zu mobilisieren. Erst die Anwendungsbezogenheit von Problemlösungsprozessen sowie die Handlungs- und Kompetenzbezogenheit der Lernsituation führe zu größeren Auswirkungen als traditionell schulisches Lehren und Lernen es aufweise. Unter anderem mit zumindest zeitweiser Projekt- und Werkstattorientierung (▶ Kap. 6.2 und ▶ Kap. 6.3) des Unterrichts versucht Schule dieser Kritik zu begegnen. Praxisnahe Modelle zur Änderung von Schule sind Kern eines seit den Zwanzigerjahren des 20. Jahrhunderts reformpädagogisch inspirierten erfahrungs- und handlungsnahen Unterrichts, der sich auch auf aktuelle Ergebnisse der Lern- und Unterrichtspsychologie stützt. Hiergegen wird wiederum argumentiert, dass Schule geradezu auf die Überwindung bloß situativen Lernens und subjektiver Erfahrungsbezüge ziele.»Denn vermittels Institutionalisierung, Methodisierung und letztlich durch gezielte, die Zufälligkeiten von Herkunft und gelebtem Erfahrungszusammenhang egalisierende, situationsenthobene Verkünstlichung des Lernens schottet sich die Schule bewusst ›vom Leben‹ ab und eröffnet sich genau dadurch die Möglichkeit, situatives, lokales, ›lebensnahes‹, alltagsverknüpftes, gebrauchsorientiertes Lernen zu übersteigen« (Terhart 1999, S. 643). Diese institutionelle Trennung vom ›Leben‹ – obwohl Schule ja wichtiger Teil des Lebens von Heranwachsenden ist – könnte somit als eigentliche Stärke von Schule betrachtet werden. In der Schule kann Lernen demnach systematisch, kumulativ, langfristig, explizit und reflexiv erfolgen. In einer ausgleichenden Balance beider Sichtweisen ist die Herausforderung von Schule heute zu verorten. Eine »Didaktik der Vielfalt« thematisiert sowohl die subjektive Erfahrung, aber überschreitet diese auch zugunsten von mehrperspektivischen Rekonstruktionen.

Wenn man ästhetische Bildung als gesellschaftlich und individuell bedeutsam für Menschen auffasst, so muss eine sich demokratisch verstehende Gesellschaft, die auf dem Postulat des souveränen, mündigen Bürgers gründet, auch garantieren, dass alle ihre Mitglieder die Chance haben, bildnerisch-ästhetische Erfahrungs- und Lernprozesse innerhalb institutionalisierten Lernens zu machen. Flächendeckend kann dies nur das öffentliche, staatliche Schulsystem bieten; und zwar für die Zielgruppe der Kinder und Jugendlichen, die sich noch in der Phase des Aufbaus ihrer Erfahrungspotenziale und Handlungskompetenzen befinden. Die Herausforderung lautet, innerhalb der Schule unter der Wahrung der positiven Aspekte ›wilden‹, situationsbezogenen Lernens ästhetische (Selbst-) Bildungsprozesse anzuregen. In Bezug auf die ›Künstlichkeit‹ von Schule kann die »Anstiftung zu unkonventionellem Handeln, zur pluralen Welterschließung, letztlich zu Erfahrungsprozessen eines vieldimensionalen Ichs (...) nur in Situationen der Fremdaufforderung – wie sie z. B. in der Schule möglich sind – stattfinden« (Peters 1996b, S. 160). Diese Fremdaufforderungen sind somit auch im Kunstunterricht produktiv nutzbar zu machen.

Abb. 19: Mögliche Folgen der Fächerverbindung in der Schule, Cartoon von Freimut Woessner aus »Erziehung und Wissenschaft« 3/2008, S. 48

Im Folgenden werden anhand einiger aktueller Themen (vgl. Vorwort) gegenwärtige und zukünftige Herausforderungen für den Kunstunterricht in der Schule konturiert.

(1) Ein zentrales Merkmal der Schule gegenüber außerschulischen Lern- und Erfahrungsräumen ist die Verpflichtung der Lehrenden zur Notengebung. Seit vielen Jahrzehnten ist dieser Bereich kontrovers für das Selbstverständnis der Kunstpädagogik. Die grundsätzliche Notwendigkeit der Vergabe von Zensuren im Fach ›Kunst‹ wird in aktuellen Ausführungen zu diesem Problemfeld so begründet, dass die Heranwachsenden eine Rückmeldung bräuchten. Zu einem solchen Feedback gehörten »Stellungnahme, auch Begründung, oft Rückfrage und Kritik« (Kirschenmann/Otto 1998, S. 100f.); gemeint ist also nicht die bloße Zensurziffer. Eine zweite Begründung ist, dass Kunst kein vollwertiges und ernst zu nehmendes Schulfach wäre, falls die Benotung hier abgeschafft würde.

Doch nach welchen Kriterien sollen Leistungen im Fach ›Kunst‹ bewertet werden? Soll es möglichst ›objektiv‹ zugehen, wie dies einst Gunter Otto anstrebte (Otto 1964/1969) (▶ Kap. 2.8)? Oder sollen auch subjektive Bewertungsmaßstäbe der Lehrenden oder gar der Schülerinnen und Schüler zugelassen werden? Zugleich muss keinesfalls alles, was im Kunstunterricht entsteht, auch bewertet werden. Gestaltungen mit hohen subjektiv-emotionalen Anteilen (▶ Kap. 3.1) oder experimentelle Erkundungen eignen sich weniger für die Notengebung. Arbeitsaufträge, bei denen Gelerntes sinnvoll angewendet werden kann und Problemlösungsmöglichkeiten einsichtig entwickelt werden können, sind durchaus zur Bewertung geeignet, wie Jana Junge vor dem Hintergrund der aktuellen Diskussion um Bildungsstandards anhand zweier kontrastiv angelegter Bewertungsverfahren empirisch untersucht (Junge 2016).

Die Methoden, mit deren Hilfe im Kunstunterricht bewertet wird, lassen sich in drei Gruppen einteilen (Peez ^{6}2020): (a) Kriterienorientierte Punktesysteme, wie sie auch viele andere Fächer nutzen: Für gewisse Leistungsanforderungen gibt es bestimmte Maximal-Punktzahlen; die Transparenz der Lehrerbewertung soll hierdurch gewährleistet sein. (b) Reformpädagogisch orientierte Verfahren: Hier geht es meist darum, nicht nur das bildnerische Produkt am Ende zu bewerten, sondern auch auf den Gestaltungsprozess besonders Wert zu legen sowie die ästhetische Urteilskompetenz der Schülerinnen und Schüler (Peez 2015b) u. a. durch Selbstbewertungsanteile zu stärken. Gewährleistet wird dies durch die Portfolio-Methode, durch Selbstbewertungsbögen, Arbeitsberichte oder verbale Beurteilungen. (c) So genannte Evidenz-Verfahren (evident = offensichtlich, augenscheinlich) werden in der Schule am häufigsten verwendet: Die Lehrenden schauen sich eine fertiggestellte Schülerarbeit an und bilden sich hierüber mehr oder weniger intuitiv und spontan ein Urteil in Form einer Note, die sie dann etwa auf die Rückseite des Zeichenblockblatts schreiben. Zeiteffizient für die Lehrerseite mangelt es hier an Transparenz; die Schülerinnen und Schüler empfinden ein solches Vorgehen oft als willkürlich.

Mit Blick auf das Zentralabitur lauten die Vorgaben der Kultusbürokratien in fast allen Bundesländern allerdings: In Klasse 11 und 12 müssen die Zensuren im Fach zu Zweidrittel aus schriftlichen Äußerungen der Schülerin bzw. des Schülers hergeleitet sein; meist handelt es sich hierbei um kleinschrittig festgelegte Kunstwerkanalysen.

(2) Die Diskussion um Bildungsstandards für das Fach Kunst erhitzt seit Jahren die Gemüter. Bildungsstandards sind normative Vorgaben für das jeweilige Schulfach. Sie sind im Gegensatz zur jahrzehntelangen Praxis in Lehrplänen nicht mehr zielorientiert (Input), sondern kompetenzorientiert formuliert (Outcome). Leistungsstandards legen minimale und maximale Kompetenzen sowie häufig auch Wissensbestände fest, die an einem gewissen Punkt der Schullaufbahn zu erreichen sind. Für einige Kernfächer hat die Ständige Konferenz der Kultusminister der Bundesländer bereits Bildungsstandards verabschiedet. Sie gelten für diese Fächer insofern, als sich z. B. die Curricula, Lehrpläne und auch Zentralabitur-Aufgaben hiernach ausrichten müssen. Doch wird befürchtet, dass die konzeptionelle Vielfalt des Schulfaches Kunst und seine nicht pädagogisierbaren Anteile (▶ Kap. 2.15) hierdurch gefügig gemacht oder ganz abgeschafft werden. Sie plädieren für Widerstand, um gegen die Überprüfbarkeit und Normierung ein deutliches Zeichen zu setzen. Obwohl von der Bildungspolitik damals noch nicht gefordert, hatte der BDK, Fachverband für Kunstpädagogik (▶ Kap. 9.1.1), im Jahre 2008 von sich aus konkret formulierte Vorschläge für solche Standards für den mittleren Schulabschluss, also bis zur 10. Klasse, beschlossen (BDK-Mitteilungen 3/2008, S. 2ff.). Sie sind nicht verbindlich, sollen aber die Bedeutung des Faches für die allgemeine Bildung – gerade auch gegenüber den anderen Fächern – bekräftigen. Im Mittelpunkt steht hierbei die »Bildkompetenz« als leitendes fachliches Ziel des Kunstunterrichts

(▶ Kap. 1.3 und ▶ Kap. 2.14). Die Umstellung von den alten Lehrplänen auf kompetenzorientierte Bildungsstandards auch im Fach Kunst ist inzwischen abgeschlossen. Ähnliche Entwicklungen vollzogen sich in fast allen europäischen Ländern (http://envil.eu).

(3) Zudem zeichnet sich mit der flächendeckenden Einführung der Ganztagsschulen die Entwicklung ab, dass Kunst in den Nachmittagsbereich und/oder in freiwillige AGs verlagert und z. T. von kurzzeitig beschäftigten Honorarkräften, z. B. Künstlerinnen und Künstlern, unterrichtet wird. Für viele bildungspolitisch Verantwortliche sind »echte Kunstschaffende« die authentischeren Kunstlehrenden, vor allem wenn sie Kunstlehre als einen »kunstanalogen Prozess« (▶ Kap. 2.15 und ▶ Kap. 3.2) verstehen. Hier zeigt sich wiederum das Spannungsverhältnis zwischen Kunst und Pädagogik (▶ Kap. 1). Auch wenn Hoffnungen auf künstlerische Innovationen in der Schule hiermit verbunden sind, so gerät das Fach noch stärker in die Gefahr, in der Schule zum Randfach zu werden. Deshalb empfiehlt der BDK, Fachverband für Kunstpädagogik (▶ Kap. 9.1.1), allenfalls zeitlich begrenzte Kooperationen von Kunstlehrenden mit Kunstschaffenden einzugehen, wie etwa im nordrhein-westfälischen Landesprogramm »Kultur und Schule« (https://kultur-und-schule.de/de_DE/home) oder dem Programm »Kulturagenten für kreative Schulen« (www.kulturagenten-programm.de).

(4) Die Existenz des Kunstunterrichts wird angesichts fortschreitender Stundenreduzierungen immer wieder als gefährdet angesehen. Reduzierungen musste das Fach in vielen Bundesländern durch die einstige Einführung der verkürzten Gymnasialzeit von 9 auf 8 Klassenstufen (G8) hinnehmen (▶ Abb. 19). Bei der zwischenzeitlich häufig vorgenommenen Rückkehr zu G9 wurde der Verlust meist nicht mehr ausgeglichen. Dies führte verstärkt zu 45-minütigen Kunstunterrichtseinheiten, in denen nur unter erschwerten Bedingungen praktisch-bildnerisch gearbeitet werden kann. Die Kunstdidaktik reagiert hierauf, etwa mit einem Themenheft »45 Minuten« der Fachzeitschrift »Kunst+Unterricht« (333/2009).

(5) Eine andere Herausforderung sind die so genannten Fächerverbünde (▶ Abb. 19), bisher allerdings vorwiegend im Primarstufenbereich. So werden die Fächer Musik, Kunst und Sport zur »Ästhetischen Bildung« kombiniert. In der föderalen Bildungslandschaft erscheinen diese unter-

5.1 Schule

schiedlichen Kombinationen recht willkürlich. Somit ist zumindest in manchen Bundesländern der »Kunstunterricht in der Grundschule vom Aussterben bedroht« (Uhlig 2008, S. 55). Brisant ist die Problematik deshalb, weil eigentlich der kindliche Selbst- und Weltzugang ein wahrnehmender, kognitiver und emotionaler ist; er ist natürlich nicht fachdifferenziert. Demgemäß wären Fächerverbünde zweifellos sinnvoll, weil kindgerecht. Auch würde die Erweiterung des Kunst- und des Pädagogikbegriffs (▶ Kap. 1) hierfür sprechen. Doch besteht die Gefahr, dass die künstlerisch-ästhetischen Potenziale verloren gehen, weil die Grundschullehrenden häufig nicht fundiert für das Fach Kunst ausgebildet wurden. Dann reduziert sich der Anteil des Faches Kunst an diesen Fächerbünden schnell auf das Ausmalen von Sachkunde-Arbeitsblättern oder das Basteln von Weihnachtskarten.

(6) Aufgrund der Behindertenrechtskonvention der Vereinten Nationen – im Jahr 2009 in Deutschland in Kraft getreten – stehen Schulen vor der Aufgabe, Teil eines »inklusiven Bildungssystems« zu sein, das Kinder u. a. mit »sonderpädagogischem Förderbedarf« nicht aufgrund ihrer Behinderung ausschließt. Handicaps oder Beeinträchtigungen, so genannte Teilleistungsschwächen, sind Kennzeichnen jeder Schulklasse. Die Diskussion, wie hiermit im Kunstunterricht beispielsweise mit hochgradig sehbehinderten bzw. blinden oder motorisch beeinträchtigten Schülerinnen und Schülern umzugehen ist, steht noch am Anfang (Loffredo 2016; Engels 2017; Blohm u. a. 2017; Hornäk u. a. 2019). Aus Sicht der alltäglichen Herausforderungen in der Schule und darüber hinaus stellen sich diese Fragen jedoch äußerst dringend.

(7) Die Auswirkungen der COVID-19-Pandemie auf den gesamten Bildungsbereich verstärken seit dem Jahr 2020 auch die Digitalisierung der Inhalte und Methoden des schulischen Kunstunterrichts (▶ Kap. 3.5). Stichworte sind hier Homeschooling, E-Learning, Onlinelehre, Distanz- und Hybridunterricht. Mobile digitale Medien, vornehmlich Tablet-Computer, sind weiter auf dem Vormarsch; eine von Fortbildungen getragene digitale Infrastruktur der Schulen erwies sich auch für den Kunstunterricht als notwendig. Der »Herausforderung: Hybridunterricht« widmet die auflagenstärkste deutschsprachige kunstpädagogische Fachzeitschrift »Kunst+Unterricht« ein Beilagenheft (447 448/2020), in dem unterschiedliche Formate von Präsenz- und Distanzlernen inspirie-

rend miteinander verbunden werden, ohne dass sinnliche Erfahrungen, Materialexperimente, kommunikativer sozialer Austausch und individuelle Betreuung auf der Strecke bleiben müssen. Die Corona-Krise hat viele gesellschaftliche Entwicklungen beschleunigt; somit liegt es an der Kunstpädagogik, diese Transformationsprozesse weiterhin fachspezifisch sinnvoll zu gestalten.

5.2 Museum

Seit der Öffnung der Schatz- und Wunderkammern und der adligen Privatsammlungen für die Öffentlichkeit zu Beginn des 19. Jahrhunderts (▶ Kap. 2.2) werden Museen mit einem Bildungsanspruch versehen. Hierbei ging man zunächst davon aus, dass Erwachsene – meist gut situierte Bürgerinnen und Bürger mit entsprechender Vorbildung – keiner besonderen Anleitung bedürften, um sich kontemplativ und mit Kunstsinn den Bildungsgehalt der Exponate zu erschließen. Bereits in der zweiten Hälfte des 19. Jahrhunderts wurden jedoch auch vereinzelt Führungen für Heranwachsende in wenigen Museen angeboten. Zentraler Wendepunkt waren die innovativen museumspädagogischen Tätigkeiten des Leiters der Hamburger Kunsthalle, Alfred Lichtwark (1852–1914), im Zuge der Kunsterziehungsbewegung um 1900 (▶ Kap. 2.4). Lichtwark führte mit Kindern u. a. am Dialog orientierte »Übungen in der Betrachtung von Kunstwerken« durch (Legler 2011, S. 172ff.; Kiyonago 2008). Ohne im Weiteren auf die Geschichte der Museumspädagogik näher einzugehen, kann gesagt werden, dass sich innerhalb der Kunstpädagogik die Museumspädagogik ab 1970 als einer ihrer Wirkungsbereiche etablierte, der aber bis heute insbesondere auch von auf den Arbeitsmarkt drängenden Kunsthistorikerinnen und -historikern beansprucht wird. Wenn im Folgenden von »Museum« gesprochen wird, dann ist hier vornehmlich das Kunstmuseum gemeint; wohlwissend, dass sich in den letzten 20 Jahren im Bereich der inzwischen vielerorts etablierten Kindermuseumsinitiativen neue außerschulische Arbeitsfelder (▶ Kap. 5.4) für Kunstpädagoginnen und Kunstpädagogen auftun.

Am Beispiel der kunstpädagogisch orientierten Vermittlung im Museum (»Kunst+Unterricht« 323 324/2008 »Ins Museum«; 447 448/2020 »Warum ins Museum?«; »Kunst 5–10« 23/2011 »Museum«) lässt sich die dieses Buch prägende Beziehung zwischen Kunst und Pädagogik (▶ Kap. 1) nochmals in der Weise beleuchten, als hier die professionelle Pädagogik mit ihren Ansprüchen und spezifischen Herangehensweisen in eine von der Kunst geprägte Domäne – in das Museum – eindringt. Die Pädagogik legitimiert ihren Eingriff dadurch, dass die das Museum Besuchenden nicht von sich aus am bloßen Objekt verstehen, genießen und lernen können, sondern hierfür der Vermittlung und Anregung bedürfen – wie etwa bei Erwin Wurm (▶ Kap. 1.1).

- Für Schulklassen und andere Gruppen werden von den Abteilungen »Bildung und Vermittlung« der Museen und Ausstellungshäuser Führungen mit Praxisanteilen durchgeführt.
- Es finden Fortbildungen für pädagogische Fachkräfte im Museum statt, die dann als »Multiplikatorinnen« fungieren, indem sie beispielsweise wiederum Lehrerfortbildungen anbieten.
- Kunstmuseen bahnen Kooperationen und längerfristige »Bildungspartnerschaften« mit Schulen und anderen Bildungsinstitutionen an, in deren Rahmen etwa bildnerisch-praktische Angebote aus der Museumspädagogik in den Alltag der Schule hineingetragen werden und umgekehrt Impulse aus der Schule im Museum aufgegriffen und vertieft werden.
- Zudem führen Künstlerinnen und Künstler, die kunstvermittelnd im Museum tätig sind und ohnehin die pädagogische Arbeit dort in einem hohen Maße prägen, Kunstprojekte in den Schulen durch und verknüpfen so Schule und Museum miteinander.
- Um die Nachhaltigkeit zu sichern und die Schwellenangst zu verringern, werden zu besonderen Events oder an »Familientagen« Eltern und Geschwister ins Museum mit eingeladen (Hofmann/Rauber/Schöwel 2013; Bilstein/Neysters 2013; Hofmann 2015).
- Über viele Jahre haben Kunstmuseen ihre digitale Präsenz im Internet aufgebaut, um etwa über Ausstellungen und Exponate zu infor-

mieren. Nicht zuletzt durch die COVID-19-Pandemie wurden verstärkt rein digitale Vermittlungsangebote zu Exponaten und Werkgruppen entwickelt, die viele Hintergrundinformationen und -wissen, Such- und Vergleichsspiele oder Bildexperimente bis hin zu Impulsen für eigene bildnerische Gestaltung beinhalten.

Aus didaktischem Blickwinkel kristallisieren sich vier museumsspezifische Merkmale heraus, deren Ziel nicht die Erstarrung und Bewunderung vor dem Exponat ist, sondern das Arbeiten mit dem Exponat – und zwar rezeptiv, kontemplativ, experimentell bis produktiv gestaltend (▶ Kap. 4.3):

(1) Die Kommunikation über kontroverse und kongruente Wahrnehmungen zu Exponaten kann durch Bewegen (▶ Abb. 20), Sprechen, Schreiben, Vergleichen, Begründen der eigenen Sicht angeregt werden. (2) Die Auseinandersetzung mit den ausgestellten Objekten kann durch den Vollzug ästhetisch-bildnerischer, auch experimenteller praktischer Prozesse mit Werkmaterialien intensiviert werden. Ein betrachtetes Objekt soll hierbei nicht kopiert werden (▶ Kap. 6.1), sondern die eigene bildnerische Praxis eröffnet die ihr spezifischen, erfahrungsbezogenen Zugänge (▶ Kap. 6.4). (3) Vermittlung verlagert sich von Seiten der Ausstellungshäuser vermehrt ins Internet. Stationen der Audioführung lassen sich als Podcast herunterladen. So genannte »Digitorials« werden etwa vor Großausstellungen angeboten, mit denen sich die Besuchenden auf dort gebotene Highlights schon zu Hause oder mobil bei der Anfahrt vorbereiten können. Die Hintergrundinformationen stehen u. a. als Videos, Texte oder Bilder zur Verfügung und lassen sich individuell aneignen. (4) Für die Multiplikatoren ist ferner die Vermittlung der museumsdidaktischen Grundlagen eine Hilfe für deren pädagogische Weiterarbeit innerhalb und außerhalb des Museums. Didaktische Reflexionen können hier vor allem auch für die Museumspädagoginnen und -pädagogen wertvolle Rückkopplungen bereithalten.

Im Gegensatz zu den 1970er Jahren, in denen das Museum als ›Lernort‹ angesehen und bezeichnet wurde, speist sich heute die Attraktivität eines Museums größtenteils durch seinen Erlebnis- und auch Unterhaltungscharakter. Sammeln, Forschen und Bewahren sind zwar immer noch die Kerntätigkeiten der Museumsarbeit, aber der attraktive Ange-

5.2 Museum

Abb. 20: Körperliches Nachempfinden einer Skulptur im Rahmen der Kunstvermittlung im Wilhelm Lehmbruck Museum, Duisburg (Foto: Georg Peez)

botscharakter der Vermittlungstätigkeiten tritt nach außen stärker hervor (Welck/Schweizer 2004, S. 166ff.). Die Bedeutung eines Museums misst sich bei privaten Sponsoren und öffentlichen Geldgebern in nicht unerheblichem Maße an den Besucherzahlen und der Öffentlichkeitsarbeit. Erstens gehören Museen zur Event-Kultur (▶ Kap. 2.11). Sie müssen gesellschaftlich-kulturelle Ereignisse schaffen. Zweitens entwickeln sie Angebote der kreativen Freizeitgestaltung in ihren Mauern. Die Zeitschrift »Standbein-Spielbein« informiert umfassend über solche exemplarischen museumspädagogischen Aktivitäten (▶ Kap. 9.2). Hier ist insbesondere die Kunstpädagogik gefordert, denn es gibt kaum ein Kunstmuseum, das keine praxisorientierten Ferien-Workshops, Mal- und Zeichenkurse oder online verfügbare Vermittlungsangebote für Kinder, Jugendliche und Erwachsene anbietet. Einige solcher Offerten ebnen bereits für Studierende in Bachelor- bzw. Master-Studiengängen über Praktika und Honorartätigkeiten den Weg in die Museen (▶ Kap. 8.2 und ▶ Kap. 8.3).

5.3 Erwachsenenbildung

Die Erwachsenenbildung gehört nicht zu den allein staatlich organisierten und gelenkten Bildungsbereichen, deshalb ist bereits in institutioneller Hinsicht u. a. ihr Kennzeichen die Heterogenität und Vielfalt. Anbieter kultureller und kunstpädagogischer Erwachsenenbildung sind neben den Volkshochschulen Einrichtungen konfessioneller Erwachsenenbildung, die Gewerkschaften, soziokulturelle Zentren (▶ Kap. 5.4), Museen (▶ Kap. 5.2) und vor allem private Anbietende, wie freiberuflich tätige Künstlerinnen und Künstler sowie seltener Kunstpädagoginnen und -pädagogen.

Einrichtungen der kulturellen bzw. kunstpädagogischen Erwachsenenbildung müssen sich in einem differenzierten Netz von politischen und verwaltungsbedingten Zuständigkeiten für die Kulturarbeit bewegen. So unterschiedlich diese Voraussetzungen sind, so heterogen sind die Konzepte, die zeit- und raumbezogenen Angebotsformen sowie die kunstpädagogische Praxis. Eine Definition von kunstpädagogischer Erwachsenenbildung innerhalb kultureller Bildung und die lückenlose Darstellung des gesamten Feldes sind deshalb nicht möglich; eine Bestandsaufnahme versucht dies bezogen auf die Länder Berlin und Brandenburg (Gieseke u. a. 2005). Das Spektrum der Angebote der unterschiedlichen Einrichtungen repräsentiert die Vielfalt kultureller Aktivitäten. Sowohl das eigene kreative Gestalten, etwa in den Bereichen Malen, Zeichnen, Drucken, Plastik/Skulptur, Textil, Fotografie, Aktion und Spiel und elektronische Medien, als auch die Reflexion über künstlerische Ausdrucksformen in den Bereichen Bildende Kunst, Kunstgeschichte und digitale Medien sind wichtige Elemente dieses Spektrums (Stang/Peez u. a. 2003, S. 10).

Allein die Angebote kultureller Bildung an Volkshochschulen werden laut Statistiken des Deutschen Instituts für Erwachsenenbildung jährlich von ca. 913.000 Teilnehmenden besucht (Angaben von 2015). Der Bereich »Kultur und Gestalten« macht insgesamt 14,9 Prozent der Belegungen im Gesamtangebot von Volkshochschulen aus; er ist seit vielen Jahren leicht rückläufig.

Wie in der gesamten Erwachsenenbildung, so fehlen auch für die kunstpädagogisch orientierte Erwachsenenbildung verbindliche berufsbezogene Qualifikationskriterien. Denn erwachsenenpädagogisch Tätige weisen sich in der Regel nicht, wie Lehrerinnen und Lehrer oder Sozialpädagoginnen und Sozialpädagogen, durch eine staatlich geregelte und vorgeschriebene Qualifikation aus. Mit anderen Worten: Im Feld unterrichten viele Personen, die keine – etwa durch Hochschulabschlüsse nachgewiesene – kunstpädagogische Eignung besitzen. Ihre speziellen Kompetenzen für die Übernahme einer Tätigkeit haben sie sich häufig entweder durch Praxiserfahrungen erworben und/oder in Fortbildungen vertieft. Hierdurch sind auch die Möglichkeiten des Eintritts in das Berufsfeld geprägt: Bereits Studierende können Kurse anbieten, in denen sie bildnerische Kompetenzen vermitteln.

In der Erwachsenenbildung etablieren sich langfristig nur Angebote, die von den Zielgruppen und Teilnehmenden angenommen werden. Ein konstitutives Merkmal dieses Arbeitsbereichs ist die ›Abstimmung mit den Füßen‹. Mehr als jedes andere Feld der Kunstpädagogik ist die Erwachsenenbildung von ihren marktwirtschaftlichen Voraussetzungen geprägt. Dies muss in fast alle Überlegungen miteinbezogen werden, wenn aus Kursangeboten tatsächlich stattfindende Kurse werden sollen. Angebote der kunstpädagogischen Erwachsenenbildung sind im Gegensatz zur Schulpädagogik (▶ Kap. 5.1) durch ihren Dienstleistungscharakter gekennzeichnet. Diese Rahmenbedingung wirkt sich in Richtung ›Kundenorientierung‹ sowohl auf die pädagogischen, sozialen Beziehungen der Beteiligten aus als auch auf die Inhalte der Veranstaltungen (Peez 1994). Hier ist ein Trend zu beobachten, der parallel zur Ausdifferenzierung der Lebenswelten und Alltagskulturen Erwachsener verläuft.

In der kunstpädagogischen Erwachsenenbildung tritt eine Vermischung öffentlicher und privater Aspekte innerhalb von Kursen auf. Solche vielfältigen »Mischformen von Öffentlichkeit und Privatheit« (Kade/Nolda 2001, S. 67) geschehen beispielsweise, indem sich eine ›private Öffentlichkeit‹ herstellt, die auf Individualität und Authentizität zu basieren scheint und sich somit unterscheidet von einer als tendenziell entfremdend und anonym empfundenen gesellschaftlichen Öffentlichkeit jenseits des Kurses.

Der Diffusität der teils widersprüchlichen und spannungsreichen Erwartungshaltungen, die Teilnehmende in einen Kurs mitbringen, muss Rechnung getragen werden. Einige dieser Erwartungshaltungen sind:

- Technikbezug: Eine bestimmte künstlerische Technik ist durch Übung zu erlernen.
- Produktorientierung: Ein fertiges, gelungenes Produkt soll entstehen (▶ Abb. 21).
- Prozessorientierung: Man will prozessorientierte künstlerische Auseinandersetzung, d. h. ›Entwicklung‹ erleben.
- Leistungsorientierung: Das jeweils folgende bildnerische Produkt soll ›besser‹ sein als das vorangegangene.
- Individualität: Eigene Werke sollen sich von denen anderer unterscheiden.
- Lustorientierung: Viele Laien geben an, aus ›Spaß an der Freude‹ zu malen.
- Kunstorientierung: Die eigenen bildnerischen Werke sollen Elemente dessen enthalten, was jeweilig unter ›Kunst‹ verstanden wird.
- Lernerfahrung: Die Angebote sollen Anschlüsse zu früher Gelerntem ermöglichen, sollen zum Weiterlernen motivieren und ›Neues‹ bieten.

Abb. 21: Eine Teilnehmerin in der kunstpädagogischen Erwachsenenbildung, ihr gemaltes Bild zeigend (Foto: Roland Geyer)

5.3 Erwachsenenbildung

- Kontaktbedürfnis und Geselligkeit: Erwachsene suchen in Kursgemeinschaften Gleichgesinnte auf der Ebene kooperativer bildnerisch-künstlerischer Sachauseinandersetzung.
- Kompensation: Ausgleichende ›selbsttherapeutische‹ Wirkungen (▶ Kap. 3.1) bildnerischen Arbeitens werden von Erwachsenen bewusst gesucht.
- Freizeitorientierung: Erholsame Alternativen zum Berufsleben bzw. Alltag werden erwartet.
- Anstrengung: Eine spezifische, von ›innen‹ heraus motivierte Anstrengung innerhalb eines kreativen Prozesses wird gesucht.
- Selbstbestätigung: Neben der Offenheit für Neues wollen die meisten auch bereits erworbene Fähigkeiten und Einstellungen anerkannt und berücksichtigt wissen.

Diese teils konträren Erwartungshaltungen vieler Erwachsener an die Kurse fordern von Kunstpädagoginnen und Kunstpädagogen einen hohen Grad an kundenorientierter Flexibilität.

Es besteht die Erwartung, dass die Bereiche der Erwachsenenbildung – sowie die gesamten außerschulischen Bildungsangebote – in den kommenden Jahren an Bedeutung gewinnen werden, u. a. als Reaktion auf die Altersstruktur unserer Gesellschaft und auf den Abbau der Stundenzahl für das Fach Kunst an allgemein bildenden Schulen (▶ Kap. 5.1). In den letzten Jahren verlor das Gebiet der kunstpädagogischen Erwachsenenbildung allerdings zugleich an Aufmerksamkeit, nicht zuletzt durch die vielen bildungspolitischen Veränderungen im Bereich der allgemein bildenden Schulen. Dennoch liegen verschiedene praxisorientierte Veröffentlichungen vor (Stang/Peez u. a. 2003) sowie Forschungsarbeiten (Peez 1994; Kahl 1997; Bastian 1997; Peez 2000, S. 265; Fleige/Robak 2012) und Berichte innovativer Modellprojekte (Thiedeke 2000a und b), die durchaus die Konturen dieses Gebietes weiterentwickelnd schärfen – derzeit etwa mit Blick auf transkulturelle Kompetenzen (Fleige 2013). Sie werden weniger in einer immer noch auf Schulpädagogik ausgerichteten Kunstpädagogik rezipiert als im Diskurs der Erwachsenenbildung.

5.4 Jugendkunstschule

Jugendkunstschulen sind Einrichtungen der außerschulischen kulturellen Kinder- und Jugendbildung. Sie befinden sich in kommunaler oder freier Trägerschaft. In ihnen wird versucht, eine konzeptionelle Verbindung von ästhetischer und zugleich sozialer Bildung zu erreichen. ›Ästhetisch‹ bedeutet hier, dass es nicht nur bildnerisch-praktische Angebote gibt, sondern die Palette der Jugendkunstschulen fächert sich zudem in die Bereiche Theaterspiel, Tanz, Literatur bzw. Sprache, Zirkus sowie die digital-mediale Kommunikation und Gestaltung auf. Viele dieser Bereiche enthalten auch musikalische Aspekte. Eine Verknüpfung von häufig experimentell-spielerischen Gestaltungsformen mit unterschiedlichsten Material- und Aktionsformen sowie Medien wird angestrebt. Der Bezug zur ›sozialen Bildung‹ unterstreicht den kultur- und gesellschaftspolitischen Anteil im Selbstverständnis der Jugendkunstschulen, nicht nur für finanziell privilegierte Kinder da zu sein (Zacharias 2010). ›Sozial‹ bedeutet aber auch für viele Einrichtungen, dass ihre Angebote für benachteiligte und in sozialen Brennpunkten lebende Heranwachsende vor allem von der öffentlichen Hand bezuschusst werden – meist von den Städten und Gemeinden.

Je stärker der Kunstunterricht in den allgemein bildenden Schulen reduziert wird, desto mehr erhält das zunächst als Ergänzung gedachte, vielfach projekt- bzw. werkstattorientierte (▶ Kap. 6.2 und ▶ Kap. 6.3) Angebot eine Ersatzfunktion. Zumindest stellt es für viele der teilnehmenden Jugendlichen eine Alternative zum schulischen Kunstunterricht dar. Der neuesten bildungspolitischen Entwicklung Rechnung tragend, dass immer mehr allgemein bildende Schulen sich zu Ganztagsschulen hin entwickelten, treten die Kooperationen dieser Schulen mit Einrichtungen der Jugendkunstschulen häufiger auf. Die Jugendkunstschulen unterbreiten inzwischen vermehrt schulische Nachmittagsangebote. In diesem Zusammenhang wird eine kompensatorische Wirkung zu berufs- und leistungsdruckbezogenen, intellektuellen, schulischen Lerninhalten immer wieder betont (▶ Kap. 3.1). Weitere Legitimationen liegen in der Förderung differenzierter, vielfältiger Wahrnehmung und sinnlicher Sensibilität (Welck/Schweizer 2004).

5.4 Jugendkunstschule

Mitarbeitende in Jugendkunstschulen müssen sowohl über pädagogische als auch künstlerische Qualifikationen verfügen. Jugendkunstschulen sind somit eine ›erste Adresse‹ für Kunstpädagoginnen und Kunstpädagogen. Einblick in dieses Praxisfeld ist für Studierende durch Praktika und Honorarjobs gut zu gewinnen (vgl. Adressen in ▶ Kap. 9.1.1). Jedoch bietet dieser Bereich nur wenige hauptberufliche Stellen. Dem Anspruch der fächerübergreifenden Vielfalt gerecht werdend (Motto: »Vielfalt ist ihre Stärke«), sollten von den Lehrkräften kontinuierlich Weiterbildungsangebote wahrgenommen werden, um Zusatzqualifikationen zu erwerben. Diese Zusatzqualifikationen beziehen sich meist auf künstlerische Verfahren und kulturmanagementbezogene Angebote (BJKE 2003). Nicht zuletzt durch den Lehrkräftemangel im Fach Kunst übernehmen Kursleitende aus Jugendkunstschulen auf Honorarbasis oder auch im Angestelltenverhältnis häufig in den Klassenstufen 5 bis 10 regulären schulischen Kunstunterricht.

Die Diskussionen um ökonomisches und betriebswirtschaftliches Handeln dominieren noch immer die Debatten um Zielveränderungen in der kulturellen Bildung und insbesondere im Jugendkunstschulbereich. Inhaltliche, pädagogische oder bildungspolitische Absichten treten bei der Fokussierung finanzieller Aspekte häufig in den Hintergrund. Die Marktbedingungen erfordern von den Einrichtungen eine hohe externe Konkurrenzfähigkeit. Die rechtlichen, wirtschaftlichen und organisatorischen Arbeitsbedingungen verändern sich in erheblichem Maße. Einige dieser externen »Umbruch-Symptome« lauten knapp umrissen:

- Die Teilnahmegebühren steigen, weil sich finanzielle Probleme bemerkbar machen, wenn die Bezuschussung aus öffentlichen Kassen geringer wird.
- Private Sponsoren knüpfen ihre Unterstützung explizit oder implizit an inhaltliche Zugeständnisse vonseiten der Institution.
- Die Vernetzung zwischen Jugendkulturarbeit und allgemein bildenden Schulen im Rahmen der Etablierung von Ganztagsschulen binden Jugendkunstschulen stärker in das öffentliche Bildungssystem ein. Die Nachfrage nach »soft Skills« aus dem Kulturbereich hat trotz oder wegen des PISA-Drucks an den Schulen Konjunktur. Schulische Träger

schätzen das Angebot von Jugendkunstschulen und kulturpädagogischen Einrichtungen, nicht zuletzt wegen der positiven Auswirkungen auf das Lern- und Sozialverhalten der Schülerinnen und Schüler.
- Die digitalen Medien drängen – durch die COVID-19-Pandemie verstärkt – auf den Bildungsmarkt und versprechen flexiblere und effektivere interaktive Lernformen (▶ Kap. 3.5). Die hiermit einhergehende Ungleichzeitigkeit der Entwicklung technischer und sozialer Kompetenzen ist eine zentrale kulturelle Herausforderung, der sich auch die Jugendkunstschulen stellen müssen (Zacharias 2010).
- Jugendkunstschulen sind einerseits durch eine große Fluktuation geprägt: Viele Teilnehmende entscheiden sich für die Angebote spontan. Andererseits gibt es auch viele langjährige ›treue‹ Teilnehmende (»Vom Kindergarten bis zum Abitur«).
- Ein erstarkender Anteil von rein privatwirtschaftlich organisierten Jugendkunstschulen hat sich neben den öffentlich getragenen Einrichtungen auf dem Bildungsmarkt etabliert.

Im Vordergrund der Debatte sollte aus kunstpädagogischer Sicht hierbei allerdings jeweils stehen, dass die externen, oben aufgeführten, meist durch marktwirtschaftliche Einflüsse ausgelösten Veränderungen nicht die fachspezifischen Qualitätskriterien und Charakteristika verdrängen. Ein Beispiel: Im Parlament einer Gemeinde wird entschieden, dass auf Initiative einer Beschlussvorlage aus dem örtlichen Kulturamt die Jugendkunstschule der Stadt in einen Eigenbetrieb überführt werden soll. Nach einer Übergangszeit müssen von der Jugendkunstschule Gewinne erwirtschaftet werden, Verluste muss sie selber abfangen. Dies führt zur Streichung regelmäßiger kostenloser Angebote für gesellschaftlich benachteiligte Jugendliche. Nur noch sporadisch werden vereinzelt kurze zielgruppenbezogene Projekte von der Gemeinde oder anderen bezuschusst und durch die Jugendkunstschule angeboten. Die früher für dieses Angebot auf Honorarbasis konstant Beschäftigten verlassen die Institution. Eine längerfristige Bindung der Jugendlichen an die Institution und eine personale Bindung zu bestimmten pädagogisch Tätigen besteht hierdurch kaum noch.
Folge dieser Diskussionen um die Marktfähigkeit und Wirtschaftlichkeit des Angebots ist die Suche nach Qualitätskriterien. Jugendkulturel-

le Einrichtungen stellen sich im Zuge dieser Debatte dem direkten Wettbewerb untereinander, z. B. durch die Ausschreibung von Jugendkunst- oder Jugendkulturpreisen. Ziel dieser Offensiven, die durch den Verband der Jugendkunstschulen forciert werden, ist die stärkere Profilbildung der einzelnen Institutionen sowie die Qualitätsverbesserung der Angebote. Zudem locken Geldpreise, um weitere Projekte zu planen und umzusetzen. Breit angelegte Kampagnen führen die »Best-Practice-Beispiele« der Öffentlichkeit vor, insbesondere im »Mutterland« der Jugendkunstschul-Bewegung Nordrhein-Westfalen.

Weiteren neuen Bereichen widmet sich die Jugendkulturarbeit verstärkt:

- Die frühpädagogische kulturelle Bildung wird immer klarer als bisher vernachlässigte, aber grundlegende Bildungsphase erkannt, in der bereits Potenziale wie differenzierte Wahrnehmung, Konzentration und Kreativität zu fördern sind (Bilstein/Neysters 2013).
- Hiermit zusammenhängend unterbreiten Einrichtungen der Kulturellen Bildung Fortbildungsangebote etwa für fachfremd Kunst Lehrende.
- Jugendkulturelle Einrichtungen öffnen sich Themen der Globalisierung, der Transkulturalität und Migration sowie dem interkulturellen Lernen in ästhetischen Projekten (▶ Kap. 3.7).
- Die Jugendkunstschulen stellen sich vermehrt den Themen Ökologie, Umweltbildung und Nachhaltigkeit.
- Menschen mit Behinderung werden gezielt integriert.
- Grundsätzlich haben die Jugendkultureinrichtungen nicht weniger als den Anspruch, »Lebenskunst« (Zacharias 2010, S. 468) zu fördern.

5.5 Seniorenarbeit

Ein Blick auf die demografische Entwicklung der Bevölkerung in Mitteleuropa und insbesondere Deutschland macht deutlich, dass sich die

Altersstruktur unserer Gesellschaft in den nächsten Jahrzehnten drastisch verändert. Diese gesellschaftliche Herausforderung höchster Priorität wird zwar in den Medien in Bezug auf die Renten-, Kranken- und Pflegeversicherungen debattiert, sie bleibt in der Kunstpädagogik, die sich primär an Kindern und Jugendlichen orientiert, jedoch weitgehend unbeachtet.

Kunstpädagogische Arbeit mit älteren Menschen lässt sich gliedern in einerseits Angebote für aktive Menschen im Ruhestand (▶ Kap. 5.3). Andererseits lassen sich Angebote für betagte, hochbetagte und pflegebedürftige Menschen – in Heimen oder im familiären Umfeld lebend – häufig in kunsttherapeutisch orientierten Bereichen (▶ Kap. 3.1) verorten.

Der Übergang zum ›Alter‹ ist sozial normiert und findet in unserer Gesellschaft zwischen dem 55. und 67. Lebensjahr statt, wenn man aus dem Erwerbsleben ausscheidet. Steigendes Alter ist nicht nur durch zunehmende körperlich-biologische Defizite geprägt, sondern es kann auch unter den Vorzeichen der Steigerung und Zunahme von Lebenserfahrung gesehen werden. Viele beginnen in dieser Lebensphase zu malen, zu zeichnen, plastisch zu gestalten oder zu fotografieren. Sinn und Motivation, die früher die Arbeit bieten sollte, werden teilweise verstärkt in bildnerischer Praxis gesucht. Man hat nun Zeit, einer Betätigung nachzugehen, die man immer schon intensiver ausüben wollte.

Ältere Menschen nähern sich dem Ende ihrer physischen Existenz. Eine ›Re-Vision‹ des eigenen Lebens im Alter erfolgt jedoch in sehr unterschiedlicher Intensität und Emotionalität. Sie kann einerseits zu einer ›Neugewichtung‹ der Lebensprioritäten und inneren Gelassenheit und andererseits zu depressiven Stimmungszuständen führen; angesichts der Erkenntnis, Chancen in seinem Leben nicht genutzt zu haben.

Durch bildnerische Praxis kann eine rückschauende ›Erinnerungsarbeit‹ mit kompensatorischen Elementen (▶ Kap. 3.1) motiviert werden, indem weltanschauliche, kollektive und individuelle Erklärungsversuche integriert werden. Nach Untersuchungen der psychologischen Selbstkonzeptforschung tragen Rückerinnerungen neben Rollenspielen bei pädagogischer und therapeutischer Arbeit in Gruppen am stärksten zum Wandel und zur Veränderung von Selbstkonzepten bei (Jacob 1996, S. 98). Diese Erinnerungsarbeit mittels bildnerischer Praxis vermag das

Selbst zu stützen und zu sichern. So kann vor dem langfristigen Ziel einer kunstpädagogisch geförderten oder initiierten Verunsicherung und Veränderung der Welt- und Selbstsicht erst einmal das Ziel der Selbstvergewisserung stehen (Peez 1994, S. 19ff.). Durch Anregungen und ›Reibungsflächen‹ innerhalb der kunstpädagogisch arrangierten Situation sind daraufhin neue ästhetische, sinnliche und bildnerische Erfahrungen zu wagen (Neubauer/Groote 2012).

Schon heute gibt es aber nicht genügend spezifisch für eine kunstpädagogische Tätigkeit konzipierte Stellen in den Alten- und Pflegeheimen. Meist nehmen kunstpädagogisch ausgebildete Angestellte Ergotherapiestellen ein. In ihren Aufgabenbereich fallen dann nicht nur kunstpädagogische Angebote, sondern auch arbeits- und beschäftigungstherapeutische Maßnahmen, die Ausrichtung von Gesprächs- und Erzählkreisen oder die Organisation von musikalischen oder anderen freizeitbezogenen Veranstaltungen. Auf die Probleme der Arbeit mit älteren und hochbetagten Menschen, wie z. B. die Altersdemenz (Neubauer/Groote 2012), sind Kunstpädagoginnen und Kunstpädagogen durch ihr Studium jedoch kaum vorbereitet.

6 Zwischen Anleitung und Offenheit – Orte, Sozialformen, Methodenaspekte

6.1 Vormachen und Nachmachen

Nachahmen, Abzeichnen und Kopieren sind sehr alte bildnerische Praktiken. Das Abzeichnen von Vorlagen war zentraler Bestandteil jeder Künstlerausbildung seit der Antike, es hat bis heute seinen Stellenwert in der Kunst kaum eingebüßt. Leonardo da Vinci – Verkörperung des eigenwilligen, genialen Künstlers in der Renaissance – empfahl in seinem »Buch der Malerei«: »Zeichne zuerst Zeichnungen von einem guten Meister ab, (…) dann nach den Runden (d. h. nach Skulpturen und Gipsabgüssen) und schließlich nach einem guten Naturvorbild« (nach Koschatzky 1993, S. 408). An diese Regel hielt sich beispielsweise Vincent van Gogh in seinem umfangreichen Frühwerk. Und der Kunstpädagoge Frank Schulz fand in Fallstudien über die bildnerische Praxis von anerkannten zeitgenössischen Persönlichkeiten der bildenden Kunst in deren Kindheit, Jugend und frühem Erwachsenenalter heraus, dass z. B. das Abmalen von (Kitsch-) Postkarten oder Comics häufig unverleugneter Teil künstlerischer Entwicklung ist (Schulz 1991). Künstlerinnen und Künstler eignen sich durch Nachahmung bildnerische Ausdrucksformen und Stile an. Meist versuchen sie, diese nach ihren Möglichkeiten und Ansprüchen nicht nur nachzuvollziehen, sondern auch zu kombinieren und zu variieren. Vom pädagogischen Standpunkt der Vermittlung aus lässt sich Lehren häufig nicht ohne Anteile der Anregung zum ›Nachmachen‹ denken. Im reproduzierenden Nachvollzug wird Kultur tradiert und zugleich variiert. ›Vormachen‹ und ›Nachmachen‹ umschreibt deshalb wahrscheinlich die ursprünglichste Form kultureller Überlieferung zwischen den Generationen. Imitationslernen ist eine zentrale Form der

Weltaneignung, die sich die Pädagogik zunutze macht. Durch die zunehmende Ausdifferenzierung der Gesellschaft und die Übertragung vieler Erziehungsaufgaben an die Schule (▶ Kap. 5.1) verlieren ›Vormachen‹ und ›Nachmachen‹ ihre ursprünglichen alltagsmitgängigen Zusammenhänge in der Familien- und Arbeitswelt. Zu vermittelnde Kenntnisse, Fertigkeiten und Kompetenzen mussten unter Maßgabe dieser Ausdifferenzierung pädagogisch-methodisch neu organisiert werden. Flächendeckend begann diese Entwicklung im 19. Jahrhundert. Der schulische Zeichenunterricht gründete sich zunächst fast ausschließlich auf das Prinzip des disziplinierenden Abzeichnens (▶ Kap. 2.3). Erst durch die ›Entdeckung‹ und Wertschätzung der freien Kinderzeichnung um 1900 (▶ Kap. 7.4) wurde das Abzeichnen in der Kunsterziehungsbewegung (▶ Kap. 2.4) kritisch hinterfragt. Alternativen zum Kopieren wurden gefordert, entwickelt und umgesetzt.

In der Kunstpädagogik wenden sich heute viele mit Unbehagen gegen das Nachahmen, Abzeichnen und Kopieren, da bei einer Verwendung von Vorlagen – welcher Art auch immer – das Intuitive, Schöpferische, Kreative und auch Spontane auf der Strecke bleibe. Eine solche oft stark emotionale Ablehnung wurzelt zum Teil in der Historie des Faches. Doch macht die freie bildnerische Praxis von Kindern, Jugendlichen und Erwachsenen schnell erkennbar, dass Nachahmen, Abzeichnen und Kopieren durchaus häufig bildnerische Praktiken sind, die offensichtlich einem Bedürfnis von Menschen entsprechen.

Differenziert betrachtet gibt es graduelle Unterschiede zwischen dem sturen Kopieren und exakten Nachzeichnen sowie der freien, eine Vorlage lediglich als Anregung nutzenden (Um-)Gestaltung (▶ Kap. 6.4). Dem Zeichnen und Malen nach Vorbildern oder nach der Natur, dem zielgerichteten Umgestalten von Kunstwerkreproduktionen oder auch dem Nachschaffen wird in kunstpädagogischen Konzepten eine hohe Relevanz zugemessen; Wolfgang Legler informiert hierzu im Überblick (Legler 2011, S. 33ff.). Gert Selle schildert eine praktische Übung als ein Beispiel für den Weg vom nachvollziehenden Prinzip der Wiederholung zur Neuerfahrung: Mit geschlossenen Augen werden Kieselsteine mit den Händen ertastet. Übungsaufgabe ist es, ›Porträts‹ dieser Kieselsteine aus Ton (▶ Kap. 4.2) zu formen, ebenfalls ohne die Augen zu nutzen. Durch »blindes Ertasten und blindes Nachformen in Ton« sollen die Fähigkeit zum Erfassen einer Form und das Gespür für kaum noch tastbare Oberflächenqualitäten auf die Probe gestellt werden. Bei dieser gestaltenden Sensibilisierung geht es um mehr als bloße Reproduktionsgeschicklichkeit der Hand. Es geht um ihre Verlässlichkeit und um das Vertrauen in sie, es geht um die Wahrnehmung von Formphänomenen»und um deren Umsetzung in das Material Ton« (Selle 1988, S. 112f.).

Im ›Dialog‹ mit Werken der Gegenwartskunst kann ästhetische Erfahrung (▶ Kap. 1.3) von Grundschulkindern ermöglicht und gefördert werden. Eine solche Initiierung erfolgt häufig über inszenierte Angebote im Unterricht, bei denen nach der rezeptiven Auseinandersetzung mit Kunstwerken Aufgaben zur ästhetisch-bildnerischen Praxis gestellt werden (▶ Kap. 4.3). In Anlehnung an das jeweilige Motiv des Werkes und/oder dessen Produktionsverfahren werden bildnerische Materialien zur Verfügung gestellt, die sich auf das besprochene Werk beziehen, die den dort verarbeiteten Materialien gleich oder ähnlich sind. »Die durch die Aufgabenstellung vorgegebenen Instruktionen evozieren bestimmte Tätigkeitsformen, die gleichfalls Parallelen zu den künstlerischen Produktionsverfahren aufweisen sollen« (Kirchner 1999, S. 205). Ziel ist nicht, dass die Grundschulkinder Werkkopien anfertigen, sondern dass sie eigene ästhetische Präferenzen und subjektive Zugänge zu den Kunstwerken auszubilden lernen. Ästhetische Reflexion und ästhetische Erkenntnisgewinne entwickeln sich im Tun. Dies regt zur Auseinandersetzung mit dem verarbeiteten Werk ebenso an wie es persönlichkeits- und selbstbildend wirkt.

Bildungsrelevant ist das Nachahmen allerdings erst dann, wenn es die Qualität eines mimetischen Vorgangs erreicht. Nachahmen kann ›an der Oberfläche‹ bleiben und ein Trainieren bestimmter technischer Fertigkeiten bedeuten, was nicht abzuwerten ist und von Zeit zu Zeit durchaus didaktisch sinnvoll sein kann. Mimesis als kein bloßes nachvollziehendes Nachahmen wurde bereits in der Antike geschätzt und differenziert diskutiert (Schuhmacher-Chilla 1995, S. 146ff.). Mimesis ist als ein intensives Nachahmen mit innerer Anteilnahme zu verstehen. Die stark intrinsisch motivierte persönliche Auseinandersetzung mit dem Vorbild oder einer Vorlage unterscheidet mimetisches Tun vom bloßen kopierenden Nachmachen. Eine solche Unterscheidung zwischen Nachmachen und Mimesis lässt sich im Einzelfall freilich nicht immer von außen oder allein durch die Betrachtung des entstandenen Produkts treffen, weshalb man mit schnellen Urteilen stets vorsichtig sein sollte.

6.2 Werkstätten, Ateliers und Stationenlernen

Bildnerische Produkte, ästhetische Objekte und Kunstwerke entstehen an Orten, die man landläufig Werkstätten oder Ateliers nennt. Traditionell wird eine Werkstatt mit handwerklicher und künstlerischer Arbeit (z. B. Schusterwerkstatt, aber auch Bildhauerwerkstatt) in Verbindung gebracht. Der Werkstattbegriff hält in zunehmendem Maße in der Pädagogik Einzug. An der Flut der Anleitungsliteratur mit Unterrichtsmaterialien für alle Klassenstufen lässt sich die Popularität des Werkstattgedankens belegen: von der Schreib- und Lesewerkstatt über die Kartoffel-Werkstatt bis hin zu ›Workshops‹, die sich einzelnen Künstlerpersönlichkeiten widmen. Die Übernahme dieser Begrifflichkeit aus dem handwerklich-bildnerischen Bereich eignet sich offensichtlich gut dazu, die Andersartigkeit des (fach-) didaktischen oder methodischen Ansatzes im Kontrast zum geläufigen schulischen Lernen (▶ Kap. 5.1) zu betonen (Peez 2009, S. 734ff.). Diese ›Andersartigkeit‹ lässt sich an verschiedenen Punkten festmachen, die jeweils unterschiedlich – je nach Werkstattverständnis – gewichtet werden können.

Im Allgemeinen unterscheidet man in der Kunstpädagogik zwei Verständnisweisen von Werkstatt: die Werkstatt als Raum und Ort bildnerischen Tuns und die Werkstatt als didaktisches Prinzip. (1) Ist die Werkstatt als Raum und Ort das Vorbild, so orientiert man sich im pädagogischen Arrangement an der Einrichtung und der Atmosphäre des Künstlerateliers. Materialien und Werkzeuge – übersichtlich in Regalen und Schubladen geordnet oder als situativ bis chaotisch arrangierte Sammlungen von Alltagsdingen und Fundstücken – können einen hohen Aufforderungscharakter haben. Die Werkstatt regt zum ›eigenhändigen‹ und eigenständigen Tun an. Ein schöpferischer, selbstbestimmter Dialog zwischen Mensch und Material wird durch die bloße – freilich pädagogisch bewusst geschaffene und arrangierte – Präsenz der Materialien und Werkzeuge hergestellt. (2) Wird ›Werkstatt‹ primär als ein Unterrichtsprinzip verstanden, das prozessorientiert ist und die selbst gesteuerte Planung und Entwicklung von Vorhaben zum Ziel hat, dann spielen die räumlichen Settings weniger eine Rolle als die didaktischen Arrangements entdeckenden, handlungsorientierten, experimentellen und selbst organisierten Lernens. Festzuhalten ist: Beide Verständnisweisen des Prinzips Werkstatt legen den Fokus auf die Selbststeuerung im bildnerisch-ästhetischen Handeln. Allen Aussagen ist ferner gemeinsam, dass die Werkstatt-Thematik Diskussionen um die Öffnung von Unterricht und Schule berührt (vgl. das Themenheft »Werkstatt« der Zeitschrift »Kunst+Unterricht« 260/2002). Verbunden mit dem Werkstattgedanken ist das Aufsuchen von ›echten‹ Werkstätten oder Ateliers außerhalb des Schulgebäudes, in denen auf Zeit gearbeitet werden kann. Umgekehrt können ›Expertinnen‹ und ›Experten‹ eingeladen werden, um etwa in der Schule eine temporäre Werkstatt einzurichten. In Initiativen wie »Kultur und Schule« (https://kultur-und-schule.de/de_DE/home) wird dieser Weg beschritten. Angesichts solcher multiperspektivischen Sichtweisen auf die Charakteristika von Werkstatt kommt der ästhetischen Erfahrung (▶ Kap. 1.3) innerhalb der Werkstatt eine herausragende Stellung zu: Das Prinzip Werkstatt scheint in besonderer Weise geeignet, ästhetische Erfahrungen zu erzeugen, freizusetzen und ihnen Ausdruck zu verleihen (Kirchner/Peez ^{2}2005, S. 12).

Die Methode des Stationenlernens wird häufig im Zusammenhang mit dem Werkstattbegriff in Verbindung gebracht. Die Stationenmethode reagiert zum einen auf vielgliedrige Handlungsabläufe sowie zum anderen auf komplexe Unterrichtsinhalte, die sich thematisch gut in einzelne Schritte an Stationen gliedern lassen. Stationen sind auf Zeit eingerichtete und in geeigneter Weise ausgestattete Arbeitsplätze (Doh-nicht-Fioravanti in Peez ^{6}2020, S. 64ff.). Denn an Stationen werden Teilhandlungen ausgeführt, für die technische oder materielle Voraussetzungen nicht an jedem einzelnen Schülerinnen- bzw. Schülerplatz geschaffen werden können. Der Unterschied zur Gruppenarbeit besteht darin, dass an den Stationen Materialien, Werkzeuge und Maschinen bereitgestellt werden, über die Schülerinnen und Schüler in der Regel im normalen Unterricht nicht verfügen (Schulz 1998, S. 87). Viele dieser Merkmale des Stationenprinzips treffen auch auf den Werkstattgedanken zu, vor allem im Verständnis der orts- und raumbezogenen Bedingungen; beispielsweise was die nur begrenzte Ausstattung mit Materialien, Werkzeugen und Maschinen oder die Einrichtung von Arbeitsplätzen auf Zeit angeht. Eine Gefahr der Stationenmethode liegt darin, dass den Heranwachsenden in der Regel an den Arbeitsstationen sehr exakte Anregungen in Bezug auf die Werkzeugnutzung oder auch fertige Anweisungen sowie Versuchsbeschreibungen angeboten werden. Eine nicht von den Schülerinnen und Schülern ausgehende kleinschrittige Aufteilung ihrer Handlungen sowie ein rigider Zeitablauf kann die Folge sein. An den Stationen sollte jedoch der Freiarbeit ähnlich selbstständig, in beliebiger Abfolge und in frei gewählter Sozialform agiert werden. Somit deckt sich Stationenlernen im Sinne des orts- und raumbezogenen Werkstatt-Verständnisses nicht immer mit dem didaktischen Prinzip Werkstatt als Unterrichtsmethode. Gelingt es jedoch, die unterschiedlichen fachspezifisch anregenden Facetten des Werkstattgedankens auszuprobieren, um sie zu reflektieren und weiterzuentwickeln, dann kann der Werkstattgedanke für den Kunstunterricht seine innovativen Potenziale entfalten.

6.3 Projekte

Prägende Wurzeln des Werkstattgedankens wie auch der Projektmethode sind historisch in der Reformpädagogik (▶ Kap. 2.5) verankert. Der Name des US-amerikanischen Philosophen und Pädagogen John Dewey ist hiermit untrennbar verbunden (Otto 1994, S. 35f.). Nach seinen Konzeptionen sollten die Heranwachsenden durch spezifische Bedingungen im Handeln und eigenständigen Tun lernen. Hierdurch sollen sie Leben, Denken, Handeln und Wissen sinnhaft miteinander verknüpfen. Bezüge zwischen Pädagogik und Kunst lassen sich neben dem Werkstattprinzip auch bei der Projektmethode erkennen. Künstlerinnen und Künstler sind oft nicht in isolierten Einzelhandlungen tätig, sondern sie legen ihrem Schaffen projektorientiert Leitgedanken zugrunde: Sie gehen die von ihnen zu bearbeitenden Felder und Themen innerhalb längerer Zeiträume und in aufeinander bezogenen Handlungen an. So gesehen ist es kein Zufall, dass sowohl in der Pädagogik als auch in der Kunst häufig von Projekten gesprochen wird, denn heute wird ›Projekt‹ im Sinne von Plan, Entwurf, Vorhaben verstanden. Inwieweit Projekte – im Verständnis der pädagogischen Projektmethode – für Überraschungen und Zufälle Raum lassen sollten, ist umstritten und gebunden an den Grad der Vorgeplantheit eines Projekts. Das Werkstattprinzip lässt die Einzelarbeit zu, wohingegen für die Projektmethode die Gruppenarbeit kennzeichnend ist. Ein weiterer zentraler Unterschied zum offenen Werkstattprinzip (▶ Kap. 6.2) ist, dass sich Projekte in Phasen einteilen lassen: Zielsetzung, Planung, Ausführung, Beurteilung und Folgen. Hingegen liegen einige Kriterien für projektorientierten Unterricht nahe an denen des didaktischen Verständnisses von Werkstatt. Auf das Schulfach ›Kunst‹ bezogen formulierte Gunter Otto sechs Strukturmerkmale projektorientierten Unterrichts: Mitplanung der Schülerinnen und Schüler; Interdisziplinarität und fächerübergreifendes Arbeiten; Bedürfnisbezogenheit und Bezüge zu der Lebenssituation von Heranwachsenden; Produktorientierung innerhalb eines bewusst vollzogenen Prozesses; sozio-kultureller Zusammenhang mit aktuell-gesellschaftlichen Bezügen; Kooperation aller Beteiligten an gemeinsamen Produkten (Otto 1994, S. 36). Wendet man diese Kriterien an, so wird allerdings schnell deutlich, dass vieles, was momentan als ›Projekttage‹ oder ›Projektwochen‹ in den Schulen angeboten wird – oft in der Zeit zwischen Zeugniskonferenz und Ferienbeginn – Lückenbüßerfunktion erfüllt. Gert Selle begründet als Alternative zum Kunstunterricht das so genannte »Ästhetische Projekt« (▶ Kap. 2.13) durch eine Verbindung von Werkstatt-Verständnis und Projektgedanken: Nicht im Klassenzimmer könne ästhetisches Erfahrungslernen (▶ Kap. 1.3) stattfinden, sondern in eigens eingerichteten Werkstätten, die von den Kindern und Jugendlichen nachmittags freiwillig aufgesucht würden (Selle 1991, S. 20).

6.4 Kreativität in Einzel- und Gruppenarbeit

Kreativität ist ein schillernder Begriff und wird immer wieder mit Kunstunterricht in Verbindung gebracht. In die vielfältigen Verständnisweisen des Kreativitätsbegriffs kann an dieser Stelle ebenso wenig eingeführt werden wie in die US-amerikanische Primärliteratur seit den 1950er Jahren oder psychologische Studien zum Thema (einen Überblick geben: Spiel 2003 und Preiser/Buchholz 2004). Wenn es ein Schulfach gibt, in dem Kreativität besonders gefördert und gefordert wird, dann ist dies der Kunstunterricht. Auch die größte deutschsprachige Fachzeitschrift widmete dieser Fragestellung Themenhefte (»Kunst+Unterricht«: »Kreative Methoden« 261/2001 und »Kreativität« 331 332/2009). Das Kreativitätstheorem bildet den Hintergrund für Untersuchungen im Fach (Schäfer 2006; Griebel 2006; Dinkelmann 2008). Doch sollte Schule insgesamt der Förderung der Schlüsselkompetenz »Kreativität« verpflichtet sein, was allerdings selten der Fall ist. Der Münchner Kunstpädagoge Rudolf Seitz erforschte seit Ende der 1960er Jahre den Bezug zwischen Kreativitätstheorien, Kinderzeichnung und Kunstunterricht (u. a. Seitz 2009). Eine seiner Konsequenzen ist, dass sich Kreativität eher außerhalb denn innerhalb der Schule fördern lasse, wobei der gegenwärtige Ausbau der schulischen Nachmittagsbetreuung durchaus Chancen eröffne (Heyl 2008). Allgemein anerkannt ist die Unterscheidung zwischen vier Sichtweisen auf Kreativität:

- Kreative Person: Viele Untersuchungen ermittelten bestimmte Merkmale, die kreative Persönlichkeiten auszeichnen. Dies sind u. a. Sensibilität, Flexibilität, Ideen-Flüssigkeit, Assoziationsfähigkeit, Spontaneität, Originalität, Humor und Durchhaltevermögen zur Umsetzung einer Idee in die Tat.
- Kreatives Produkt: Drei Bedingungen müssen für Einfälle, Ideen und deren Ausführung, für künstlerische Gestaltungen oder originelle Alltagshandlungen erfüllt sein, damit wir sie kreativ nennen können: Neuartigkeit, Sinnhaftigkeit und soziale Akzeptanz. Der letzte Punkt bedeutet, dass andere, ob eine kleine Gruppe von Insidern oder weite Bevölkerungskreise, das Produkt als innovativ anerkennen.

- Kreativer Prozess: Kreativität entwickelt sich schrittweise in mehreren Phasen: (a) Präparationsphase: Vorbereitendes Sammeln aller Informationen und möglichst klares Definieren des Problems. (b) Inkubationsphase: Neukombination der Informationen. (c) Illuminationsphase: Plötzliches Erkennen einer so noch nicht vorhandenen Lösung. (d) Verifikationsphase: Die neue Einsicht wird geformt und geprüft und letztlich in der (e) Elaborationsphase differenziert ausgearbeitet.

- Kreative Gruppe/kreatives Umfeld: Innerhalb der Kreativitätsdiskussion in der Kunstpädagogik wird immer wieder die Bedeutung des Einflusses von Gruppen auf die bildnerischen Prozesse hervorgehoben. Eine Gruppe, in der die Einzelnen eingebettet sind, in der sie akzeptiert werden, die auf gegenseitiges Vertrauen baut und in der sie außergewöhnliche Ideen entwickeln können, ist entscheidend für kreative Prozesse. Ein schöpferischer Mensch kann sich nur in einer Umgebung entfalten, die kreativitätsanregend ist. Hemmend wirken sich Gruppen aus, die einem hohen Konformitätsdruck unterliegen, in denen autoritäre oder ablehnend-spöttische Haltungen zu neuen Ideen sowie Intoleranz vorherrschen oder produktorientiertes Erfolgsstreben ohne spielerische prozesshafte Umwege. Eine kreative Gruppe sollte weiterhin in eine demgemäße Institution eingebunden sein und diese wiederum in eine solche nächstgrößere Einheit. Denn eine schöpferische Idee kann zudem nur als solche ›erkannt‹ werden, wenn ein soziales System mit unterschiedlichen kreativen Gruppen sie als anregend und innovativ akzeptiert. Merkmal einer kreativen Gruppe muss aber nicht ständige Zusammenarbeit sein, sondern sie kann auch Freiraum für selbstgewählte zeitlich begrenzte Isolation Einzelner von der Gruppe bedeuten. Nach der Isolation sollte sich die oder der Einzelne doch wieder öffnen, um sich mit der kritischen Rückmeldung der Gruppe weiterzuentwickeln. Person, Prozess, Produkt und Umwelt werden in der Kreativitätsforschung zunehmend als zusammenhängend gesehen (Preiser/Buchholz 2004; Urban 2004).

In der Kunstgeschichte finden sich Beispiele für ein intensives, produktives, sich gegenseitig bereicherndes gemeinschaftliches Arbeiten. In früheren Jahrhunderten waren Künstler häufig in – freilich hierarchisch

6.4 Kreativität in Einzel- und Gruppenarbeit

geprägten – Werkstätten und Ateliers (▶ Kap. 6.2) gemeinsam tätig. Im 20. Jahrhundert trifft man auf Belege etwa im Bauhaus (▶ Kap. 2.5), obwohl rückblickend gesagt werden kann, dass das Bauhaus als alternatives Modell einer Kunstausbildung häufig stark durch Differenzen zwischen den Lehrenden, weniger durch Gemeinsamkeiten geprägt war. Solche Auseinandersetzungen können zugleich aber durchaus auch als Zeichen einer kreativitätsanregenden Gemeinschaft gelten.

Kunst – vor allem Hochkunst, wie sie sich in unserer Gesellschaft und Kultur herausgebildet hat – ist (immer noch) durch ein Verständnis von Genialität bestimmt, die an einzelne Menschen gebunden ist. Eine Persönlichkeit, die ihr Jahrhundert in dieser Hinsicht prägte, ist Pablo Picasso. Die isolierte Eigenständigkeit eines (Lebens-)Werkes ist häufig Qualitätskriterium. Am Ende des 20. Jahrhunderts stand die auratische Künstlerpersönlichkeit Joseph Beuys (▶ Kap. 2.13 und ▶ Kap. 3.2) für dieses Kriterium; obwohl oder gerade weil sich bei Beuys auch die Ambivalenz zwischen Individuum und Gemeinschaft in der Weise zeigte, dass das Soziale und die Kommunikation in seinen Werken eine zentrale Rolle spielten.

Auch in der Kunstpädagogik zeichnet sich dieses Spannungsverhältnis ab. Es lässt sich nicht harmonisch auflösen, sondern argumentativ bearbeiten. Vorbehalte gegenüber Gruppenarbeit im Kunstunterricht werden mit den Befürchtungen begründet, dass der Unterricht ›zu sozialpädagogisch‹ werde, dass Gemeinschaftserfahrung zugunsten ästhetischer Erfahrung (▶ Kap. 1.3) zurücktrete, dass therapeutische und kompensatorische Aspekte (▶ Kap. 3.1) die Kunsterfahrung verdrängten. Doch gegen diese Auffassung spricht, dass z. B. ein fachbezogener Kunstunterricht in sehr heterogenen Klassen nur ansatzweise durchgeführt werden kann. Da hier die Kommunikations- und Lernbasis beeinträchtigt ist, haben Gruppenprozesse, die mit bildnerischer Praxis gefördert werden, eine wichtige stabilisierende Funktion (Wichelhaus 1998, S. 5). Das gemeinsame Herstellen von Bildern und bildnerischen Objekten als Kommunikationsform vermag durchaus die Entfaltung von Erfahrungspotenzialen zu steigern. Denn die Chancen der bildnerischen Interaktionen liegen im Nonverbalen. Hier kommuniziert man mittels Linien, Formen, Farben, Materialien, Gesten. Diese beiden Positionen schließen sich in einer plural verstandenen Kunstpädagogik nicht aus, wenn auch die eine Position mehr das Pädagogische und die andere mehr das Künstlerische gewichten mag.

Abb. 22: Im Kunstunterricht – hier an einer Gesamtschule – kann Diversität als ein kreativitätsförderndes Merkmal gelten (Foto: Georg Peez).

Betrachtet man abseits der Kreativitätsdiskussion den sozialen Aspekt der Zusammenarbeit im Bildnerischen, so manifestiert sich in der Gruppe die Kommunikationsfähigkeit des Menschen. Die Dialogfähigkeit der Einzelnen kann sich in der Gemeinschaft sukzessive entwickeln, ohne dass stets auf Worte zurückgegriffen werden muss. Die präverbalen Kommunikationsformen, beispielsweise im gemeinsamen großformativen Malen, geben nicht nur elementaren Gefühlen Ausdruck, sondern sie fördern eine soziale Nähe, die im Gespräch oder der Diskussion so nicht zu erreichen ist.

Für Kunstpädagogik ist die Gruppe stets konstitutiv (▶ Abb. 22). Kunstpädagogisches Arbeiten findet fast immer in Gruppen statt (»Kunst +Unterricht« 407 408/2017 »Miteinander«). Wenn auch keine bildnerischen Gemeinschaftsarbeiten entstehen, so kann doch das Zusammensein in der Gruppe sehr prägend wirken für die Fortentwicklung indivi-

6.4 Kreativität in Einzel- und Gruppenarbeit

dueller bildnerischer Prozesse. Bergen solche bildnerischen Prozesse Erfahrungen des Scheiterns und der Enttäuschung, so können diese von der Gruppe wahrgenommen und ›aufgefangen‹ werden. Hierdurch entsteht ein sozialer Hintergrund der Selbst-Erfahrung, eine Sicherheit oder Verlässlichkeit im zunächst ungesicherten, offenen Experimentieren. Für kunst- und kulturpädagogische Professionalität sind demnach Fähigkeiten unverzichtbar, die das eigene Handeln in einer Gruppe bewusst machen. Es ist ein fachspezifisches Grundwissen über gemeinsames bildnerisches Handeln erforderlich, damit kunstpädagogische Einflussmöglichkeiten situations-, gruppen- und personenadäquat eingesetzt und dosiert werden können. Miriam Schmidt-Wetzel untersuchte kollaborative bildnerische Prozesse des Miteinanders, Nebeneinanders oder auch Gegeneinanders aus Sicht der Schülerinnen und Schüler in konkreten Kunstunterrichtseinheiten und gibt dementsprechend Hinweise (Schmidt-Wetzel 2017). Ein berufsbezogenes Merkmal ist es demnach, dass Kunstpädagoginnen und -pädagogen auf einen ›Fundus‹ an unterschiedlichsten gruppenbezogenen bildnerischen Übungen und hiermit verbundenen Praxiserfahrungen zurückgreifen können.

7 Forschen in der Kunstpädagogik

7.1 Die Anwendung von forschenden Verfahren in Kunst, Pädagogik und Kunstpädagogik

Forschende Zugänge zur Welt können als eine anthropologische Konstante angesehen werden, die sich nicht nur in den Wissenschaften, sondern u. a. in der individual- und kulturgeschichtlichen Entwicklung des Menschen zeigt. Forschende Zugänge zur Welt sind motiviert von der Neugier an den Phänomenen und davon, eine möglichst differenziertere, auch neue und andere Ordnung ›hinter den Erscheinungen zu entdecken‹. ›Forschen‹ in einem erweiterten Verständnis ist somit eine aktive Weltzuwendung, die – wie alles menschliche Handeln – Welt auch verändern kann. In der Pädagogik wie in der Kunst wird geforscht (▶ Kap. 2.16). Bei differenzierter Betrachtung ergeben sich hieraus Gemeinsamkeiten und Unterschiede forschender Zugänge in Pädagogik und Kunst.

Kein Fachgebiet, das sich als wissenschaftlich versteht, kann es sich leisten, auf Forschung zu verzichten, also auf geregelte und systematische Verfahren, mit denen fachgebietsspezifische Erkenntnisse gewonnen werden. ›Forschung‹ in einem engeren, wissenschaftlichen Zusammenhang bedeutet die systematische, methodisch begründete, reflektierte und überprüfbare Beobachtung, Beschreibung und Rekonstruktion von Wirklichkeitsaspekten. Eine solche Kompetenz ist auch für pädagogische Praxis unverzichtbar. Zudem wird man in der Praxis häufig mit widersprüchlichen Forschungsergebnissen konfrontiert. Kennt man sich in Forschungsmethoden aus, so ist es eher möglich, sich ein eigenes Bild von der Güte der jeweiligen Forschungsarbeiten zu machen und diese angemessen einzuordnen. Ferner werden die Anforderungen an die in der pädagogischen Praxis Handelnden immer größer, ihr Handeln zu rechtfertigen, nicht nur mit Argumenten zu begründen, sondern auch auf ihre Wirkung hin zu evaluieren (▶ Kap. 5.4 und ▶ Kap. 7.7). Weiterhin verfügt man durch forschende Zugänge über Kompetenzen, mit denen man eigenes Handeln dokumentieren kann, indem man ›Daten‹ vorlegt und Argumente aufweist, die beispielsweise stichhaltig die Verbesserung der eigenen Arbeitsumstände begründen können.

Zeitgenössische Künstlerinnen und Künstler – etwa aus dem Bereich der Landart oder der Performance (▶ Kap. 3.3) – verstehen sich auch als Forschende. Sie betreiben allerdings keine wissenschaftliche Forschung, sondern sie forschen im künstlerischen Sinne. Sie bedienen sich unterschiedlicher Forschungsverfahren: Sie machen Versuche, dokumentieren diese und führen hierüber Buch, sie legen Sammlungen an, sie suchen und sichern Spuren, sie erkunden Lebensäußerungen anderer Menschen, sie arrangieren Experimente, führen diese durch und werten sie künstlerisch aus. Mit der Verwendung von an Forschungsverfahren angelehnten Methoden erkunden und gestalten sie zugleich, denn Erkundungen und Forschungen hinterlassen Spuren, sie verändern durch ihre Eingriffe die ›Forschungsfelder‹. Oder Künstlerinnen und Künstler entnehmen häufig etwas aus den Feldern, um es zu isolieren, um es zu untersuchen und zur intensiveren Rezeption in einem neuen Kontext zu präsentieren; wie etwa bei Erwin Wurm (▶ Kap. 1.1).

Forschung in der Kunstpädagogik ist deshalb hauptsächlich vorgeprägt sowohl von kunst- und erziehungswissenschaftlichen Forschungsverfahren als auch von der Anwendung forschender Verfahren in der bildenden Kunst (Fink u. a. 2012, S. 237ff.; vgl. z. B. das Themenheft »Künstlerische Forschung an Hochschulen und Universitäten« der »Zeitschrift für Hochschulentwicklung« H. 1, 2015; unter https://www.zfhe.at). Ferner spielen u. a. sozialwissenschaftliche und psychologische Verfahren (etwa am Übergang der Kunstpädagogik zur Kunsttherapie; ▶ Kap. 3.1) eine Rolle. Was und wie in der Kunstpädagogik gegenwärtig geforscht wird, was diese Forschung leistet, welche Methoden angewandt werden und welche Forschungspraxis konkret hiermit verbunden ist, zeigt der Sammelband »Der professionalisierte

Blick. Forschendes Studieren in der Kunstpädagogik« auf (Kunz/Peters 2019). Um dieses Spannungsfeld zwischen Pädagogik und Kunst zu verdeutlichen, wird nicht an die wissenschaftstheoretische Diskussion angeknüpft, sondern als beispielhaft für dieses Spannungsfeld wird im Folgenden vielmehr das Konzept der ›künstlerischen Feldforschung‹ von Lili Fischer vorgestellt und analysiert, die an der Kunstakademie Münster als Professorin für Performance mehrere Jahre für den kunstpädagogischen Studiengang ›Künstlerisches Lehramt für die Primarstufe‹ zuständig war (»Kunst+Unterricht« 320/2008 »Feldforschung«).

Fischers Buch »Primäre Ideen. Hand- und Fußarbeiten aus der Kunstakademie Münster« (Fischer 1996) dokumentiert tagebuchähnlich in Text und Bild Projekte, die sie als »künstlerische Feldforschung« (Fischer 1996, S. 10ff.) bezeichnet. Seit den 1970er Jahren übertrug die Künstlerin recherchierende Handlungsformen aus dem wissenschaftlichen Kontext der Ethnologie und Ethnografie (Fischer 1983) auf die künstlerische Performance (▶ Kap. 3.3) und transformierte sie hierbei zu Mitteln künstlerischen Ausdrucks. Insbesondere bezog sie soziologische, anthropologische und ökologische Aspekte in ihr Werk mit ein. Sie beschreibt ihr Vorgehen detailliert: »Ich machte die Erfahrung, dass jeder seine eigenen Empfindungen hat, wenn er mit pflanzlichen Substanzen und Gerüchen in Berührung kommt. Das habe ich bei einigen Animationen thematisiert: z. B. bei ›Kissensinn‹ werden in Gaze eingenähte Holunderblüten zum Riechen verteilt – mit Kissenkopie und Stift zum Notieren der Geruchs-Assoziationen. Die Gerüche sind von Alten-Kreisen, Jugendlichen oder Mitgliedern des Internationalen Künstlergremiums kommentiert worden: jedes Mal wieder anders. Sie reichen von Erinnerungen an Gefangenschaft, über Matratzenliebe, Kräutersoll-Sammeln-unter-Hitler bis hin zum Pfannekuchenrezept von Meret Oppenheim« (Fischer 1988, S. 166). Ziel von Fischers Feldforschung ist es, »die Erkundung und Erprobung brauchbarer Methoden, alltägliche Felder in ihren künstlerischen Dimensionen zu erschließen – das nicht nur auf einer persönlichen, sondern auch intersubjektiven Ebene« (Fischer 1983, S. 26). Lili Fischers Werk enthält offensichtlich pädagogische Anteile (▶ Kap. 1). Anregungen eines solchen künstlerischen Ansatzes für die Kunstpädagogik können auf mindestens zweierlei Weise erfolgen:

sowohl in Bezug auf die wissenschaftliche Forschungspraxis als auch auf die Unterrichtspraxis im Fach (Brenne 2004). Weil in den Aufzeichnungen und Dokumentationen Fischers eine explizite Interpretation ihres Materials nicht erfolgt, kann Lili Fischers ›künstlerische Feldforschung‹ im engeren Sinn jedoch nicht der wissenschaftlichen Forschung zugerechnet werden, denn eine Interpretation ist immer elementarer Bestandteil eines wissenschaftlichen Forschungsprozesses. Übertragungen des Fischer'schen Ansatzes auf wissenschaftliche Arbeitsweisen in der Kunstpädagogik sind deshalb nicht gradlinig möglich. Er lässt sich aber als ein bewusst inszeniertes Entgrenzungsphänomen zwischen Pädagogik und Kunst mittels wissenschaftlicher Forschungsverfahren verorten. Aus diesem Grunde ist in ihrem Fall zumindest in einer wissenschaftlichen Terminologie korrekter von ›Feldaufzeichnungen‹ oder von ›dokumentierten Feldversuchen‹ zu sprechen. Fischers Dokumentationen sind dennoch durchaus für in der Kunstpädagogik Forschende aufschlussreich, weil in ihnen adäquate Formen des Experimentierens im Feld mit dem Ziel der Materialgewinnung und der Präsentation von ästhetischen Prozessen und Produkten mittels Texten, Zitaten, Fotografien oder Zeichnungen eröffnet sind. Für Forschung im Bereich der Kunstpädagogik stellt sich z. B. immer die Frage nach der Art und Weise einer Dokumentation gestalterischer, ästhetischer und sozialer Prozesse, die dem Fach und seinen Spezifika angemessen sind.

Übertragungsversuche eines solchen künstlerischen Ansatzes – wie des exemplarisch vorgestellten von Lili Fischer – auf die kunstpädagogische Erziehungspraxis können in der Weise erfolgen, dass eine künstlerisch forschende Haltung bei Schülerinnen und Schülern initiiert wird; häufig zur Erkundung von Phänomenen in der Mitwelt oder der Kunst oder zur Dokumentation selbst erlebter ästhetischer Prozesse (Kämpf-Jansen 2001; Heil 2007; Sabisch 2007; ▶ Kap. 2.16). Den Forschungsbegriff im Künstlerisch-Didaktischen zu benutzen, ist also nicht unüblich.

7.2 Sinn und Zweck wissenschaftlicher Forschung

Wissenschaftliche Forschungsmethoden sind Instrumentarien bzw. Regelsysteme, mit denen Aussagen nach in der Wissenschaft vereinbarten Kriterien und Richtlinien gewonnen werden können. Überzeugungskraft erlangen solche wissenschaftlichen Aussagen vor allem dadurch, dass ihre Entstehung durch andere Menschen überprüfbar ist. Jeder mit den Regeln Vertraute sollte die Erkenntniswege nachvollziehen können, wie zu bestimmten Ergebnissen gelangt wurde. Das Medium hierfür ist fast immer die Schriftsprache. Diese Regelsysteme sind in den Wissenschaftsbereichen, die sich mit dem Menschen und menschlichem Verhalten beschäftigen, in zwei Richtungen offen: Zum einen ist die Anzahl der anwendbaren Methoden in einer Wissenschaft nicht begrenzt, d. h., neue Methoden können entwickelt werden. Zum anderen lassen sich bestehende Regeln ausdifferenzieren oder reduzieren, d. h., der Grad der methodischen Geregeltheit ist variabel (Kuckartz 1994, S. 545). Eine solche Offenheit ist kein defizitärer Zustand, sondern ist für Wissenschaft kennzeichnend.

Knapp zusammengefasst sind Kennzeichen und zugleich Gütekriterien wissenschaftlicher Forschung u. a.:

- die ausführliche Dokumentation eines Forschungsprozesses bzw. -verfahrens,
- die Absicherung der Interpretationen und die Verallgemeinerung der Ergebnisse mittels nachvollziehbarer Methoden, Instrumentarien, Argumente, klar beschriebener Beobachtungen oder Zahlen (beispielsweise in Statistiken),
- die Regelgeleitetheit und Systematik eines Forschungsprozesses innerhalb einer in sich stimmigen Untersuchungseinheit,
- die Überprüfung, Weiterentwicklung und Nutzung der Forschungsverfahren und der Ergebnisse in Kommunikation mit anderen Forschenden (im Gespräch oder in Veröffentlichungen),
- das systematische In-Beziehung-Setzen unterschiedlicher Forschungsprojekte und -ergebnisse, das durch die Anwendung von Forschungsverfahren erst möglich wird,

- die Pluralität verschiedener forschender Herangehensweisen innerhalb einer größeren Forschungsgemeinschaft und
- die Transparenz des Forschungsprozesses nach innen und außen.

Durch diese Kennzeichen und Gütekriterien unterscheidet sich wissenschaftliche Forschung von mitgängigen, alltäglichen und auch von künstlerischen Herangehensweisen an Menschen, Phänomene und Dinge. In der Kunstpädagogik angewandte Forschungs- und Erkenntnisverfahren sind vielfältig und sie orientieren sich vor allem an der Bandbreite der Forschungsmethoden der Bezugswissenschaften, wie Erziehungswissenschaft, Kunstgeschichte oder Psychologie.

7.3 Historische Forschung

Kunstpädagogik erforscht ihre eigenen historischen Wurzeln. Den Versuch, eine umfassend angelegte Untersuchung zur Fachgeschichte zu schreiben, wagte Gert Selle mit seinem Buch »Kultur der Sinne und ästhetische Erziehung. Alltag, Sozialisation, Kunstunterricht in Deutschland vom Kaiserreich zur Bundesrepublik« (Selle 1981). (Richter 2003 und Legler 2011 gehen hingegen selektiv vor.) Der Schwerpunkt von Selles Buch ist die Darstellung der Einbettung der historischen Entwicklung des Faches in die alltägliche ästhetische Sozialisation der Menschen zu ihrer Zeit – beispielsweise mit welchem Produktdesign sie Tag für Tag konfrontiert waren und wie dieses in Wechselwirkung zum Kunstunterricht zu sehen ist. Zur gleichen Zeit legte Hans-Günther Richter seine »Geschichte der Kunstdidaktik. Konzepte zur Verwirklichung von ästhetischer Erziehung seit 1880« (Richter 1981) im Anschluss an Wolfgang Kemps Grundlagenwerk »›... einen wahrhaft bildenden Zeichenunterricht überall einzuführen‹. Zeichnen und Zeichenunterricht der Laien 1500–1870« (Kemp 1979) vor. Die ideengeschichtlichen Wurzeln ästhetischer Erziehung vom Ende des 19. bis in das 20. Jahrhundert hinein verfolgt Helene Skladny etwa an der Maxime der elementaren Wahrnehmungsschulung (Skladny 2009).

7 Forschen in der Kunstpädagogik

Eine Tendenz lässt sich innerhalb der historischen Forschung im Fach seitdem feststellen: weg von der chronologisch geordneten Darstellung großer Zeiträume, hin zu Untersuchungen über die Wirkungen und Wirkungsgeschichte einzelner einflussreicher Kunstpädagoginnen und Kunstpädagogen auf das Fach bzw. einflussreicher Konzepte. Rainer K. Wick erforschte beispielsweise die von ihm so genannte »Bauhauspädagogik« (Wick [4]1994), in der vor allem Bezüge zwischen Pädagogik und Kunst aus historischer Perspektive deutlich werden (▶ Kap. 3.2). Eine weitere Studie widmet Wick dem Kunsterzieher Hans Friedrich Geist und dessen Wirken in der Weimarer Republik, im ›Dritten Reich‹ sowie im Nachkriegsdeutschland (Wick 2003) (▶ Kap. 2.5). Im Rahmen dieses historischen Paradigmas werden häufig die Fragen nach den grundsätzlichen Aufgaben und Strukturen des Faches jeweils vor dem Hintergrund sich wandelnder kultureller und gesellschaftlicher sowie individueller Umstände zu beantworten versucht. Als exemplarisch hierfür kann die Dissertation von Meike Aissen-Crewett »Schülerzentrierte Kunstpädagogik. Erwin Heckmanns Kunstpädagogik zwischen Reformpädagogik und moderner Didaktik« (Aissen-Crewett 1985) gelten. Die Autorin entwirft in kritischer Reflexion der Potenziale der Reformpädagogik des Kunsterziehers Erwin Heckmann (1881–1963) eine gegenwartsbezogene schülerzentrierte Didaktik der Ästhetischen Erziehung. Dieser wichtigen, für uns heute noch impulsgebenden Epoche widmete sich auch die Untersuchung von Wolfgang Reiß »Die Kunsterziehung in der Weimarer Republik« (Reiß 1981). Weiteres Beispiel für die Wirkung eines einzelnen Konzepts ist die Studie von Wolfgang Legler »Die Dr. Stuhlmannsche Zeichenmethode und Bildung der Phantasie« (Legler 2011, S. 153ff.) (▶ Kap. 2.3 und ▶ Kap. 2.4) sowie die Studie zum Wirken Alfred Lichtwarks (Kiyonaga 2008). Als methodisch wegweisend für die fachhistorische Forschung kann die umfangreiche Untersuchung von Brigitte Zuber zur gymnasialen Kunsterziehung in der NS-Zeit am Beispiel Münchens gelten (Zuber 2009). Sie beschränkt sich auf die Zeichenlehrerinnen und -lehrer bzw. Kunsterziehenden, die in der Zeit von 1933 bis 1945 in München an den damaligen »höheren Schulen« tätig waren. Aufgrund dieser Eingrenzung kann die Untersuchung besonders gründlich exemplarisch in die Tiefe gehen und sogar eine gewisse Vollständigkeit in der Bearbeitung des Terrains beanspruchen.

Die Autorin sammelte hierfür Material aus öffentlichen und privaten Archiven, u. a. sehr viele Schülerarbeiten und Fotografien von Unterrichtsergebnissen. Besonders gut nachvollziehbar wird das Wirken dieser Lehrerinnen und Lehrer durch Erinnerungsberichte von noch heute lebenden ehemaligen Schülerinnen und Schülern. Neben dieser Form historischer Forschung kann auf kommentierte Quellentext-Sammlungen zur Geschichte des Faches zurückgegriffen werden (z. B. Kerbs 1976; Bering/Bering ³2013) oder auch auf digitalisierte Jahrgänge historischer Fachzeitschriften, wie »Kunst und Jugend« und »BDK-Mitteilungen« (▶ Kap. 9.2).

Von 1976 bis 2000 bestand in Berlin ein »BDK-Archiv« zur »Geschichte der Kunstpädagogik« mit bis zu 120 Jahre alten Dokumenten, das im Rahmen der Ausstellung »Kind und Kunst« (1976) gegründet wurde. Es wurde inzwischen in den Bestand der »Bibliothek für Bildungsgeschichtliche Forschung« in Berlin (https://www.dipf.de) eingegliedert und wird dort weitergeführt (vgl. BDK-Mitteilungen 3/2000, S. 7f.).

Der zentrale Nutzen historischer Forschung in der Kunstpädagogik, deren Ergebnisse in Kapitel 2 konturiert werden, liegt darin, ein möglichst umfassendes Verständnis von dem zu entwickeln und zu präzisieren, wie Kunstpädagogik zu dem geworden ist, was sie heute ist. Ziel ist die historisch aufgeklärte und bewusste Fundierung der Gegenwart aus der Vergangenheit heraus.

7.4 Kinderzeichnungsforschung und Erforschung bildnerisch-ästhetischen Verhaltens von Heranwachsenden

Die Entdeckung der so genannten ›freien‹ Kinderzeichnung am Ende des 19. Jahrhunderts (▶ Kap. 2.4) durch Kunsthistoriker, Psychologen und dann auch durch (Kunst-)Pädagogen löste das aus, was bis heute noch unter dem Terminus »Kinderzeichnungsforschung« zusammengefasst wird. Diese Bezeichnung ist im Fach zwar etabliert, aber missverständlich, weil sich Kunstpädagogik grundsätzlich und offener um bildnerisch-ästhetisches Verhalten von Kindern, Jugendlichen und Erwachsenen kümmert, also nicht nur um das Zeichnen und nicht nur um die Altersgruppe der Kinder. Eng und wörtlich ausgelegt würde noch nicht einmal die Malerei mit Wasserfarben zur »Kinderzeichnung« gehören. Im Laufe des 20. Jahrhunderts kamen immer mehr Bereiche bildnerischer Gestaltung hinzu, beispielsweise das plastische Arbeiten (▶ Kap. 4.2), Graffiti-Sprayen oder das Fotografieren und Filmen (▶ Kap. 3.5). Dennoch sind die Forschungen zur Kinderzeichnung ein eigener, separater, traditionsreicher und sehr umfassend etablierter Bereich kunstpädagogischer Forschung. Gehen wir von einem wissenschaftlich-forschenden Selbstverständnis in der Kunstpädagogik aus, dann hat sich dieses in ihrem Kern hier am frühesten etabliert, obwohl die Einflüsse von außen – vor allem aus der Psychologie – stets groß waren. Veröffentlichungen, die einen Überblick über diesen Forschungsbereich aus Sicht der Kunstpädagogik geben, die vorhandene Forschungen miteinander verknüpfen und diese auf dem aktuellen Stand der Wissenschaft kritisch analysieren, sind ausreichend verfügbar (z. B. Richter 1987; Reiß 1996; Seidel 2007; Philipps [3]2011; Kirchner/Kirschenmann/Miller 2010; Schulz/Seumel 2013).

Sehr verschiedene Phasierungen von Entwicklung in der Kindheit liegen den unterschiedlichen ›Schulen‹ zugrunde, weshalb sie auch die bildnerischen Ergebnisse in je unterschiedliche Phasen einteilen. Als weitgehend konsensfähig kann aber folgende Dreiteilung des Entwicklungsgeschehens in Bezug auf die Kinderzeichnung in unserer Kultur angesehen werden (ausführlich dargestellt in Peez 2015a):

(1) Kleinkind: Hier spricht man von der Kritzelphase oder sensomotorischen Phase, in der Bewegungsspuren das Bild bestimmen (▶ Abb. 23).
(2) Spätes Kindergartenalter und Grundschulalter: Dieser Lebensabschnitt wird in den kognitionsorientierten Theorien als Schemaphase bezeichnet. Es prägen sich die Gestaltung bildnerischer Symbole bzw. von »Sinnzeichen« (Philipps [3]2011, S. 38) in unterschiedlichen Stufen und Komplexitätsgraden aus.
(3) Jugendphase: In ihr differenziert sich das bildnerische Vermögen stark in unterschiedliche Stile. Früher sprach man von der so genannten

7.4 Kinderzeichnungsforschung

pseudonaturalistischen Phase, in der die Orientierung am Sichtbaren und an der äußeren Erscheinung des Dargestellten vorherrschen und in der die räumlich-perspektivische Darstellung vervollkommnet wird. Doch spielen jugendkulturelle und medienbeeinflusste Faktoren eine immer größere Rolle, wie Comics, digitale Bilder, Videos und Animationen, Graffiti, Tags oder Streetart-Elemente.

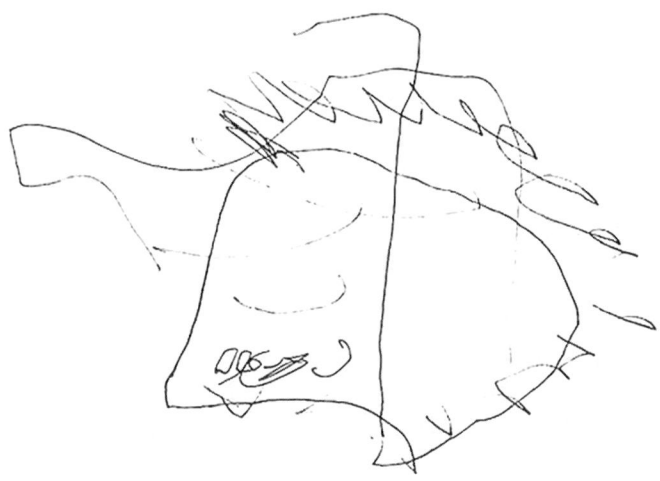

Abb. 23: Im Alter von drei Jahren und vier Monaten zeichnet Hans so genannte sinnunterlegte Kritzeleien. Seine Kritzelzeichnung legt er selbst im Nachhinein assoziativ gegenständlich aus. So benennt Hans diese Zeichnung als »Elefant«, denn links von der kompakten Grundform sah er einen rüsselähnlichen Fortsatz.

Inzwischen sieht die Kinderzeichnungsforschung ästhetisches Verhalten allerdings durchaus komplexer als es die Phasierungen nahelegen. Nicht nur die relativ isolierte Interpretation bildnerischer Produktion wird fokussiert, sondern es werden z. B.

- Beziehungen zwischen sprachlichen Äußerungen und bildnerischer Produktion oder

- zwischen Körperbewegungen und bildnerischer Produktion thematisiert (Egger ⁶2001).
- Den sozialen Interaktionen innerhalb von (Kunst-)Unterricht wendet man sich in Bezug auf die Kinderzeichnung zu (Schuster/Jezek 1992).
- Ferner hat sich im Bereich der digitalen Kinderzeichnung ein eigener Forschungsschwerpunkt etabliert (Mohr 2005; Kirchner 2007; Camuka/Peez 2017a). Hier wird versucht, an traditionelle Untersuchungsmethoden anzuknüpfen und diese zu spezifizieren.
- Eine Kunstpädagogik, die sich verstärkt international ausrichtet, ist am global und interkulturell vorhandenen Phänomen (Kinder-)Zeichnung sehr interessiert. Welche spezifisch kulturell geprägten und welche anthropologisch universellen Merkmale gibt es (Richter 2001; https://arnostern.com)?
- Hiermit hängt auch die Erforschung frühester (Vor-)Formen der Kinderzeichnung zusammen (Baum/Kunz 2007; Stritzker/Peez/Kirchner 2008).
- Ferner rücken die ästhetischen Phänomene und Differenzierungen der Jugendphase immer stärker in den Fokus (Kirchner/Kirschenmann/Miller 2010, S. 133ff.; Richard/Krüger 2010; »Kunst+Unterricht« Exkurs, Beilagenheft 339 340/2010 »Jugendkulturelle Bildwelten«).

Zusammenfassend lässt sich sagen, dass sich die Kinderzeichnungsforschung von umfangreich angelegten Reihenuntersuchungen mit vielen Zeichenprodukten »anonymer« Kinder (meist aus Mal- und Zeichenwettbewerben entnommen) hin zur Einzelfallforschung entwickelt hat, die den Zeichenprozess und/oder die kindliche Individualität fokussieren.

Für die Kinderzeichnungsforschung gilt es, die subjektiven Faktoren und biografischen Bezüge in der bildnerischen Handlung des Kindes zu rekonstruieren, d. h. Beweggründe, Ideen und Interessen im Vollzug des Zeichnens und deren kommunikative Beziehungsaspekte zu thematisieren. Denn das Kind gestaltet, und zugleich wird es durch die Bedeutungsinhalte überformt.

Pädagogisch bedeutsam ist, dass die Heranwachsenden mit geeigneten Aufgabenstellungen – etwa im Kunstunterricht – konfrontiert werden. Eine solche Aufgabe muss die Potenziale besitzen, zum persönlichen Problem des Kindes zu werden. Durch die Ableitung eines ›Problemraumes‹ aus dem ›Aufgabenraum‹ schafft sich das Kind individuelle Strategien für sein zukünftiges, nicht nur zeichnerisches Handeln. Während im Bereich des manuellen Handelns bestimmte Elemente der Zeichnung verkürzt und schematisch zu Papier gebracht werden, öffnen sich Freiräume für eine eigene intensive gedankliche Beschäftigung mit der vorliegenden Thematik, einem ›inneren Handeln‹ gleich.

Durch dieses Modell wird auch einsichtig, dass die Interpretation des ästhetischen Verhaltens von Kindern kein hegemonialer Akt ist. Erwachsene, die von eigenen Normen geleitet werden, können Kinder zwar nicht völlig verstehen. Aber die Kinderzeichnung kann ein Kommunikationsangebot sein. Dieses Angebot ist im Rahmen von Forschung zu nutzen.

Kinderzeichnung – so wird deutlich – weist allgemeine Entwicklungs- und Bildmerkmale auf, die sich bei der überwiegenden Anzahl Gleichaltriger zeigen. Aber sie enthält auch die Verarbeitung einmaliger persönlicher Erfahrungen eines bestimmten Kindes. Durch diese zwei Merkmale wird der Kinderzeichnung in der Kunstpädagogik voraussichtlich noch lange ein zentraler Stellenwert zugemessen werden: (1) Fast alle Kinder zeichnen zumindest bis in die Grundschulzeit hinein, und (2) die Zeichnung ist manifest, sie lässt sich leicht sammeln und aufheben und damit für Forschungen verwenden.

7.5 Bildungstheoretische hermeneutische Forschung

Das Material bildungstheoretischer bzw. hermeneutischer Forschung sind fast immer wissenschaftliche Texte, meist aus der bildungstheoretischen bzw. hermeneutischen Forschung selbst. Die Weiterentwicklung von Kunstpädagogik – so die Grundannahme innerhalb dieses Forschungsverfahrens – ist über das genaue Studium und die Interpretation von Texten zur Kunstpädagogik und aus angrenzenden Disziplinen möglich. Texte zur Ästhetik und ästhetischen Erziehung – seien sie ›Klassikertexte‹, wie Friedrich Schillers Briefe »Über die ästhetische Erziehung des Menschen« (Schiller 1793/1795; ▶ Kap. 2.2) oder neuere Theorien, wie etwa Martin Seels Schriften zur Ästhetik (Seel 2007; ▶ Kap. 1.3) – werden in Bezug auf kunstpädagogische Kernbereiche bzw. -tätigkeiten ausgelegt. Aus diesen Texten werden Theorieelemente separiert, dargestellt, interpretiert, auf aktuelle Fragestellungen bezogen sowie mit neu entwickelten Theorieelementen und teils mit kunstpädagogischen Praxiserfahrungen argumentativ verknüpft. Meist werden innerhalb dieses Forschungsverfahrens aus der Reflexion dessen, was ästhetische Erziehung wesensmäßig sein sollte, unter Zuhilfenahme anderer Texte neue Modelle bzw. neue Modellaspekte von Kunstpädagogik entworfen. Als beispielhaft für ein solches hermeneutisches Verfahren kann Thomas Lehnerers Studie »Methode der Kunst« (Lehnerer 1994) gelten, in der er Kernbegriffe der ästhetischen Erziehung, wie ›Kunstempfinden‹, ›ästhetisches Objekt‹, ›ästhetisches Gefühl‹, ›Spiel‹ (nach Schiller) oder ›ästhetische Empfindung‹ zu klären versuchte (Lehnerer 1994, S. 54ff.).

Dem Thema ›Spiel‹ widmet sich auch die Kunstpädagogin Tanja Wetzel, da es zentral für die Ausgestaltung kunstpädagogischer Situationen ist (Wetzel 2005). In Auseinandersetzung u.a. mit Spieltheorien, philosophischen und geisteswissenschaftlichen Positionen argumentiert Wetzel für ästhetisch-künstlerische Handlungen als Tätigkeiten im künstlerischen Feld, indem die beteiligten Akteure dieses Feld stets performativ »bespielen« und Ordnungsstrukturen »auf's Spiel setzen«. Seine Überzeugungskraft erhält eine bildungstheoretische Untersuchung durch die einsichtige und originelle Kombination unterschiedlicher Theorien; bei Wetzel sind dies u.a. Ansätze des Kunstsoziologen Pierre Bourdieu, des Philosophen Jacques Derrida oder des Kunstpädagogen Karl-Josef Pazzini; vor allem werden Gedanken des Künstlers Marcel Duchamps verarbeitet. Auch Carl-Peter Buschkühle richtet seinen Entwurf einer künstlerischen Bildung »Die Welt als Spiel« an Spieltheorien aus (Buschkühle 2007) (▶ Kap. 2.15).

Eine zentrale Legitimation, bildungstheoretisch bzw. hermeneutisch zu forschen, liegt in der Überzeugung begründet, dass erzieherische und pädagogische Prozesse prinzipiell unwiederholbar und einmalig sind; so singulär, dass es kaum sinnvoll wäre, diese Praxen und Prozesse selbst systematisch zu erforschen und auszulegen (ein Standpunkt, der diametral der empirischen Forschung entgegensteht; ▶ Kap. 7.7). Angesichts dieser Einmaligkeit pädagogischer Prozesse beschäftigt sich erziehungswissenschaftlich-hermeneutische Forschung, die sich in ihrer Allgemeinheit über mehr erstreckt als das Spezifische eines bestimmten Handlungskontexts, mit dem ›Herausschälen‹ des Wesenhaften von ästhetischer Erziehung durch die Deutung von Texten über ästhetische Erziehung. Ferner gründet sich dieses Vorgehen auch historisch auf der Annahme, Epochen sowie ›zeitlose‹ Charakteristika von Erziehung seien über herausragende Texte zum Thema zu rekonstruieren.

7.6 Fachdidaktische Forschung

Didaktik bezeichnet die wissenschaftliche Reflexion über meist planvolles und institutionalisiertes Lehren und Lernen. Die Didaktik ist also vorrangig dem Wissenschaftssystem zugeordnet, sie nutzt wissenschaftliche Methoden und Strukturen, sie steht nicht unter dem Handlungsdruck von pädagogischer Praxis. Um didaktische Überlegungen zu gliedern, hat sich die folgende Einteilung als hilfreich erwiesen:

- Ziele: Warum wird etwas Bestimmtes angeboten, gelehrt und gelernt?
- Inhalte: Was wird pädagogisch aufbereitet und gelernt?
- Methoden: Wie soll etwas dargestellt, vermittelt und gelernt werden?
- Beziehungen: Wie verhalten sich die Beteiligten untereinander?

Alle vier Aspekte sind nicht trennscharf voneinander abzugrenzen, sondern beeinflussen sich wechselseitig. Sie sind jeweils einerseits auf die Perspektive der Vermittlung, also die Lehrenden, und andererseits auf die Perspektive der Aneignung, also die Lernenden, zu beziehen. Im Rahmen einer didaktischen Analyse sollten sich nach einer Entscheidung für Ziele und nach der Auswahl der hierauf bezogenen Inhalte methodische und soziale Aspekte betreffende Überlegungen anschließen. Doch verkennt wiederum eine an den Zielen und Inhalten ansetzende Argumentation die dynamischen Rückkoppelungen in der Praxis – pädagogische Interaktionen lassen sich nur in unterschiedlichen Maßen linear vorplanen. Aber auch eine solche kritische Überlegung ist bereits Teil der Didaktik.

Vorgehensweisen und Ergebnisse fachdidaktischer Forschung innerhalb der Kunstpädagogik sind beispielhaft in Kapitel 2.12 bis 2.16 dargestellt. Die Person Gunter Ottos ist in dieser Hinsicht von Bedeutung, denn Otto war stets Allgemeindidaktiker und Fachdidaktiker (▶ Kap. 2.12). Die kunstpädagogische Fachdidaktik ist von der Differenz zwischen Pädagogik und Kunst in ihrem Kern berührt, denn sie muss sich mit der grundsätzlichen Frage auseinandersetzen, ob sich das Fachliche, also die künstlerischen Herangehensweisen und Ausdrucksmöglichkeiten, mit dem Didaktischen überhaupt vereinbaren lassen; und wenn ja, auf welchen Wegen und mit welchen Mitteln (▶ Kap. 1.2).

Fachdidaktiken sind eng an die Lehrerinnen- und Lehrerbildung, an deren Etablierung und Verwissenschaftlichung innerhalb der Hochschulen gekoppelt. Ein zentrales Feld fachdidaktischer Studien ist deshalb die Curriculumforschung, das sind Untersuchungen, die sich mit der Erstellung von Lehrplänen bzw. von Bildungsstandards befassen. Auf der Ebene des »Fachverbandes für Kunstpädagogik, BDK« (▶ Kap. 9.1.1) finden wissenschaftliche fachdidaktische Diskussionen in der Form ihren Niederschlag, dass Positionspapiere für den Elementarbereich, zum Kunstunterricht in der Primarstufe, Sekundarstufe I und II erarbeitet und herausgegeben wurden (BDK 1999) (▶ Kap. 5.1).

Der fachdidaktischen Forschung wird nicht selten Praxisferne vorgeworfen. Aus diesem Grunde werden in wissenschaftlichen Studien (Buschkühle 2003; Kirschenmann/Peez 2004; Kirchner/Kirschenmann 2004; Loffredo 2014; Peez 2015b; Camuka/Peez 2017a und b) meist Beschreibungen von exemplarischen Unterrichtseinheiten hinzugefügt; Theorie wird durch Praxis erläutert und sicher auch variiert. Die meisten Ausgaben der Fachzeitschrift »Kunst+Unterricht« sind ebenfalls im Kern nach diesem Schema aufgebaut: Ein ›Einführungsartikel‹ konturiert die fachdidaktischen Aspekte eines Themas theoretisch und wissenschaftlich, woraufhin sich im ›Thementeil‹ Unterrichtsdarstellungen aus verschiedenen Schulstufen anschließen, in denen die fachdidaktische

Theorie in kunstpädagogische Praxis umgesetzt ist. Dass es sich hierbei nicht um alltäglichen Unterricht handelt, liegt in der Natur der Sache, da ja in gewisser Weise vorbildlicher Unterricht zu den fachdidaktischen Überlegungen dargestellt werden soll.

7.7 Empirische Forschung

Die Forschungsform der Empirie zielt auf Erkenntnisse, die auf (Sinnes-)Erfahrungen beruhen. Empirie basiert auf der Erfassung von u. a. kulturellen, biografischen oder sozialen Phänomenen, beispielsweise durch Beobachtungen und Befragungen. Wenn man eine empirisch basierte Erkenntnis hat, dann hat man kein Buch, keinen Zeitschriftenartikel gelesen und gedeutet (▶ Kap. 7.5), um sein Wissen zu erweitern, sondern man hat seine Erfahrungen, auf denen Erkenntnis beruht, ›draußen‹ in der Welt gesammelt. Aussagen zu Aufgaben, Handlungsvollzügen, ästhetischen Dispositionen und didaktischen Strukturen von Kunstpädagogik lassen sich auf dem Wege empirischer Forschung gewinnen. Diese Erfahrungen, auf denen die Erkenntnis beruht, müssen ›festgehalten‹ werden. Häufig besteht das Forschungsmaterial aus Protokollen teilnehmender Beobachtung, angekreuzten Fragebögen oder transkribierten Interviews; es kann sich aber auch aus Fotografien, Videos oder Zeichnungen zusammensetzen. Anhand dieses Forschungsmaterials werden durch Interpretationen empirisch begründete Erkenntnisse erarbeitet. Diese Erkenntnisse können einen Beitrag beispielsweise zu einem tieferen Verständnis ästhetischen Verhaltens von Menschen inner- und außerhalb kunstpädagogischer Situationen leisten und somit Aufgaben der Kunstpädagogik aktuell klären helfen. Da Erfahrungssammeln freilich äußerst subjektiv und für andere Menschen kaum nachvollziehbar sein kann – im wörtlichen Sinne der Aussage: »Das sehe ich aber ganz anders als du« –, müssen sich Beobachtungen und Experimente innerhalb empirischer Forschung an bestimmten Regeln orientieren, damit die Nachvollziehbarkeit der Forschung durch Außenstehende gewährleistet ist (▶ Kap. 7.2).

Innerhalb der empirischen Forschung unterscheidet man qualitative und quantitative Ansätze. Quantitative empirische Untersuchungen beruhen auf Zahlen und Statistiken. Ihr Ziel ist es, eine allgemein gültige Aussage zu erhalten, die – meist ausgehend von einer kleinen, aber repräsentativen Gruppe der Bevölkerung – auf eine größere Gruppe schließt, etwa Schülerinnen und Schüler der Sekundarstufe I eines Bundeslandes. Quantitative empirische Untersuchungen basieren häufig auf Hypothesen, die überprüft werden. Die Quantifizierung von komplexen Verhalten und von Einstellungen basiert beispielsweise auf Fragen, auf die klar mit Ja/Nein oder in verschiedenen Abstufungen (trifft vollkommen/ziemlich/weniger/nicht zu) zu antworten ist. Die Häufigkeiten der Antworten können ausgezählt und statistisch erfasst werden (vgl. die vorwiegend quantitativen Untersuchungen von Schönemann 1981; Schiemenz 1985; Reiß 1996; Oswald 2003). Oder von geschulten Beobachtenden werden etwa Häufigkeit und Intensität von Verhaltensphänomenen anhand eines so genannten Ratingsystems in Form von Zahlen dokumentiert. Die Ergebnisse dieser statistischen Erfassung werden daraufhin z. B. in Bezug zu bestimmten anderen korrelierenden Ergebnissen oder zu soziodemografischen Angaben gesetzt, Häufigkeiten werden errechnet. Zudem können Durchschnittswerte, Skalen und Standardabweichungen ermittelt werden. Methodisch beispielhafte Untersuchungen über Kunstunterricht in Grundschulen wurden von Nicole Berner (2013), Rebekka Schmidt (2016) und Sonja Orth (2018) vorgelegt.

Qualitative empirische Forschung hingegen beruht nicht auf Zahlen und erstellt keine Statistiken, sondern sie beruht auf Auslegungen und Interpretationen. Ihr Ziel ist nicht die Repräsentativität, sondern die Exemplarik und ›Tiefenschärfe‹ von Einzelfällen (Peez ²2002; Peez 2007). Formen qualitativer empirischer Forschung haben u. a. in den Erziehungs- und Sozialwissenschaften eine lange und eigenständige Tradition, wenn auch diese Bezeichnung selbst erst seit den Achtzigerjahren des 20. Jahrhunderts einvernehmlich benutzt wird. Vorher sprach man von Kasuistik bzw. von Fallstudien, Fallbeispielen, Falldarstellungen oder auch – angelehnt an die Ethnologie und die Kulturanthropologie – von Feldforschung (▶ Kap. 7.1). Qualitative Forschung basiert auf Einzelbeobachtungen und -analysen, deren Beispielhaftigkeit regelgeleitet und systematisch herausgearbeitet wird. Es geht darum, die Details

7.7 Empirische Forschung

genau zu betrachten, um von ihnen aus die großen Zusammenhänge ›neu‹ zu sehen. Eine verallgemeinerbare – allerdings nicht repräsentative – Aussage über den Untersuchungsgegenstand wird oft durch das In-Beziehung-Setzen von Einzelanalysen möglich. Ein Teil der Forschungsarbeiten in der Kunstpädagogik sind gegenwärtig qualitativ-empirisch ausgerichtet (z. B. Limper 2013; Grütjen 2013; Hofmann 2015; Junge 2016; Schmidt-Wetzel 2017; Bader 2019). Denn angesichts der Gleichzeitigkeit vielfältiger lebensweltlicher Einflussfaktoren wird eher qualitativen als quantitativen Forschungsverfahren zugetraut, der kulturellen, ästhetischen, gesellschaftlichen und biografischen Heterogenität und Differenziertheit Rechnung zu tragen (Peez 2005 und 2007).

Eine frühe und umfangreiche qualitative Forschungsarbeit legte Maria Peters vor. In ihrer Untersuchung »Blick – Wort – Berührung. Differenzen als ästhetisches Potential in der Rezeption plastischer Werke von Arp, Maillol und F. E. Walther« (Peters 1996c) setzte sie sich das Ziel, Texte von Schülerinnen und Schülern zu untersuchen, die aufgrund verschiedener taktiler, visueller, akustischer und gestisch-handelnder Formen der Erkundung von originaler Plastik entstanden. Sie erforschte ästhetische Erfahrungen (▶ Kap. 1.3) in der Kunstrezeption (▶ Kap. 4.3).

In der qualitativen empirischen Forschung lassen sich die Untersuchungen je nach Forschungsschwerpunkt in drei Gruppen kategorisieren. Maria Peters' Studie ist dem Bereich der »Erforschung ästhetischer Praxis und Rezeption« zuzurechnen. Hier geht es um die Frage: Wie nehmen Kinder und Jugendliche Kunst, Kultur und ihre Umwelt wahr und wie reagieren sie hierauf mit bildnerisch-künstlerischen Mitteln (Mollenhauer 1996)? Die Motivation, auf diese Frage Antworten zu finden, besteht darin, dass sich zielgruppen-angemessene kunstpädagogische Angebote nur dann planen und durchführen lassen, wenn man zuvor Erkenntnisse über diese Adressaten gewonnen hat. Auch die Kinderzeichnungsforschung (▶ Kap. 7.4) begründet sich hierdurch. Gerade Studien zur ›Kinderzeichnung‹ können (wenn sie mittels qualitativ-empirischer Methoden erhoben wurden) deshalb der qualitativen Empirie zugerechnet werden; etwa Marie-Luise Dietls Studie »Kindermalerei« (Dietl 2004), Anja Mohrs Untersuchung »Digitale Kinderzeichnung. Aspekte ästhetischen Verhaltens von Vorschulkindern am Computer« (Mohr 2005) oder Annette Wiegelmann-Bals' Studie zum Zeichnen nach Computerspielen (2009). Nur wenn man versteht, wie Kinder mit Mal- und Zeichenprogrammen ›von sich‹ aus umgehen, kann man ein adäquates Angebot zur Integration des Computers in den ästhetischen Vorschul- und Grundschulbereich entwickeln. Es handelt sich bei der »Erforschung ästhetischer Praxis und Rezeption« in gewissem Sinne also um Grundlagenforschung. Weitere Studien aus diesem Forschungsbereich sind: »Scribbling Notions. Bildnerische Prozesse in der frühen Kindheit« (Baum/Kunz 2007), »Experimentieren. Ästhetisches Verhalten von Grundschulkindern« (Reuter 2007) sowie »Schmieren und erste Kritzel – Der Beginn der Kinderzeichnung« (Stritzker/Peez/Kirchner 2008). Das Material hierfür wird meist im Alltag der Kinder und Jugendlichen außerhalb der Schule erhoben.

Ein zweiter Bereich ist die »Unterrichtsforschung« oder »Wirkungsforschung«. Sie erlebte in den letzten Jahren einen Aufschwung, der nicht zuletzt durch die große Beachtung internationaler empirischer Vergleichsstudien (z. B. PISA) in der Öffentlichkeit ausgelöst wurde. Im Mittelpunkt steht hier die Frage: Wie findet Kunstunterricht (bzw. ein außerschulisches kunstpädagogisches Angebot) ganz konkret statt und wie wirkt sich ein kunstdidaktisches Konzept auf die Schülerinnen und Schüler aus? Das Material für solche Untersuchungen muss deshalb im schulischen Kunstunterricht (bzw. entsprechend in außerschulischen kunstpädagogisch durchgeführten Maßnahmen) erhoben werden. Beispielhaft für »Unterrichtsforschung« oder »Wirkungsforschung« sind die Studien von Constanze Kirchner (»Kinder und Kunst der Gegenwart. Zur Erfahrung mit zeitgenössischer Kunst in der Grundschule« 1999), Brigitte Limper (»Interdisziplinarität und Ästhetische Bildung in der Grundschule« 2013), Miriam Schmidt-Wetzel (»Kollaboratives Handeln im Kunstunterricht« 2017) und Nadia Bader (»Zeichnen – Reden – Zeigen. Wechselwirkungen zwischen Lehr-Lern-Dialogen und Gestaltungsprozessen im Kunstunterricht« 2019). Fabian Hofmann untersucht »Pädagogische Kunstkommunikation« zu zwei Schulklassen und einer Kita-Gruppe in Kunstausstellungen (2015). Bettina Uhlig (»Kunstrezeption in der Grundschule. Zu einer grundschulspezifischen Rezeptionsmethodik« 2005) behandelt die Frage, ob und wie man kunstpädagogisch begründet Grundschulkindern den Zugang zu zeitgenössischer Kunst ermöglichen kann – Kunst, die häufig ohne kunsttheoretische Kenntnisse schon für Erwachsene kaum verständlich ist. Anhand von Videoaufzeichnungen, Protokollen teilnehmender Beobachtung und Interviews in einer dritten Grundschulklasse werden unterschiedliche Sichtweisen des Kunstunterrichts festgehalten und anschließend interpretiert. Auswertungsschwerpunkte sind die kindlichen Rezeptionsfähigkeiten, die tatsächlich ablaufenden Rezeptionsprozesse sowie die kontextuellen Bedingungen des Unterrichts. Die Rezeptionsprozesse der Kinder sind anhand der Auswertungen des empirischen Materials bis ins Detail nachvollziehbar und belegen die immens wichtigen bildungsrelevanten Potenziale, die für Kinder in der Begegnung mit Gegenwartskunst liegen. Ulrike Stutz (2008) und Georg Peez (^{2}2002, S. 155ff.; 2005) untersuchen Kunstunterricht in der Sekundarstufe I auf dessen Wirkung, Christina Griebel (2006), Christine Heil (2007) und Jörg Grütjen (2013) analysieren Kunstunterrichtssequenzen in der gymnasialen Oberstufe. Und Thomas Michl erforscht in beiden Schulstufen, ob und inwieweit experimentell angelegte Gestaltungsprozesse im Kunstunterricht positive Wirkungen haben (Michl 2010). So kann sich die Kunstpädagogik inzwischen zumindest punktuell an ihrem Anspruch messen lassen, behauptete Wirkungen auch mit empirischen Mitteln evaluieren zu können.

Ein dritter Bereich qualitativer Empirie in der Kunstpädagogik ist die »Professionsforschung«. Hier werden Fragen nach den Merkmalen des kunstpädagogischen Berufsbildes beantwortet. Wie denken und handeln Kunstpädagoginnen und Kunstpädagogen in ihren Arbeitsfeldern? Was zeichnet Kunstpädagogik als professionelles Handeln im Kern aus? Erst auf der Basis einer Reflexion solcher Fragen lässt sich über ein angemessenes Repertoire an Handlungsstrategien befinden, wie kunstpädagogische Professionalität weiterentwickelt werden kann. Kunstpädagogik wird in der »Professionsforschung« auf empirischer Basis selbstreflexiv. Bezogen auf das Lehramtsstudium untersuchte dies Andrea Sabisch an Einzelfällen (Sabisch 2007). Fritz Seydel untersuchte verschiedene Ansätze in der Hochschullehre zur biografischen Selbstreflexion Studierender in Bezug auf ihren späteren Beruf. Denn lebensgeschichtlich frühe Erfahrungen mit Schule sind häufig unterschwellig wirkende grundlegende Voraussetzungen für die Berufspraxis von späteren Lehrerinnen und Lehrern. Mit künstlerisch-ästhetischen Mitteln werden Teile der eigenen Lebensgeschichte verfremdet und (re-)konstruiert, so dass Distanz zum professionellen Selbst gewonnen und doch zugleich eine große Unmittelbarkeit zum eigenen Lebensweg erfahren werden kann. Wie sich dieser Aspekt von Hochschullehre auf die Studierenden auswirkt, ist Gegenstand von Seydels Untersuchung (Seydel 2005). Das Datenmaterial der Studie »Kunstpädagogische Professionalität und Kunstdidaktik« von Andrea Dreyer (2005) setzt sich zusammen aus Interviews mit Kunstlehrenden, Schulleiterfragebögen, Schulportraits sowie vielen protokollierten Kunstunterrichtsstunden. Die Analyse dieses Datenmaterials mündete in ein »Vier-Felder-Schema«, welches eine Gruppierung von Kunstlehrenden zulässt und in welchem Berufswahlentscheidungen, rezeptives und aktives künstlerisches Verhalten ebenso eine Rolle spielen wie Kunst- bzw. Pädagogik-Dominanz im professionellen Selbstverständnis. Ein Ergebnis der Untersuchung ist ein »derzeit einseitig ausgeprägtes Professionsverständnis« der Kunstpädagogik (Dreyer 2005, S. 252), der Mythos vom Künstlerpädagogen, wie er etwa von Gert Selle propagiert (▶ Kap. 2.13) wird und innerhalb des Konzepts der »Künstlerischen Bildung« ab und zu aufscheint (▶ Kap. 2.15). Hier zeigt sich, wie elementar Kunstdidaktik und der Bereich der Professionsforschung in Beziehung zueinander stehen. Eine weitere empirische Professionsstudie untersucht die Frage nach den Merkmalen von Lehrerinnen und Lehrern des Faches »Kunst« an allgemein bildenden Schulen: Gibt es Gemeinsamkeiten und charakteristische Prägungen über Altersgruppen und Schulstufen hinweg? Hierfür erzählen über 50 Kunstlehrende in autobiografisch-narrativen Interviews, wie der eigene Lebenslauf, die Berufswahl und die derzeitige Berufsausübung zusammenhängen. Ein Ergebnis ist, dass viele Befragte in ihrer Jugend in dem als bereichernd erlebten schulischen Kunstunterricht einer für sie bis heute vorbildlichen Kunstlehrerin bzw. einem Kunstlehrer begegneten. Der Einfluss ging dann oft soweit, dass die heutigen Lehrkräfte in punkto kunstdidaktischer Methoden wesentlich stärker auf ihre biografischen Erfahrungen aus Kindheit und Jugend zurückgreifen als auf in Studium oder Referendariat erlernte Kunstdidaktik (Peez 2009).

Resümiert werden kann: Die Akzentuierung kunstpädagogischer Belange und die Stärkung kunstpädagogischer Identität vollzieht sich in den letzten Jahren in überzeugender Weise: Unter Beachtung der Praxisbezüge geschieht dies besonders über die Verwissenschaftlichung der Kunstpädagogik mit den Mitteln qualitativ empirischer Forschung.

8 Kunstpädagogik studieren – Hochschulen, Studiengänge und Abschlüsse

8.1 Künstlerische Eignungsprüfung

Wer sich heute mit dem Gedanken trägt, Kunstpädagogik zu studieren, wird in aller Regel damit konfrontiert, vor Studienbeginn eine künstlerische Eignungsprüfung ablegen zu müssen. Hiermit tut sich bereits ein großer Unterschied zu fast allen anderen Studienfächern auf: Interessierte werden nach dem Erwerb der allgemeinen Hochschulreife einer zusätzlichen Prüfung unterzogen. Das entsprechende Verfahren sieht vor, dass mit einer Bewerbung um einen Studienplatz eine Auswahl künstlerischer Arbeiten einzureichen ist, die so genannte Mappe, mit 20 bis 30 Werken der letzten zwei bis drei Jahre. Eine Prüfungskommission sichtet die eingereichten Unterlagen und lädt daraufhin evtl. zu einer Aufnahmeprüfung ein, die meist aus einem kunstpraktischen Teil und seltener einem zusätzlichen Gespräch besteht, in dem man u. a. über die Motivationen zum Studienwunsch sowie zu künstlerischen, aber auch kunstpädagogischen Einstellungen und Reflexionen über Kunst befragt wird. Darüber, warum die künstlerische Eignung für den Eintritt ins Studium die entscheidende Rolle spielt, warum sie separat überprüft werden muss, warum sie beispielsweise nicht automatisch Teil der allgemeinen Hochschulreife ist wie die Eignung zum Studieren anderer Fächer, ließe sich diskutieren. Doch Studierwillige sind mit der Herausforderung konfrontiert, die künstlerische Eignungsprüfung zu bestehen; oder sie suchen sich ein anderes Studienfach.

Bezogen auf die Leitkategorie dieses Buches werden mit der künstlerischen Eignungsprüfung Setzungen vorgenommen, die für das Studium und das Selbstverständnis des Faches folgenreich sind. Wenige dieser Setzungen seien genannt und gedeutet. Die Überprüfung der künstlerischen Eignung nimmt für die Kunstpädagogik einen höheren Stellenwert ein als die nicht durchgeführte Überprüfung der pädagogischen Eignung. Hieraus ließe sich mutmaßen, dass die künstlerische Eignung entweder grundsätzlich nicht im Studium zu erlangen wäre bzw. hier nicht mehr von Grund auf gelernt werden könne. Möglicherweise beruht künstlerische Eignung auf Begabung, die eben zu Studienbeginn nachgewiesen werden muss, weil Begabung nicht vermittelt werden kann. Oder eine künstlerische Qualifizierung kann im Gegensatz zu einer pädagogischen Qualifizierung nicht im erforderlichen Maße im Studium vermittelt werden, weshalb sie bereits vor Studienbeginn zumindest in Ansätzen vorhanden sein muss. Die allgemeine Hochschulreife weist ein Defizit in künstlerischen Bereichen auf, deshalb sind zusätzliche, meist außerschulisch erworbene künstlerische Qualifikationen notwendig. Entsprechendes gilt übrigens auch für den Musik- und den Sportbereich.

Abb. 24: Im Studium der Kunstpädagogik ist die Präsentation und Vermittlung eigener künstlerischer Arbeiten und Positionen ein wichtiges Erfahrungsmoment (Foto: Georg Peez).

Es sei angemerkt, dass viele, die den Studienwunsch Kunstpädagogik hegen, in so genannten Mappen-Kursen auf dem freien Bildungsmarkt künstlerische Kompetenzen erwerben. In diesen Kursen wird gezielt auf die Zusammenstellung einer Auswahl von bildnerischen Werken für die Bewerbungsmappe hingearbeitet. Diese Kurse sind zudem ein der kunstpädagogischen Erwachsenenbildung (▶ Kap. 5.3) zuzurechnendes Berufsfeld für Absolventinnen und Absolventen des Studienganges.

Die Hürde der künstlerischen Eignungsprüfung ist für die einzelnen Studiengänge unterschiedlich hoch. Traditionell ist sie für das Studienziel Lehrerin bzw. Lehrer in der Sekundarstufe II höher als für die Sekundarstufe I oder die Grundschule.

8.2 Studienziele, Studienabschlüsse und Berufsfelder

Das Berufsbild, welches fast alle Studiengänge prägt, ist nach wie vor die Kunstpädagogin bzw. der Kunstpädagoge an Grund-, Haupt-, Real-, Gesamt-, Förderschulen und Gymnasien (▶ Kap. 5.1). Auch wenn fast überall Bachelor- und Master-Abschlüsse für außerschulische kunstpädagogische Berufsfelder angeboten werden, so ist zum einen das Studium zumindest im Fachdidaktischen auf Schule sowie auf die Zielgruppe Kinder und Jugendliche hin zugeschnitten. Zum anderen bleiben die außerschulischen Berufsfelder im Studium oft wenig konkret. In den Kapiteln 5.2 bis 5.5 werden einige dieser Felder umrissen. Viele, insbesondere weibliche Biografien führen zu schlecht bezahlten Honorartätigkeiten oder zu festen Anstellungen mit eher sozialpädagogisch geprägten Tätigkeitsprofilen.

Für die Lehramtsstudiengänge gereicht die Eintrittsvoraussetzung der künstlerischen Eignungsprüfung (▶ Kap. 8.1) inzwischen häufig zum Nachteil für das Fach, da sich viele Studierwillige eine alternative Fächerkombination suchen, die eine solche Prüfung nicht beinhaltet. Die Zahl der Studierenden für das Lehramt Kunst ging in den letzten zehn

Jahren zurück, weitgehend unbemerkt von der Kultusbürokratie und den Hochschulen selbst. Insbesondere im Fach ›Bildende Kunst‹ ist der Lehrerinnen- und Lehrermangel in manchen westdeutschen Bundesländern inzwischen dramatisch und wird durch fachfremd Unterrichtende oder so genannte Quereinsteigerinnen und Quereinsteiger notdürftig ausgeglichen.

8.3 Studiengänge

In Deutschland gibt es derzeit insgesamt an 29 Universitäten, elf Kunsthochschulen und vier Pädagogischen Hochschulen die Möglichkeit, Kunstpädagogik für die unterschiedlichen Schulstufen zu studieren. Über deren Studienangebote und -abschlüsse kann man sich ausführlich und aktueller, als dies ein Buch ermöglichen würde, im Internet auf den jeweiligen Seiten dieser Hochschulen informieren. Eine Übersicht mit Links zu fast allen entsprechenden Hochschulinstituten findet sich bei den »Kunstlinks« (https://www.kunstlinks.de) in der Kategorie »Ausbildung«, »Fort- und Weiterbildung«. Große Umwälzungen, die längst noch nicht abgeschlossen sind, erfuhren in vielen Bundesländern die Lehramtsstudiengänge durch die Umstellung auf Bachelor- und Master-Abschlüsse. Das heißt, mit den Zielen der europäischen Vergleichbarkeit und internationalen Kompatibilität der Abschlüsse sowie der Verkürzung der Studienzeiten inkl. der Praxisphase (Referendariat) wird eine Straffung der Studieninhalte angestrebt, was allerdings nicht immer gelang. Denn der Bachelor-Abschluss nach sechs Semestern berechtigt nicht zum Ersten Staatsexamen bzw. zum Eintritt in das Referendariat (in manchen Bundesländern »Vorbereitungsdienst« genannt), sondern erst der Master-Abschluss, der nach weiteren vier Semestern abgelegt werden kann. Angesichts der föderalen Struktur der Hochschullandschaft in Deutschland und der ständigen Veränderungen empfiehlt sich auch hier ein Klick auf die Internetpräsenz der kunstpädagogischen Studiengänge bzw. Institute.

8.3 Studiengänge

Die Divergenz zwischen Pädagogik und Kunst (▶ Kap. 1) prägt viele kunstpädagogische Studiengänge in der Weise, dass dem eigenen bildnerisch-künstlerischen Tun der Studierenden meist mehr Zeit und Raum im Hochschulstudium zugemessen wird als den pädagogischen und fachdidaktischen Anteilen. Das Hauptargument der Protagonisten einer stärkeren Gewichtung eigener Kunstpraxis im Studium lautet: Wer das Spezifische von Kunst vermitteln will, muss intensive künstlerische Prozesse selber durchlebt haben, die in kleinschrittiger Fachdidaktik nicht zu erfahren seien (▶ Kap. 2.12 bis 2.16).
Die konzeptionelle Strukturierung der jeweiligen Studiengänge ist dennoch äußerst unterschiedlich. Hiervon hängen dann nicht nur das Studienangebot ab, sondern auch die Zusammensetzung der Kollegien der Hochschullehrenden und deren fachliche Ausrichtungen. Verschiedene Hochschulen bilden zudem bestimmte »Profile« aus, das heißt, sie setzen sich inhaltliche Schwerpunkte (Scholz 1996). Die Kunsthochschulen sind traditionell stark auf die künstlerische Profilierung und auf entsprechende Studien- bzw. Ausbildungsziele hin ausgerichtet. Hier wird neben dem Studienabschluss des Lehramtes für allgemein bildende Schulen in anderen Studiengängen freie Kunst studiert. Studierende mit dem Berufsbild des freischaffend künstlerisch Tätigen treten häufig mit dem Selbstverständnis auf, diejenigen zu sein, die ›ernsthafter‹ Kunst studieren.
Die Auseinandersetzungen mit bildender Kunst in Form eigenen bildnerischen Tuns sind selbstverständlich im Studium an den Kunsthochschulen zentral. Fachdidaktische Seminare haben hier oft eine ergänzende Funktion; insbesondere für die Studierenden mit dem Ziel des Lehramtes für die gymnasiale Oberstufe. Erziehungswissenschaftliche Seminare werden nicht an der Kunsthochschule, sondern an örtlichen Universitäten besucht. Durch diese Praxis gibt es kaum Verbindungen zwischen den Angeboten. Dies kann zum einen als gravierender Nachteil angesehen werden. Zum anderen wird es aber auch von den Vertreterinnen und Vertretern der Institutionen als Chance bezeichnet, dass die Studierenden individuell und reflexiv dafür verantwortlich sind, vielfältige Verknüpfungen zwischen Wissenschaft und Praxis, zwischen Pädagogik und Kunst selbst herzustellen. ›Gängelung‹ und ›Orientierungslosigkeit‹ sind jedoch extreme Alternativen; Mittelwege werden

freilich gesucht. Sich wechselseitig befruchtende Verflechtungen werden häufig angestrebt, indem Ähnlichkeiten zwischen pädagogischen Methoden und künstlerischen Strategien bzw. Herangehensweisen betont werden (▶ Kap. 2.12 bis 2.16 und ▶ Kap. 7.1). Für den Bereich der Performance wird dieser Gedanke in Kapitel 3.3 dargestellt (▶ Kap. 3.3). Drei von vielen konzeptionellen Strukturierungen der Angebote in der universitären Bildungslandschaft seien kurz aufgeführt.

1. Das Angebot basiert auf drei Säulen:
   – die eigene bildnerische Praxis der Studierenden, verbunden mit theoretischen Anteilen, wie Material- und Farbenlehre;
   – die Fachdidaktik, in der die Umsetzung von Kunstunterricht theoretisch erarbeitet, gelehrt und legitimiert wird und in der das eigene kunstpädagogische Handeln vor Schulklassen und anderen Gruppen geübt wird, etwa in Praktika;
   – die Kunstgeschichte, Kunstwissenschaft und Medientheorie, die fachliches Hintergrundwissen bereithalten.
2. Ein zweites Strukturierungskonzept trennt lediglich zwischen Fachwissenschaft und Fachdidaktik und untergliedert diese jeweils nochmals in Theorie und Praxis:
   – Inhalte der theoretischen Auseinandersetzung in der Fachwissenschaft sind Kunstgeschichte und Kunsttheorie bis hin zur allgemeinen Medientheorie; der Praxisanteil liegt in der eigenen bildkünstlerischen Produktion der Studierenden.
   – Die Fachdidaktik beinhaltet die auf das Fach bezogenen Theorieseminare, beispielsweise zur Entwicklung ästhetischen Verhaltens von Kindern und Jugendlichen oder zu historischen und aktuellen kunstpädagogischen Konzepten. Der Praxisanteil wird durch fachdidaktische Übungen und Praktika in Schule oder außerschulischen Bereichen – je nach Studienziel – abgedeckt.
3. Eine Hochschule für Bildende Kunst untergliedert die Angebote im Lehramtsstudienfach (bzw. Bachelor- und Masterstudiengang) Bildende Kunst in folgende Bereiche:
   – Atelierpraxis: die eigene selbstständige künstlerische Arbeit,
   – Werkstattpraxis: die handwerklich-technisch orientiere Ausbildung,

- Fachwissenschaft: Kunstgeschichte und Kunsttheorie,
- Fachpraxis: Praktika und Hospitationen im Kunstunterricht,
- Fachdidaktik: Theorieseminare zur Grundlegung der Reflexionen zu kunstpädagogischem Handeln.

Jede Hochschule bzw. jedes Hochschulinstitut nimmt die Strukturierung seiner Studienangebote unterschiedlich vor, was für Studierende einen Wechsel der Hochschulen und die Anerkennung bereits erbrachter Studienleistungen trotz der nun eingeführten Modularisierung nicht erleichtert.

Zusatz-, Fort- und Weiterbildungsangebote gibt es im Bereich der Kunstpädagogik insbesondere für außerschulische Berufsfelder in großem Umfang. In Kapitel 9.1.4 wird hierzu im Überblick informiert (▶ Kap. 9.1.4).

9 Support

9.1 Berufsverbände, Forschungs- und Serviceeinrichtungen

9.1.1 Berufsverbände, Gewerkschaften und professionsbezogener Support

- BDK e. V, Fachverband für Kunstpädagogik
  Jakobistraße 40, 30163 Hannover
  Tel.: 05 11/66 22 29
  E-Mail: geschaeftsstelle@bdk-online.info
  https://www.BDK-online.info
- BDK-Landesverbände (im Internet) erreichbar über die Website:
  https://www.BDK-online.info
- Gewerkschaft Erziehung und Wissenschaft im Deutschen Gewerkschaftsbund (GEW)
  Reifenberger Straße 21, 60489 Frankfurt a. M.
  Tel.: 069/78 97 30
  E-Mail: info@gew.de
  https://www.gew.de
- Vereinigte Dienstleistungsgewerkschaft »ver.di«;
  Fachbereich Medien, Kunst und Industrie
  Paula-Thiede-Ufer 10, 10179 Berlin
  Tel.: 030/6 95 60
  E-Mail: info@verdi.de
  https://www.verdi.de

- Deutscher Kulturrat e. V.
  Chausseestraße 103, 10115 Berlin
  Tel.: 030/24 72 8014
  E-Mail: post@kulturrat.de
  https://www.kulturrat.de
- Bundesverband der Jugendkunstschulen und Kulturpädagogischen Einrichtungen e. V. (BJKE)
  Kurpark 5, 59425 Unna
  Tel.: 0 23 03/25 30 20
  E-Mail: info-bjke@bjke.de
  https://www.bjke.de
- Verband Schweizer Lehrer*innen Bildnerische Gestaltung, Bild und Kunst (LBG-EAV)
  Scheuchzerstrasse 11, CH-8006 Zürich
  https://lbg-eav.ch und https://meinheft.ch/
- Berufsverband Österreichischer Kunst- und WerkerzieherInnen (BÖKWE)
  Mag. Hilde Brunner (Bundesgeschäftsstelle)
  Beckmanngasse 1A/6, A-1140 Wien
  www.boekwe.at

9.1.2 Forschungs- und Serviceeinrichtungen

- Die »Zentrale für Unterrichtsmedien im Internet e. V.« versucht das Internet als Lern- und Lehrhilfe mittels Unterrichtsmaterialien für Lehrende auch im Bereich Bildende Kunst zu etablieren: https://www.zum.de/portal/
- Deutsches Institut für Erwachsenenbildung. Leibniz-Zentrum für Lebenslanges Lernen e. V.
  Heinemannstr. 12–14, 53175 Bonn
  Tel.: 02 28/3 29 40
  E-Mail: info@die-bonn.de
  https://www.die-bonn.de

9 Support

- Ausführliche Hinweise zu den in der Kunstpädagogik üblichen Formalia des Schreibens wissenschaftlicher Arbeiten:
https://georgpeez.de/wissenschaftliches-arbeiten
- Archiv für historische Kinderzeichnungen aus Thüringen, Kinder-Kunst e. V. Erfurt, Dr.-Birgit-Dettke-Archiv
https://www.kinderkunst-ev.de

Abb. 25: Der seit über zwei Jahrzehnte ehrenamtlich betriebene deutschsprachige Kunstpädagogik-Server: »kunstlinks« unter https://www.kunstlinks.de

- »kunstlinks« mit einer Linksammlung zum Thema »Forschung in der Kunstpädagogik« (Gliederungspunkte 8.4 bis 8.10) (▶ Abb. 25)
https://www.kunstlinks.de
- https://www.portalkunstgeschichte.de

9.1.3 Datenbanken und Ähnliches zur Informationsrecherche

- Deutsche Nationalbibliothek (Frankfurt a. M. und Leipzig) online:
https://www.dnb.de
- Deutscher Bildungsserver:
https://www.bildungsserver.de
- Online-Datenbank des Deutschen Instituts für Internationale Pädagogische Forschung:
https://www.dipf.de
- Online-Datenbank zur Auswahl von Apps für mobile digitale Medien im Kunstunterricht und darüber hinaus (Android und Apple iOS); mit didaktischen Kommentaren und kollaborativ konzipiert. Über Mobilgeräte sind die Apps direkt per Link herunterzuladen. (von Ahmet Camuka)
https://www.didapptic.com

- Gezielte Suche speziell nach Bilddateien, Kunstwerkreproduktionen und Videos, z. B. bei (Button »Bilder« oder »Images« aktivieren): https://google.de
- Online-Bilddatenbanken:
  https://prometheus-bildarchiv.de
  https://www.bildindex.de
  https://www.flickr.com
- Online-Datenbank für Skulpturen, Plastiken, Design-Objekte oder Innenräume in allansichtiger virtueller 3-D-Darstellung:
  https://www.sketchfab.com
  https://edu.google.com/products/vr-ar/expeditions
- »Kunstspektrum« bietet eine umfangreiche Sammlung von Videos, u. a. zu Architektur, Fotografie, Skulptur, Zeichnung, Malerei oder Performance.
  https://www.youtube.com/user/kunstspektrum
- Informationen, Stichwortsuche und Links zum Bereich bildende Kunst bietet »art, Das Kunstmagazin«:
  https://www.art-magazin.de
- Die Zeitschrift »Kunstforum International« (▶ Kap. 9.2) ist im deutschsprachigen Raum mit Berichten, Analysen und Interviews über den Bereich der Gegenwartskunst führend und bietet online eine Volltextdatenbank aller ihrer Artikel; allerdings nur im Abonnement oder in Bibliotheken:
  https://www.kunstforum.de

9.1.4 Studium, Fort- und Weiterbildung

- Die »kunstlinks« bieten die sich im Internet präsentierenden kunstpädagogischen Institute an Hochschulen auf einen Blick:
  https://www.kunstunterricht.de/cgi-bin/pre_cgi.pl?9.1
- Die Strukturen der Lehrerfortbildungen sind in den einzelnen Bundesländern unterschiedlich. Durch den Föderalismus und den Wechsel von Landesregierungen treten stets Veränderungen in diesem Bereich auf. Bundesländerübergreifend tätig sind Bundesakademien (s. u.).

- Die »kunstlinks« bieten Links zu Angeboten im Bereich Fort- und Weiterbildung:
https://www.kunstunterricht.de/cgi-bin/pre_cgi.pl?9.3
- Akademie der Kulturellen Bildung des Bundes und des Landes NRW
https://kulturellebildung.de
- Bundesakademie für kulturelle Bildung Wolfenbüttel
https://www.bundesakademie.de
- Für Fort- und Weiterbildung in kunsttherapeutischen Bereichen erteilen viele verschiedene Schulen Qualifikationen und Zertifikate. Im Überblick informieren:
https://www.kunsttherapie.com

9.2 Zeitschriften, Handbücher, digitale Medien, Unterrichtsmaterialien

Von allen angegebenen Zeitschriften kann man sich Einzelhefte und/oder Probe-Abonnements bei den jeweiligen Verlagen bestellen.

- Die größte deutschsprachige kunstpädagogische Fachzeitschrift ist seit ihrer Gründung im Jahre 1968 »Kunst+Unterricht«. Schwerpunkt der Zeitschrift ist neben der Entwicklung themenbezogener fachdidaktischer Konzepte die Darstellung von schulischen Unterrichtseinheiten:
Friedrich Verlag GmbH, Luisenstraße 9, 30159 Hannover
Tel.: 05 11/40 00 41 50
E-Mail: info@friedrich-verlag.de
https://www.friedrich-verlag.de
- Die vierteljährlich erscheinenden, ehrenamtlich erstellten »BDK-Mitteilungen« sind die zweitgrößte deutschsprachige kunstpädagogische Fachzeitschrift. Sie bieten vor allem Theorie und Praxisdarstellungen sowie Tagungsberichte und Rezensionen. Mitglieder (▶ Kap. 9.1) erhalten sie kostenlos. Nicht-Mitglieder können sie abonnieren.
BDK e. V., Fachverband für Kunstpädagogik
Jakobistraße 40, 30163 Hannover

Tel.: 05 11/66 22 29
E-Mail: geschaeftsstelle@bdk-online.info
https://www.BDK-online.info
- Die sehr praxisorientierte und übersichtlich gestaltete Fachzeitschrift »KUNST 5–10« ist mit vier Ausgaben jährlich speziell für Kunstlehrende in den Klassen 5 bis 10 konzipiert. Zu jedem Heft gibt es zusätzlich ein Materialpaket, mit dem der Unterricht gleich beginnen kann. Kontakt: s. o.: Friedrich Verlag
- Die Fachzeitschrift »Grundschule Kunst« richtet sich auch an fachfremde Lehrkräfte im Primarstufenbereich. Hierin werden Impulse und umfangreiche Materialien für die Vorbereitung zeitgemäßen Kunstunterrichts geboten. Kontakt: s. o.: Friedrich Verlag
- Die Zeitschrift »Impulse.Kunstdidaktik« erscheint seit 2007 zweimal jährlich und vertieft das Spektrum kunstunterrichtsbezogener Themen mit Beiträgen u. a. aus der kunstpädagogischen Praxis, der Kunstwissenschaft, der Gegenwartskunst sowie der Forschung.
https://www.wbv.de/athena/impulsekunstdidaktik.html
- Die »Wissenschaftliche Sozietät Kunst Medien Bildung e. V.« stellt sich die Aufgabe, existierende und denkbare Verknüpfungen von Kunst, Medien und Bildung zu erforschen, darzustellen und deren Ergebnisse zu publizieren. Vornehmlich geschieht dies in der Online-Zeitschrift »Kunst Medien Bildung zkmb«; erreichbar unter
http://zkmb.de
- Mit der »Zeitschrift Ästhetische Bildung« wird die Intention verfolgt, die Grenzen zwischen den Didaktiken der künstlerischen Fächer einerseits sowie zwischen schulischen und außerschulischen Bildungsinstitutionen andererseits zu überschreiten. Die jährlich ein- bis zweimal erscheinenden Ausgaben dieser Online-Zeitschrift sind thematischen Schwerpunkten gewidmet; erreichbar unter
http://zaeb.net
- Die Internet- und Wissensplattform »Kulturelle Bildung Online« ist die digitale Fortschreibung des »Handbuchs Kulturelle Bildung« (2012). Alphabetisch sowie in den Rubriken Theorie, Praxis, Forschung und Debatte geordnet, enthält sie viele wichtige, aktualisierte Beiträge, die für die Kunstpädagogik relevant sind; erreichbar unter
https://www.kubi-online.de

- Wegen zu geringen Absatzes wurde das Erscheinen der »Zeitschrift für Kunstpädagogik« im Jahre 1983 eingestellt. Die ab 1972 erschienenen Jahrgänge finden sich in einschlägigen Fach-, Instituts- und Universitätsbibliotheken.
- Die in der DDR verlegte Zeitschrift »Kunsterziehung« (1954 gegründet) ging im September 1991 in »Kunst+Unterricht« auf. Ihr kommt große historische Bedeutung zu, da sie die einzige ostdeutsche Fachzeitschrift war (▶ Kap. 2.9).
- »Kunst und Jugend« war zwischen 1907 und 1959 eine wichtige deutsche Fachzeitschrift für Kunstpädagogik und wurde zunächst von dem deutschen Kunsterzieher Gustav Kolb (1867–1943) herausgegeben. Viele der Jahrgänge sind digitalisiert.
https://digi.ub.uni-heidelberg.de/diglit/kunst_jugend
- »Infodienst. Kulturpädagogische Nachrichten« erscheint als bundesweites Magazin für kulturelle Bildung fünfmal im Jahr und wird vom »Bundesverband der Jugendkunstschulen und Kulturpädagogischen Einrichtungen e. V.« (BJKE) sowie der Landesarbeitsgemeinschaft Kulturpädagogischer Dienste/Jugendkunstschulen NRW e. V. (LKD) herausgegeben.
https://www.bjke.de oder https://www.lkd-nrw.de
- Das Fachblatt des »Berufsverbandes Österreichischer Kunst- und WerkerzieherInnen (BÖKWE)« (▶ Kap. 9.1.1) bietet vierteljährlich Einblicke in die Fächer Bildnerische Erziehung, Technisches Werken und Textiles Gestalten in Österreich.
http://www.boekwe.at
- Der »Verband der Schweizer Lehrerinnen und Lehrer für Bildnerische Gestaltung (LBG-EAV)« (▶ Kap. 9.1.1) publiziert einmal im Jahr die Zeitschrift »Heft« in einem originellen handlichen Format, u. a. mit Theorie- und Praxisbeiträgen sowie Reflexionen und Rezensionen.
https://meinheft.ch/
- Ein kunstpädagogisches Tätigkeitsfeld ist die Museumspädagogik (▶ Kap. 5.2). Hier hat sich die dreimal im Jahr erscheinende, als Mitteilungsblatt des Bundesverbandes Museumspädagogik e. V. konzipierte Zeitschrift »Standbein Spielbein. Museumspädagogik aktuell« etabliert.
https://www.museumspaedagogik.org

9.2 Zeitschriften, Handbücher, digitale Medien, Unterrichtsmaterialien

- Die Zeitschrift »Kulturpolitische Mitteilungen« wird vierteljährlich vom Vorstand der »Kulturpolitischen Gesellschaft« herausgegeben.
  https://www.kupoge.de
- »Kunst und Therapie. Zeitschrift zu Fragen der ästhetischen Erziehung« wird herausgegeben von der Kölner Schule für Kunsttherapie e. V. in Verbindung mit der Wiener Schule für Kunsttherapie und in Zusammenarbeit mit dem Institut für Kunst und Kunsttheorie der Universität zu Köln.
  https://www.richterverlag.de
- »Texte zur Kunst« erscheint vierteljährlich und bietet Reflexionen und kontroverse Diskussionen über zeitgenössische Kunst. Neben theoretischen Essays und Rezensionen enthält die Zeitschrift auch Interviews.
  https://www.textezurkunst.de
- »medienpädagogik« ist eine Online-Zeitschrift für Theorie und Praxis der Medienbildung, jeweils mit Schwerpunktthemen. Sie wird herausgegeben von der AG Medienpädagogik der deutschen Gesellschaft für Erziehungswissenschaft und dem Pestalozzianum Zürich
  https://www.medienpaed.com
- »medien + erziehung« ist eine zweimonatlich erscheinende Fachzeitschrift, die sich jeweils einem medienpädagogischen Themenschwerpunkt widmet. Neben den Hauptthemen der einzelnen Hefte informieren die Rubriken »Aktuell«, »Medien«, »Forschung und Praxis« und »Publikationen« über den aktuellen Stand und die neuesten Entwicklungen von Medienproduktionen, die pädagogisch relevant sind.
  https://www.merz-zeitschrift.de
- Die Zeitschrift »Kunstforum International« informiert zur Gegenwartskunst und zu deren Theoriediskursen, u. a. mit Interviews.
  https://www.kunstforum.de
- Das Buch »Grundlagen des Kunstunterrichts« vom Autorenteam Klaus Eid, Michael Langer und Hakon Ruprecht, 2008 in der sechsten Auflage im Ferdinand Schöningh Verlag, Paderborn erschienen, bietet Aspekte kunstpädagogischer Theorie und Praxis. Seit der ersten Auflage vor über 30 Jahren erfolgte allerdings keine Aktualisierung.

9 Support

- Die »Grundlagen der Kunsttherapie« legt Karl-Heinz Menzen in der fünften Auflage seines gleichnamigen, im Ernst Reinhardt Verlag, München 2021 erschienenen Buches dar.
- Das »Lexikon der Kunstpädagogik« ist mit 300 Stichworten das einzige Nachschlagewerk im Fach. Es wurde von Kunibert Bering, Rolf Niehoff und Karina Pauls 2017 herausgegeben und bietet neben einem ausführlichen Verweissystem einen schnellen Zugriff auf Themen und Begriffe des Faches.
- Unter dem Titel »Der professionalisierte Blick. Forschendes Studieren in der Kunstpädagogik« legten die Herausgeberinnen Ruth Kunz und Maria Peters 2019 einen Sammelband vor, der das weite Feld der kunstpädagogischen Praxisforschung in der Lehrkräftebildung in Deutschland, Österreich und der Schweiz fundiert absteckt.
- Kunstdidaktische Konzepte legen folgende Bücher vor:
  - Kirschenmann, Johannes/Kirchner, Constanze: Kunst unterrichten. Didaktische Grundlagen und schülerorientierte Vermittlung. Seelze 2015.
  - Bering, Kunibert/Heimann, Ulrich/Littke, Joachim/Niehoff, Rolf/Rooch, Alarich: Kunstdidaktik. Oberhausen. 3. Aufl. 2013.
- Folgende Bücher bieten einen Überblick über kunstwissenschaftliche Analysemethoden/bildwissenschaftliche Interpretationsverfahren:
  - Kirschenmann, Johannes/Schulz, Frank: Bilder erleben und verstehen. Einführung in die Kunstrezeption. Leipzig 1999.
  - Belting, Hans u. a. (Hg.): Kunstgeschichte. Eine Einführung. Berlin 6. Aufl. 2003.

Literaturverzeichnis

Aissen-Crewett, Meike: Schülerzentrierte Kunstpädagogik. Erwin Heckmanns Kunstpädagogik zwischen Reformpädagogik und moderner Didaktik. Frankfurt a. M. 1985.
Bader, Nadia: Zeichnen – Reden – Zeigen. Wechselwirkungen zwischen Lehr-Lern-Dialogen und Gestaltungsprozessen im Kunstunterricht. München 2019.
Bastian, Hannelore: Kursleiterprofile und Angebotsqualität. Frankfurt a. M. 1997.
Baum, Jacqueline/Kunz, Ruth: Scribbling Notions. Bildnerische Prozesse in der frühen Kindheit. Zürich 2007.
BDK (Bund Deutscher Kunsterzieher e. V.): Kunst und ästhetische Erziehung. Hannover 1999.
Becker, Stefan: Plastisches Gestalten von Kindern und Jugendlichen. Donauwörth 2003.
Bering, Kunibert/Bering, Claudia (Hg.): Konzeptionen der Kunstdidaktik. Dokumente eines komplexen Gefüges. Oberhausen ³2003.
Bering, Kunibert/Heimann, Ulrich/Littke, Joachim/Niehoff, Rolf/Rooch, Alarich: Kunstdidaktik. Oberhausen ³2013.
Bering, Kunibert/Hölscher, Stefan/Niehoff, Rolf/Pauls, Karina (Hg.): Visual Learning. Positionen im internationalen Vergleich. Oberhausen 2013.
Berner, Nicole: Bildnerische Kreativität im Grundschulalter. Plastische Schülerarbeiten empirisch betrachtet. München 2013.
Beuys, Joseph: Jeder Mensch ein Künstler. Frankfurt a. M. 1975.
Billmayer, Franz: Schaun' ma mal. Kunstwerke und andere Bilder. In: BDK-Mitteilungen, H. 4, 2003, S. 2–4.
Bilstein, Johannes/Neysters, Silvia (Hg.): Kinder entdecken Kunst. Kulturelle Bildung im Elementarbereich. Oberhausen 2013.
BJKE (Bundesverband der Jugendkunstschulen und Kulturpädagogischen Einrichtungen): Jugendkunstschule. Unna 2003.
Blohm, Manfred/Brenne, Andreas/Hornäk, Sara (Hg.): Irgendwie anders. Inklusionsaspekte in den künstlerischen Fächern und der ästhetischen Bildung. Hannover 2017.
Blohm, Manfred (Hg.): Berührungen & Verflechtungen. Biografische Spuren in ästhetischen Prozessen. Köln 2002.

Bloß, Werner: Video-Tutorials im Unterricht. In: BDK-Mitteilungen, H. 4 2015, S. 12–14.
Bloß, Werner: Bildanalysen am Tablet. In: Kunst+Unterricht, H. 415/416, 2017, S. 35–38.
Boehm, Gottfried: Über die Konsistenz ästhetischer Erfahrung. In: Zeitschrift für Pädagogik, H. 4, 1990, S. 469–480.
Brenne, Andreas: Ressource Kunst. Künstlerische Feldforschung in der Primarstufe. Münster 2004.
Brohl, Christiane: Displacement als kunstpädagogische Strategie. In: BDK-Mitteilungen, H. 3, 2004, S. 6–10.
Bundesregierung: Kulturelle Bildung. Antwort der Bundesregierung auf eine Große Anfrage. Deutscher Bundestag. 11. Wahlperiode. Drucksache 11/7670. 13.08.1990.
Burkhardt, Sara: Netz Kunst Unterricht. München 2007.
Burkhardt, Sara: Räume netzbasierter Kunst. In: Bering, Kunibert/Höxter, Clemens/Niehoff, Rolf (Hg.): Orientierung: Kunstpädagogik. Oberhausen 2010, S. 363–369.
Buschkühle, Carl-Peter: Wärmezeit. Zur Kunst als Kunstpädagogik bei Joseph Beuys. Frankfurt a. M. 1997.
Buschkühle, Carl-Peter (Hg.): Perspektiven künstlerischer Bildung. Köln 2003.
Buschkühle, Carl-Peter: Die Welt als Spiel. Oberhausen 2007.
Buschkühle, Carl-Peter: Künstlerische Bildung. Theorie und Praxis einer künstlerischen Kunstpädagogik. Oberhausen 2017.
Busse, Klaus-Peter: Bildumgangsspiele. Kunst unterrichten. Dortmund 2004.
Busse, Klaus-Peter: Vom Bild zum Ort. Mapping lernen. Dortmund 2007.
Camuka, Ahmet: Smartphones und Tablets in der Kunstpädagogik. Konzeption eines fachdidaktischen Modells zum Einsatz digitaler mobiler Medien im Kunstunterricht. Dissertation. Frankfurt a. M. 2017.
Camuka, Ahmet/Peez Georg (Hg.): Kunstunterricht mit Smartphones und Tablets. Fotografie, Stop-Motion-Film, digitales Zeichnen und Malen. München 2017a.
Camuka, Ahmet/Peez, Georg (Hg.): Kunstpädagogik digital mobil. Film, Video, Multimedia, 3D und Mobile Learning mit Smartphone und Tablet. München 2017b.
Castiglione, Baldesar: Das Buch vom Hofmann, 1528. München 1986.
Dettke, Birgit: Zur Entwicklung des Kunsterziehungsunterrichts in Thüringen von 1945 bis 1959. Weimar 1999.
Dewey, John: Kunst als Erfahrung, 1934. Frankfurt a. M. 1980.
Diel, Alex: Die Kunsterziehung im Dritten Reich. München 1969.
Dietl, Marie-Luise: Kindermalerei. Münster 2004.
Dinkelmann, Kai: Kreativitätsförderung im Kunstunterricht. München 2008.
Dreyer, Andrea: Kunstpädagogische Professionalität und Kunstdidaktik. Eine qualitativ-empirische Studie im kunstpädagogischen Kontext. München 2005.

Dropczynski, Katrin/Nümann, Marcus/Zumbansen, Lars: Dürers Selfie-Kampagne. Historische und aktuelle Porträtpraxis zwischen Markt, privater Selbstvergewisserung und öffentlicher (Re-)Präsentation. In: Kunst+Unterricht, H. 387/388, 2014, S. 12–25.

Duncker, Ludwig/Hahn, Katharina/Heyd, Corinna: Wenn Kinder sammeln. Begegnungen in der Welt der Dinge. Seelze 2014.

Egger, Bettina: Bilder verstehen. Wahrnehmung und Entwicklung der bildnerischen Sprache. Zürich ^{6}2001.

Ehmer, Hermann K. (Hg.): Kunstunterricht und Gegenwart. Frankfurt a. M. 1967.

Ehmer, Hermann K. (Hg.): Visuelle Kommunikation. Köln 1971.

Ehmer, Hermann K.: »Keine Angst vor schönen Dingen?« Die Kunst in der kulturellen Bildung. In: Kunst+Unterricht, H. 176, 1993, S. 30–33.

Ehmer, Hermann K.: Ästhetisches Lernen in der kulturellen Bildung. In: BDK-Mitteilungen, H. 1, 1994, S. 12–14.

Engels, Sidonie (Hg.): Inklusion und Kunstunterricht. Oberhausen 2017.

Eßer, Anne: Geschlecht als Performance? In: Kunst+Unterricht, H. 389/390, 2015, S. 86–88.

Eßer, Anne: Geschlechter-Repräsentationen im Kunstunterricht. München 2016.

Eucker, Johannes/Kämpf-Jansen, Helga: Ästhetische Erziehung 1–5. München 1980.

Fischer, Lili: Animationsbeispiele aus »Feldforschung«. In: Zeitschrift für Kunstpädagogik, H. 2, 1983, S. 26–28.

Fischer, Lili: Feldforschung – geräuchert. In: Kunstforum International, Bd. 93, 1988, S. 165–171.

Fischer, Lili: Primäre Ideen. Hand- und Fußarbeiten aus der Kunstakademie Münster. Regensburg 1996.

Fleige, Marion/Robak, Steffi: Angebotsstrukturen kultureller Bildung in der Evangelischen Erwachsenenbildung. In: Forum Erwachsenenbildung, H. 3, 2012, S. 48–53.

Fleige, Marion: Bildungskulturen – Kultur als Thema von Bildung – transkulturelle Bildung. In: Käpplinger, Bernd/Robak, Steffi/Schmidt-Lauff, Sabine (Hg.): Engagement für die Erwachsenenbildung. Wiesbaden 2013, S. 85–98.

Freiberg, Henning: Thesen zur Bilderziehung. In: BDK-Mitteilungen, H. 2, 1995, S. 21–23.

Freud, Sigmund: Eine Kindheitserinnerung des Leonardo da Vinci, 1910. In: Freud, Sigmund: Studienausgabe. Band X, Frankfurt a. M. 1969.

Freud, Sigmund: Zur Einführung des Narzißmus, 1914. In: Freud, Sigmund: Studienausgabe. Band III, Frankfurt a. M. 1975.

Fritzsche, Marc: Interfaces – Kunstpädagogik und digitale Medien. München 2016.

Geschäftsführung des Kongresses der Künstler 1971 (Hg.): Kongreß der Künstler 1971 in Frankfurt am Main. Frankfurt a. M. 1971.

Gibson, James J.: Die Sinne und der Prozeß der Wahrnehmung. Bern 1973.

Gieseke, Wiltrud/Opelt, Karin/Stock, Helga/Börjesson, Inge: Kulturelle Erwachsenenbildung in Deutschland. Exemplarische Analyse Berlin/Brandenburg. Münster 2005.

Goethe, Johann Wolfgang von: Über Dilettantismus, 1799. In: Goethe, Johann Wolfgang von: Gesamtausgabe der Werke und Schriften. Band 16. Schriften zur Kunst. Stuttgart 1961.

Goritz, Christoph/Michaelis, Margot/Peez, Georg (Hg.): Werkstatt Kunst. Band 2. Module für den Kunstunterricht, Klassen 7–10. Braunschweig 2014.

Griebel, Christina: Der kreative Akt im Unterricht. Fallstudien zur ästhetischen Praxis von Schülern der gymnasialen Oberstufe. München 2006.

Grünewald, Dietrich/Legler, Wolfgang/Pazzini, Karl-Josef (Hg.): Ästhetische Erfahrung. Seelze 1997.

Grünewald, Dietrich: Von der Idee zum Unterrichtskonzept. In: Kunst+Unterricht, H. 223/224, 1998, S. 81–92.

Grünewald, Dietrich: Orientierung: Bild. In: Kunst+Unterricht, H. 334/335, 2009, S. 14–21.

Grütjen, Jörg: Kunstkommunikation mit der »Bronzefrau Nr. 6«. Qualitativ empirische Unterrichtsforschung zum Sprechen über zeitgenössische Kunst am Beispiel einer Plastik von Thomas Schütte. München (kopaed) 2013.

Gysin, Béatrice (Hg.): Wozu zeichnen? Qualität und Wirkung der materialisierten Geste durch die Hand. Zürich 2010.

Hajnal-Neukäter, Ildiko: Wie brüchig sind unsere Helden? Gedanken zu Beckmanns Tagebüchern. In: Staudte, Adelheid/Vogt, Barbara (Hg.): Frauen Kunst Pädagogik. Frankfurt a. M. 1991, S. 151–165.

Hammer, Lothar: Was verstehen wir unter kunstgemäßem Unterricht? In: Kunsterziehung, H. 1, 2, 1987, S. 4–8.

Hartwig, Helmut (Hg.): Sehen lernen. Weiterarbeit am Konzept Visuelle Kommunikation. Köln 1976.

Heil, Christine: Kartierende Auseinandersetzung mit aktueller Kunst. München 2007.

Heuberger, Georg (Hg.): Vom Bauhaus nach Terezin. Friedl Dicker-Brandeis und die Kinderzeichnungen aus dem Ghetto-Lager Theresienstadt. Frankfurt a. M. 1991.

Heyl, Thomas: Phantasie und Forschergeist. Mit Kindern künstlerische Wege entdecken. München 2008.

Hils, Karl: Formen in Ton. Kassel ^{5}2000.

Hitler, Adolf: Rede zur Eröffnung der »Großen Deutschen Kunstausstellung« 1937. In: Schuster, Peter-Klaus (Hg.): Die ›Kunststadt‹ München 1937, Nationalsozialismus und ›Entartete Kunst‹. München 1987, S. 242–252.

Hoenisch, Nancy/Niggemeyer, Elisabeth: Heute streicheln wir den Baum. Ravensburg 1981.

Hofmann, Fabian: Pädagogische Kunstkommunikation zwischen Kunst-Aneignung und Kunst-Vermittlung. München 2015.

Hofmann, Fabian/Rauber, Irmi/Schöwel, Katja (Hg.): Führungen, Workshops, Bildgespräche: Ein Hand- und Lesebuch für Bildung und Vermittlung im Kunstmuseum. München 2013.

Holzkamp, Klaus: Sinnliche Erkenntnis. Historischer Ursprung und gesellschaftliche Funktion der Wahrnehmung. Königstein/Ts. 1978.

Hornäk, Sara/Henning, Susanne/Gernand, Daniela (Hg.): In der Praxis. Inklusive Möglichkeiten künstlerischen und kunstpädagogischen Handelns. München 2019.

Itten, Johannes: Kunst der Farbe, Ravensburg 1961.

Itten, Johannes: Mein Vorkurs am Bauhaus, Ravensburg 1963.

Jacob, Sigrid: Als Kunstpädagogin im Altenpflegeheim. In: Ganzert, Nicole/Latz, Kerstin/May, Claudia/Schacht, Michael (Hg.): Die Notwendigkeit kunstpädagogischer Arbeit. Frankfurt a. M. 1996, S. 97–101.

Junge, Jana: Bewerten im Kunstunterricht. München 2016.

Kade, Jochen/Nolda, Sigrid: Pädagogik und Öffentlichkeit. In: Otto, Hans-Uwe/Rauschenbach, Thomas/Vogel, Peter (Hg.): Erziehungswissenschaft in Studium und Beruf. Band I: Politik und Gesellschaft. Opladen 2001, S. 57–70.

Kahl, Iris: Der Bildungswert von Mal- und Zeichenkursen. Frankfurt a. M. 1997.

Kämpf-Jansen, Helga: Ästhetische Forschung. Köln 2001.

Kemp, Wolfgang: »… einen wahrhaft bildenden Zeichenunterricht überall einzuführen«. Zeichnen und Zeichenunterricht der Laien 1500–1870. Ein Handbuch. Frankfurt a. M. 1979.

Kettel, Joachim (Hg.): Künstlerische Bildung nach Pisa. Oberhausen 2004.

Kerbs, Diethart: Historische Kunstpädagogik. Köln 1976.

Kirchner, Constanze: Kinder und Kunst der Gegenwart. Zur Erfahrung mit zeitgenössischer Kunst in der Grundschule. Seelze 1999.

Kirchner, Constanze: Digitale Kinderzeichnung im Übergang zum Jugendalter. In: Peez, Georg (Hg.): Handbuch Fallforschung in der Ästhetischen Bildung/Kunstpädagogik. Baltmannsweiler 2007, S. 90–101.

Kirchner, Constanze: Kunstpädagogik für die Grundschule. Bad Heilbrunn 2009.

Kirchner, Constanze/Kirschenmann, Johannes (Hg.): Mit Kunst zur Kunst. Beispiele ästhetischer Praxis zur handlungsorientierten Kunstrezeption. Donauwörth 2004.

Kirchner, Constanze/Kirschenmann, Johannes: Kunst unterrichten. Didaktische Grundlagen und schülerorientierte Vermittlung. Seelze 2015.

Kirchner, Constanze/Kirschenmann, Johannes/Miller, Monika (Hg.): Kinderzeichnung und jugendkultureller Ausdruck: Forschungsstand Forschungsperspektiven. München 2010.

Kirchner, Constanze/Otto, Gunter: Praxis und Konzept des Kunstunterrichts. In: Kunst+Unterricht, H. 223/224, 1998, S. 4–11.

Kirchner, Constanze/Peez, Georg: Kunstunterricht als Werkstatt. In: Kirchner, Constanze/Peez, Georg (Hg.): Werkstatt: Kunst. Hannover 2005, S. 8–21.

Kirschenmann, Johannes: Zwischen den Bildern pendeln! In: Kunst+Unterricht, H. 268, 2002, S. 37–38.

Kirschenmann, Johannes/Otto, Gunter: Werten, Begutachten, Ermutigen. Erneute Überlegungen zu den Zensuren im Fach Kunst. In: Kunst+Unterricht, H. 223/224, 1998, S. 100–103.

Kirschenmann, Johannes/Peez, Georg (Hg.): Computer im Kunstunterricht. Donauwörth 2004.

Kirschenmann, Johannes/Schulz, Frank: Bilder erleben und verstehen. Leipzig 1999.

Kirschenmann, Johannes/Wenrich, Rainer/Zacharias, Wolfgang (Hg.): Kunstpädagogisches Generationengespräch. Zukunft braucht Herkunft. München 2004.

Kiyonaga, Nobumasa: Alfred Lichtwark. Kunsterziehung als Kulturpolitik. München 2008.

Kleynen, Thomas: Unterrichtspraxis. Erklärvideos im Kunstunterricht. In: Kunst +Unterricht, H. 441/442, 2020, S. 70–72.

Koschatzky, Walter: Die Kunst der Zeichnung. München 1993.

Kraft, Hartmut (Hg.): Psychoanalyse, Kunst und Kreativität heute. Köln 1984.

Krause, Reinhold: Seelenschändung, 1937. In: Wulf, Joseph: Die Bildenden Künste im Dritten Reich. Frankfurt a. M. 1989, S. 314–315.

Kuckartz, Udo: Methoden erziehungswissenschaftlicher Forschung 2: Empirische Methoden. In: Lenzen, Dieter (Hg.): Erziehungswissenschaft. Ein Grundkurs. Reinbek 1994, S. 543–567.

Kükelhaus, Hugo/Lippe, Rudolf zur (Hg.): Entfaltung der Sinne. Frankfurt a. M.1984.

Kunz, Ruth/Peters, Maria (Hg.): Der professionalisierte Blick. Forschendes Studieren in der Kunstpädagogik. München 2019.

Küpper, Joachim/Menke, Christoph (Hg.): Dimensionen ästhetischer Erfahrung. Frankfurt a. M. 2003.

Langbehn, Julius: Rembrandt als Erzieher. Leipzig 1890/o. A.

Lange, Marie-Luise: KörperHandlungsSpielRäume in der Performance-Art. In: Richter, Heidi/Sievert-Staudte, Adelheid: Eine Tulpe ist eine Tulpe ist eine Tulpe. Frauen, Kunst und Neue Medien. Königstein/Ts. 1998, S. 157–189.

Lange, Marie-Luise: Schneisen im Heuhaufen. Formen von Performance-Art. In: Seitz, Hanne (Hg.): Schreiben auf Wasser. Performative Verfahren in Kunst, Wissenschaft und Bildung. Bonn/Essen 1999, S. 149–161.

Leber, Hermann: Plastisches Gestalten. Technische und künstlerische Grundlagen. Köln 1979.

Legler, Wolfgang: Geschichte des Zeichen- und Kunstunterrichts von der Renaissance bis zum Ende des 20. Jahrhunderts. Oberhausen 2011.

Lehmann, Ulrike: We are ready to remake! Der erweiterte Skulptur- und Spielbegriff von Erwin Wurm. In: Kunst+Unterricht, H. 274/275, 2003, S. 70–73.

Lehnerer, Thomas: Methode der Kunst. Würzburg 1994.

Lemme, Fritz: Kunsterziehung nach der Wende oder wie es weitergehen könnte. In: Schulz, Frank (Hg.): Perspektiven der künstlerisch-ästhetischen Erziehung. Seelze 1996, S. 302–310.

Limper, Brigitte: Interdisziplinarität und Ästhetische Bildung in der Grundschule. Theorie, Praxis und Evaluation im Kontext von Kunstdidaktik. München 2013.
Lippe, Rudolf zur: Sinnenbewußtsein. Grundlagen einer anthropologischen Ästhetik. Reinbek 1987.
Loffredo, Anna-Maria: Beziehungen zwischen alten und neuen Medien: Crossover als fachdidaktische Verfahren. In: Bering, Kunibert/Höxter, Clemens/Niehoff, Rolf (Hg.): Orientierung: Kunstpädagogik. Oberhausen 2010, S. 325–332.
Loffredo, Anna-Maria: Kunstunterricht und Öffentlichkeit. Kunstdidaktische Konzepte und Reflexionen zu Unterricht mit analogen und digitalen Anteilen im Kontext der Systemtheorie. Oberhausen 2014.
Loffredo, Anna-Maria (Hg.): Kunstunterricht und Inklusion. Oberhausen 2016.
Lorenzen, Hermann (Hg.): Die Kunsterziehungsbewegung. Bad Heilbrunn 1966.
Lutz-Sterzenbach, Barbara/Schnurr, Ansgar/Wagner, Ernst (Hg.): Bildwelten remixed. Transkultur, Globalität, Diversity in kunstpädagogischen Feldern. Bielefeld 2013.
Maset, Pierangelo: Von der Kompensation zur Suspendierung. In: Kunst+Unterricht, H. 191, 1995, S. 18–20.
Maset, Pierangelo (Hg.): Pädagogische und psychologische Aspekte der Medienästhetik. Opladen 1999.
Maset, Pierangelo: Kunstvermittlung mit »Ästhetischen Operationen«. In: BDK-Mitteilungen, H. 2, 2004, S. 48–51.
Mattenklott, Gundel: Spiel. 2011. In: https://www.kunstlinks.de/material/peez/2011-01-mattenklott.pdf
Mattenklott, Gundel/Rora, Constanze (Hg.): Ästhetische Erfahrung in der Kindheit. Weinheim/München 2004.
Menzen, Karl-Heinz: Grundlagen der Kunsttherapie. München ^{5}2021.
Messerschmidt, Felix: Musische Erziehung heute. In: Pädagogische Rundschau, H. 4, Januar 1950, S. 166–169.
Meyer, Torsten: Interfaces, Medien, Bildung. Bielefeld 2002.
Meyer, Torsten/Kolb, Gila (Hg.): What's next? Art Education. Ein Reader. München 2015.
Meyer, Isabell/Peez, Georg: Prozessualität, Medialität und Interaktion. Fallstudie zu Erfahrungen eines dreieinhalbjährigen Kindes beim Fingermalen auf dem Touchscreen eines Tablet-Computers. In: Neuß, Norbert/Kaiser, Lena Sophie (Hg.): Ästhetisches Lernen in Vor- und Grundschulalter. Stuttgart 2019, S. 107–119.
Meyers, Hans: Erziehung zur Formkultur. Frankfurt a. M. 1966.
Michl, Thomas: Das Experiment im Kunstunterricht. München 2010.
Mohr, Anja: Digitale Kinderzeichnung. Aspekte ästhetischen Verhaltens von Vorschulkindern am Computer. München 2005.
Mollenhauer, Klaus: Grundfragen ästhetischer Bildung. Theoretische und empirische Befunde zur ästhetischen Erfahrung von Kindern. Weinheim 1996.
Möller, Heino R.: Gegen den Kunstunterricht. Ravensburg 1974.

Mörsch, Carmen u. a.: Kunstvermittlung 2: Zwischen kritischer Praxis und Dienstleistung auf der documenta 12. Berlin 2009.

Müller, Annemarie & Autorenkollektiv: Methodik der Kunsterziehung. Berlin 1978.

Müller, Erich: 200 Jahre Zeichenunterricht in Basel. 160. Neujahrsblatt. Basel 1982.

Neisemeier, Anja: »Sophias Leben im Schrank«. Biografische Arbeit in der Werkstatt. In: Kunst+Unterricht. H. 280, 2004, S. 19–21.

Neubauer, Flavia/Groote, Kim de: Auf den Flügeln der Kunst. Ein Handbuch zur künstlerisch-kulturellen Praxis mit Menschen mit Demenz. München 2012.

Niehoff, Rolf: Bildung – Bild(er) – Bildkompetenz(en). Zu einem wesentlichen Bildungsbeitrag des Kunstunterrichts. In: Bering, Kunibert/Niehoff, Rolf: Bildkompetenz(en). Oberhausen 2009, S. 13–42.

Nitsch, Alessa: Warum ist Barbie so »irre« weiblich? Ästhetische Forschungen zu Barbiepuppen. In: Kunst+Unterricht, H. 311, 2007, S. 18–21.

Oswald, Martin: Aspekte der Farbwahrnehmung bei Schülern im Alter zwischen 11 und 16 Jahren. Weimar 2003.

Otto, Gunter: Kunst als Prozeß im Unterricht. Braunschweig 1964, 2. Auflage 1969.

Otto, Gunter: »Kunst als Struktur« und »Kunst als Prozeß«: zwei Aspekte des Kunstunterrichts. In: Breyer, Herbert/Otto, Gunter/Wienecke, Günter: Kunstunterricht. Planung bildnerischer Denkprozesse. Düsseldorf 1970.

Otto, Gunter/Otto, Maria: Gewalttätigkeit und Überheblichkeit. Ansätze zu einer Analyse von ähnlichen Bildern verschiedener Herkunft. In: Kunst+Unterricht, H. 98, 1985, S. 6–14.

Otto, Gunter/Otto, Maria: Auslegen. Ästhetische Erziehung als Praxis des Auslegens in Bildern und des Auslegens von Bildern. Seelze 1987.

Otto, Gunter: Projekte in der Fächerschule? Plädoyer für eine vernachlässigte Lernweise. In: Kunst+Unterricht. H. 181, 1994, S. 35–37.

Otto, Gunter: Theorie für pädagogische Praxis. In: Kunst+Unterricht, H. 193, 1995, S. 16–19.

Otto, Gunter: Ästhetik als Performance – Unterricht als Performance? In: Seitz, Hanne (Hg.): Schreiben auf Wasser. Performative Verfahren in Kunst, Wissenschaft und Bildung. Bonn/Essen 1999, S. 197–202.

Orth, Sonja: Über plastische Schülerarbeiten sprechen. Eine empirische Studie zu Reflexionsphasen im Kunstunterricht der Grundschule. München 2018.

Pazzini, Karl-Josef: Kann Didaktik Kunst und Pädagogik zu einem Herz und einer Seele machen oder bleibt es bei ach zwei Seelen in der Brust? Hamburg 2005.

Peez, Georg: In der Minderheit. In: Staudte, Adelheid/Vogt, Barbara (Hg.): FrauenKunstPädagogik. Frankfurt a. M. 1991, S. 316–319.

Peez, Georg: »Ich möchte Nebel malen lernen.« Theorieelemente erfahrungsoffenen Lernens in der kunstpädagogischen Erwachsenenbildung. Frankfurt a. M. 1994.

Peez, Georg: Qualitative empirische Forschung in der Kunstpädagogik. Hannover 2000/Norderstedt ²2002.
Peez, Georg: Evaluation ästhetischer Erfahrungs- und Bildungsprozesse. München 2005.
Peez, Georg (Hg.): Handbuch Fallforschung in der Ästhetischen Bildung/Kunstpädagogik. Baltmannsweiler 2007.
Peez, Georg: Kunstpädagogik und Biografie. 52 Kunstlehrerinnen und Kunstlehrer erzählen aus ihrem Leben. Professionsforschung mittels autobiografischnarrativer Interviews. München 2009.
Peez, Georg: Mit den Fingern die Welt erkunden. Ein Forschungsprogramm zur motorischen und haptischen Nutzung des Touchscreens aus Sicht der Kleinkind- und Kinderzeichnungsforschung. In: Zeitschrift DISKURS Kindheits- und Jugendforschung, H. 3, 2014, S. 317–336.
Peez, Georg: Kinder zeichnen, malen und gestalten. Kunst und bildnerisch-ästhetische Praxis in der KiTa. Stuttgart 2015a.
Peez, Georg: Beurteilen lernen im Kunstunterricht. München 2015b.
Peez, Georg (Hg.): Beurteilen und Bewerten im Kunstunterricht. Modelle und Unterrichtsbeispiele zur Leistungsmessung und Selbstbewertung. Seelze ⁶2020.
Peez, Georg (Hg.): Mixed Reality und Augmented Reality im Kunstunterricht. München 2021.
Peters, Maria: Die Auflösung feministischer Fragen im ästhetischen Diskurs. In: Kunst+Unterricht, H. 199, 1996a, S. 5.
Peters, Maria: »Man kann Unsagbares schreiben«. Wege und Erfahrungen schriftlicher Auseinandersetzung von Schülerinnen und Schülern mit originaler Plastik. In: Selle, Gert/Thiele, Jens (Hg.): Zwischenräume. Jahrbuch für kunst- und kulturpädagogische Innovation. Oldenburg 1996b, S. 152–160.
Peters, Maria: Blick, Wort, Berührung. Differenzen als ästhetisches Potential in der Rezeption plastischer Werke von Arp, Maillol und Franz Erhard Walter. Phänomenologische Untersuchungen. München 1996c.
Pfennig, Reinhard: Gegenwart der bildenden Kunst. Oldenburg 1974.
Philipps, Knut: Warum das Huhn vier Beine hat. Das Geheimnis der kindlichen Bildsprache. Darmstadt ³2011.
Preiser, Siegfried/Buchholz, Nicola: Kreativität. Heidelberg 2004.
Rech, Peter: Kunstpädagogik zwischen Aufklärung und Sehnsucht. Köln 1994.
Regel, Günther: Zur aktuellen Situation der Kunstpädagogik in der Deutschen Demokratischen Republik. In: BDK-Mitteilungen, H. 4, 1989, S. 28–31.
Regel, Günther: Thesen zum Konzept Künstlerische Bildung. In: Kunst+Unterricht, H. 280, 2004, S. 42–43.
Regel, Günther: Das Künstlerische vermitteln… Aufsätze, Vorträge, Statements. München 2008.
Reimann, Daniela/Wüst, Andrea: Konzepte für eine ästhetisch-künstlerisch geleitete Berufsorientierung mit interaktiven Textilien. In: BDK-Mitteilungen, H. 3, 2014, S. 14–16.

Reiß, Wolfgang: Die Kunsterziehung in der Weimarer Republik. Weinheim 1981.
Reiß, Wolfgang: Kinderzeichnungen. Wege zum Kind durch seine Zeichnung. Neuwied u. a. 1996.
Reuter, Oliver M.: Experimentieren. Ästhetisches Verhalten von Grundschulkindern. München 2007.
Richard, Birgit: Indifferenz, Interaktion und Immersion. In: Kirschenmann, Johannes/Peez, Georg (Hg.): Chancen und Grenzen der Neuen Medien im Kunstunterricht. Hannover 1998, S. 32–35.
Richard, Birgit/Krüger, Heinz-Hermann (Hg.): Inter-cool 3.0. Jugend Bild Medien. Ein Kompendium zur aktuellen Jugendkulturforschung. Paderborn 2010.
Richter, Hans-Günther: Geschichte der Kunstdidaktik. Konzepte zur Verwirklichung von ästhetischer Erziehung seit 1880. Düsseldorf 1981.
Richter, Hans-Günther: Die Kinderzeichnung. Entwicklung Interpretation Ästhetik. Düsseldorf/Berlin 1987.
Richter, Hans-Günther (Hg.): Kinderzeichnung interkulturell. Zur vergleichenden Erforschung der Bildnerei von Heranwachsenden aus verschiedenen Kulturen. Münster/Hamburg 2001.
Richter, Hans-Günther: Eine Geschichte der ästhetischen Erziehung. Niebüll 2003.
Richter, Heidi: Die Entwicklung der Kunsterziehung in den neuen Bundesländern. In: Ziesche, Angela/Marr, Stefanie (Hg.): Rahmen aufs Spiel setzen. FrauenKunstPädagogik. Königstein/Ts. 2000, S. 253–265.
Richter, Heidi: Biografische Erinnerungsspuren: Friedl Dicker. In: Peez, Georg/Richter, Heidi (Hg.): Kind – Kunst – Kunstpädagogik. Norderstedt 2004, S. 267–301.
Richter, Heidi/Sievert-Staudte, Adelheid (Hg.): Eine Tulpe ist eine Tulpe ist eine Tulpe. Frauen, Kunst und Neue Medien. Königstein/Ts. 1998.
Richthammer, Esther: Spielräume für Geschlechterfragen. Re- und Dekonstruktion der Kategorie »Geschlecht« in kunstpädagogischen Kontexten. Wiesbaden 2017.
Röttger, Ernst: Das Spiel mit den bildnerischen Mitteln [mehrere Bände]. Ravensburg ab 1960.
Röttger, Ernst: Punkt und Linie. Das Spiel mit den Bildelementen. Ravensburg 1964.
Rosenkötter, Henning: Motorik und Wahrnehmung im Kindesalter. Eine neuropädagogische Einführung. Stuttgart 2012.
Ruhloff, Jörg: Kritik der »Visuellen Kommunikation«, 1975. In: Bering, Kunibert/Bering, Cornelia (Hg.): Konzeptionen der Kunstdidaktik. Oberhausen 1999.
Sabisch, Andrea: Inszenierung der Suche. Bielefeld 2007.
Sabisch, Andrea/Seydel, Fritz: Biografieren. In: Kunst+Unterricht, H. 280, 2004, S. 4–10.

Schäfer, Lutz: Der Zirkel des Schaffens. Neue Deutungen von Kreativität und ihre Relevanz für den Kunstunterricht, Oberhausen 2006.

Schiementz, Walter: Kunstpädagogen als künstlerisch Tätige in ihrer Selbsteinschätzung. Frankfurt a. M. 1985.

Schiller, Friedrich: Über die ästhetische Erziehung des Menschen in einer Reihe von Briefen, 1793/95. In: https://www.projekt-gutenberg.org

Schmidt, Rebekka: Mit Kunstwerken zum Denken anregen. Eine empirische Untersuchung zur kognitiven Aktivierung im Rahmen der Kunstrezeption in der Grundschule. München 2016.

Schmidt-Wetzel, Miriam: Kollaboratives Handeln im Kunstunterricht. München 2017.

Schnurr, Ansgar: Fremdheit loswerden – das Fremde wieder erzeugen. In: Lutz-Sterzenbach, Barbara/Schnurr, Ansgar/Wagner, Ernst (Hg.): Bildwelten remixed. Bielefeld 2013, S. 69–85.

Schnurr, Ansgar: Uneindeutige Erbschaftsverhältnisse. Transkulturalität in der Kunstpädagogik entdecken und aushalten. In: Kunst+Unterricht, H. 387/388, 2014, S. 74–79.

Scholz, Otfried: Lehrerausbildung im Fach Kunst. Ergebnis einer Umfrage. In: Kunst+Unterricht, H. 203, 1996, S. 16–18.

Schönemann, Axel: Lernprozesse bei der praktisch-künstlerischen Tätigkeit im Unterricht. Eine empirische Untersuchung über die Funktionen praktisch-künstlerischer Tätigkeit für die Veränderung von Einstellungen. Weinheim/Basel 1981.

Schottenloher, Gertraud: Kunst- und Gestaltungstherapie in der pädagogischen Praxis. München 1983.

Schuhmacher-Chilla, Doris: Ästhetische Sozialisation und Erziehung. Zur Kritik an der Reduktion von Sinnlichkeit. Berlin 1995.

Schulz, Frank: Das bildnerische Talent. Neues zu einem alten Thema? In: Kunst+Unterricht, H. 158, 1991, S. 19–24.

Schulz, Frank: Über Methoden des Kunstunterrichts. In: Kunst+Unterricht, H. 223/224, 1998, S. 87–92.

Schulz, Frank/Seumel, Ines (Hg.): U20. Kindheit Jugend Bildsprache. München 2013.

Schuster, Martin/Jezek, Ulrike: Formübernahmen in der Kinderzeichnung. In: Kunst+Unterricht, H. 163, 1992, S. 50–53.

Seel, Martin: Die Macht des Erscheinens. Frankfurt a. M. 2007.

Seidel, Christa: Leitlinien zur Interpretation der Kinderzeichnung. Praxisbezogene Anwendung in Diagnostik, Beratung, Förderung und Therapie. Lienz, Österreich 2007.

Seitz, Hanne: I'm Not The Girl Who Misses Much. Zur Videokunst von Pipilotti Rist. In: Richter, Heidi/Sievert-Staudte, Adelheid (Hg.): Eine Tulpe ist eine Tulpe ist eine Tulpe. Frauen, Kunst und Neue Medien. Königstein/Ts. 1998, S. 131–151.

Seitz, Rudolf: Kreative Kinder. Das Praxisbuch für Eltern und Pädagogen. München 2009.
Selle, Gert: Kultur der Sinne und Ästhetische Erziehung. Köln 1981.
Selle, Gert: Gebrauch der Sinne. Eine kunstpädagogische Praxis. Reinbek 1988.
Selle, Gert: Einführung. Das Ästhetische: Sinntäuschung oder Lebensmittel? In: Selle, Gert (Hg.): Experiment Ästhetische Bildung. Reinbek 1990, S. 14–37.
Selle, Gert: Begründung einer Alternative zum Kunstunterricht. In: BDK-Mitteilungen, H. 4, 1991, S. 18–20.
Selle, Gert: Kunstpädagogik jenseits ästhetischer Rationalität? In: Kunst+Unterricht, H. 192, 1995, S. 16–21.
Selle, Gert: Kunstpädagogik und ihr Subjekt. Oldenburg 1998.
Seumel, Ines: Performative Kreativität. Anregen – Fördern – Bewerten. München 2015
Seydel, Fritz: Biografische Entwürfe. Ästhetische Verfahren in der Lehrer/innenbildung. Köln 2005.
Skladny, Helene: Ästhetische Bildung und Erziehung in der Schule. Eine ideengeschichtliche Untersuchung von Pestalozzi bis zur Kunsterziehungsbewegung. München 2009.
Sontag, Susan: Gegen Interpretation, 1964. In: Sontag, Susan: Kunst und Antikunst. Reinbek 1968, S. 9–18.
Sowa, Hubert: Performance – Szene – Lernsituation. In: Uhlig, Bettina/Schulz, Frank (Hg.): Prozesshafte Kunst im Unterrichtsprozess. 1. Kunstpädagogischer Tag in Sachsen, Leipzig 2000, S. 25–40.
Sowa, Hubert: Sachliche Bildsprachen. Gebrauchsanleitungen als zeichnerisches Verstehen von Realität. In: Kunst+Unterricht, H. 302/303, 2006, S. 43–46.
Sowa, Hubert: Orientierung im weltkulturellen Horizont. Ein notwendiger Schritt zu einer allgemein bildenden Kunstpädagogik. In: Kunst+Unterricht, H. 349/350, 2011a, S. 4–14.
Sowa, Hubert u. a.: Ein Blick auf die Kulturen der Welt. Materialien zur »Kunst« in nichteuropäischen Kulturen. In: Kunst+Unterricht, H. 349/350, 2011b, S. 49–91.
Spickernagel, Ellen: Problematisches Rüstzeug. In: BDK-Mitteilungen, H. 4, 2000, S. 47.
Spiel, Christiane: Über das Erkennen von Kreativität. In: Berka, Walter/Brix, Emil/Smekal, Christian (Hg.): Woher kommt das Neue? Kreativität in Wissenschaft und Kunst. Wien u. a. 2003, S. 117–148.
Spielmann, Raphael: Die neue Erfassung der Welt. Wie die 3D-Technologie Alltag, Kunst und Kunstvermittlung verändert. In: BDK-Mitteilungen, H. 2, 2018, S. 20–25.
Spielmann, Raphael: Die Bürger von Calais. Werkanalyse mit 3D-Ansichten und Augmented Reality. In: Kunst+Unterricht, H. 439/440, 2020, S. 34–36.
Stang, Richard/Peez, Georg u. a.: Kursleitung Kulturelle Bildung. Frankfurt a. M. 1998.

Staudte, Adelheid: »Mit allen Sinnen lernen ...«. In: Kunst+Unterricht, H. 87, 1984, S. 8–15.

Staudte, Adelheid/Vogt, Barbara (Hg.): FrauenKunstPädagogik. Theorien, Analysen, Perspektiven. Frankfurt a. M. 1991.

Stielow, Reimar: Ich-Selbst. Eine Unterrichtsreihe zur eigenen ästhetischen Praxis des Schülers und Überlegungen zu deren theoretischer Begründung. In: Richter, Hans-Günther (Hg.): Therapeutischer Kunstunterricht. Düsseldorf 1977, S. 170–185.

Stritzker, Uschi/Peez, Georg/Kirchner, Constanze: Schmieren und erste Kritzel – Der Beginn der Kinderzeichnung. Norderstedt 2008.

Stutz, Ulrike: Kommunikationsskulpturen. Entwurf einer sozialräumlichen kunstpädagogischen Praxis. München 2008.

Tatarkiewicz, Wladyslaw: Die Geschichte der sechs Begriffe. Frankfurt a. M. 2003.

Terhart, Ewald: Konstruktivismus und Unterricht. Gibt es einen neuen Ansatz in der Allgemeinen Didaktik? In: Zeitschrift für Pädagogik, H. 5, 1999, S. 629–647.

Thiedeke, Udo (Hg.): Bildung im Cyberspace. Wiesbaden 2000a.

Thiedeke, Udo (Hg.): Kreativität im Cyberspace. Wiesbaden 2000b.

Uhlig, Bettina: Kunstrezeption in der Grundschule. Zu einer grundschulspezifischen Rezeptionsmethodik. München 2005.

Uhlig, Bettina: Kunstunterricht in der Grundschule vom Aussterben bedroht. In: Kunst+Unterricht, H. 327/328, 2008, S. 55–56.

Urban, Klaus K.: Kreativität. Herausforderung für Schule, Wissenschaft und Gesellschaft. Münster 2004.

Welck, Karin von/Schweizer, Margarete (Hg.): Kinder zum Olymp! Wege zur Kultur für Kinder und Jugendliche. Köln 2004.

Welsch, Wolfgang: Transkulturalität. In: Zeitschrift für Kulturaustausch, H. 1, 1995, S. 39–44.

Werckmeister, Otto Karl: Klees Kunstunterricht. In: Lenzen, Dieter (Hg.): Kunst und Pädagogik. Darmstadt 1990, S. 28–44.

Wetzel, Tanja: Geregelte Grenzüberschreitung. München 2005.

Wichelhaus, Barbara: Kompensatorischer Kunstunterricht. In: Kunst+Unterricht, H. 191, 1995, S. 35–39.

Wichelhaus, Barbara: Gemeinsam Bilder herstellen. In: Kunst+Unterricht, H. 226, 1998, S. 4–12.

Wichelhaus, Barbara: Ton als Material in Rehabilitation und Therapie. In: Kunst+Unterricht, H. 301, 2006, S. 36–38.

Wichelhaus, Barbara: Orientierung: Förderung und Kompensation, In: Kunst+Unterricht, H. 334/335, 2009, S. 70–77.

Wick, Rainer K.: Bauhaus-Pädagogik. Köln 1994.

Wick, Rainer K.: Hans Friedrich Geist und die Kunst des Kindes. Bauhaus, Drittes Reich, Nachkriegszeit. Wuppertal 2003.

Widlöcher, Daniel: Was eine Kinderzeichnung verrät. Methode und Beispiele psychoanalytischer Deutung. München 1965/1984.

Wiegelmann-Bals, Annette: Die Kinderzeichnung im Kontext der Neuen Medien. Eine qualitativ-empirische Studie von zeichnerischen Arbeiten zu Computerspielen. Oberhausen 2009.

Wienecke, Günter: Zum Bild der DDR-Kunstpädagogik. In: BDK-Mitteilungen, H. 1, 1998, S. 36–38.

Wiesand, Andreas Johannes: 20 Fragen zum Berufsfeld Bildende Kunst, 1978. In: Wick, Rainer K./Wick-Kmoch, Astrid (Hg.): Kunstsoziologie. Bildende Kunst und Gesellschaft. Köln 1979.

Winnicott, Donald W.: Kreativität und ihre Wurzeln. In: Kraft, Hartmut (Hg.): Psychoanalyse, Kunst und Kreativität heute. Köln 1984, S. 64–77.

Wittmann, Barbara: Der gemalte Witz: Giovani Francesco Carotos »Knabe mit Kinderzeichnung«. In: Bundesdenkmalamt Wien/Institut für Kunstgeschichte der Universität Wien (Hg.): Wiener Jahrbuch für Kunstgeschichte, Band L. Wien 1997, S. 185–206.

Wünsche, Konrad: Das Bauhaus »als Erzieher«. In: Lenzen, Dieter (Hg.): Kunst und Pädagogik. Erziehungswissenschaft auf dem Weg zur Ästhetik? Darmstadt 1990, S. 45–59.

Wurm, Erwin: Ausstellungskatalog. Ostfildern-Ruit 2006.

Zacharias, Wolfgang: Plädoyer für sinnliche Erfahrung. In: Hochschule der Künste Berlin (Hg.): Kultur auf der Kippe. Jahrbuch 2. Ästhetische Erziehung. Berlin 1985.

Zacharias, Wolfgang (Hg.): Interaktiv. Medienökologie zwischen Sinnenreich und Cyberspace. München 2000.

Zacharias, Wolfgang: Kulturell-ästhetische Medienbildung 2.0. Sinne Künste Cyber. München 2010.

Zepf, Irmgard: Angriffe auf Auge – Lust zu sehen – Ökologie der Bilder. In: Zacharias, Wolfgang (Hg.): Schöne Aussichten? Ästhetische Bildung in einer technisch-medialen Welt. Essen 1991, S. 163–178.

Ziesche, Angela/Marr, Stefanie (Hg.): Rahmen aufs Spiel setzen. FrauenKunstPädagogik. Königstein/Ts. 2000.

Zuber, Brigitte: Gymnasiale Kunsterziehung der NS-Zeit. Das Beispiel München. Göttingen 2009.

Zülch, Martin u. a.: Die Welt der Bilder – ein konstitutiver Teil der Allgemeinbildung. In: Kunst+Unterricht, H. 244, 2000, S. 4–5.

Zumbansen, Lars: Dynamische Erlebniswelten. Ästhetische Orientierungen in phantastischen Bildschirmspielen. München 2008.